Maria Lucia Candeias

Duas tábuas e uma paixão – o teatro que eu vi
(1997-2002)

Governador Geraldo Alckmin
Secretário Chefe da Casa Civil Arnaldo Madeira

Imprensa Oficial do Estado de São Paulo

Diretor-presidente Hubert Alquéres
Diretor Vice-presidente Luiz Carlos Frigerio
Diretor Industrial Teiji Tomioka
Diretora Financeira e Administrativa Nodette Mameri Peano
Chefe de Gabinete Emerson Bento Pereira
Chefe do Núcleo de Projetos Institucionais Vera Lucia Wey

Fundação Padre Anchieta

Presidente Marcos Mendonça
Diretora de Projetos Especiais Adélia Lombardi
Diretor de Programação Mauro Garcia

Coleção Aplauso Teatro Brasil

Coordenação Geral Rubens Ewald Filho
Coordenação Operacional e Pesquisa Iconográfica Marcelo Pestana
Projeto Gráfico Carlos Cirne
Editoração Marli Santos de Jesus
Assistência Operacional Andressa Veronesi

Maria Lucia Candeias

Duas tábuas e uma paixão – o teatro que eu vi (1997-2002)

organização José Simões de Almeida Jr.

CULTURA
Fundação Padre Anchieta

imprensaoficial

São Paulo – 2006

Dados Internacionais de Catalogação na Publicação
Biblioteca da Imprensa Oficial do Estado de São Paulo

Candeias, Maria Lucia
Maria Lucia Candeias : duas tábuas e uma paixão : o teatro que eu vi (1997-2002) / por José Simões de Almeida Jr. – São Paulo : Imprensa Oficial do Estado de São Paulo : Cultura – Fundação Padre Anchieta, 2006.
416p. – (Coleção aplauso. Série teatro Brasil / coordenador geral Rubens Ewald Filho).

ISBN 85-7060-233-2 (Obra completa) (Imprensa Oficial)
ISBN 85-7060-437-8 (Imprensa Oficial)

1. Crítica Teatral 2. Teatro - História e crítica I. Almeida Jr., Josè Simões II. Ewald Filho, Rubens III. Título. IV. Título: O teatro que eu vi (1997-2002) V. Série.

CDD 792.015 098 1

Índices para catálogo sistemático:

1. Teatro : Brasil : História e crítica 792.015 098 1

Foi feito o depósito legal na Biblioteca Nacional (Lei nº 1.825, de 20/12/1907).

Imprensa Oficial do Estado de São Paulo

Rua da Mooca, 1921 – Mooca
03103-902 – São Paulo – SP – Brasil
Tel.: (0xx11) 6099-9800
Fax: (0xx11) 6099-9674
www.imprensaoficial.com.br
e-mail: livros@imprensaoficial.com.br
SAC 0800-123401

Apresentação

"O que lembro, tenho."
Guimarães Rosa

A *Coleção Aplauso*, concebida pela Imprensa Oficial, tem como atributo principal reabilitar e resgatar a memória da cultura nacional, biografando atores, atrizes e diretores que compõem a cena brasileira nas áreas do cinema, do teatro e da televisão.

Essa importante historiografia cênica e audiovisual brasileiras vem sendo reconstituída de maneira singular. O coordenador de nossa coleção, o crítico Rubens Ewald Filho, selecionou, criteriosamente, um conjunto de jornalistas especializados para realizar esse trabalho de aproximação junto a nossos biografados. Em entrevistas e encontros sucessivos foi-se estreitando o contato com todos. Preciosos arquivos de documentos e imagens foram abertos e, na maioria dos casos, deu-se a conhecer o universo que compõe seus cotidianos.

A decisão em trazer o relato de cada um para a primeira pessoa permitiu manter o aspecto de tradição oral dos fatos, fazendo com que a memória e toda a sua conotação idiossincrásica aflorasse de maneira coloquial, como se o biografado estivesse falando diretamente ao leitor.

Gostaria de ressaltar, no entanto, um fator importante na *Coleção*, pois os resultados obtidos ultrapassam simples registros biográficos, revelando ao leitor facetas que caracterizam também o artista e seu ofício. Tantas vezes o biógrafo e o biografado foram tomados desse envolvimento, cúmplices dessa simbiose, que essas condições dotaram os livros de novos instrumentos. Assim, ambos se colocaram em sendas onde a reflexão se estendeu sobre a formação intelectual e ideológica do artista e, supostamente, continuada naquilo que caracterizava o meio, o ambiente e a história brasileira naquele contexto e momento. Muitos discutiram o importante papel que tiveram os livros e a leitura em sua vida. Deixaram transparecer a firmeza do pensamento crítico, denunciaram preconceitos seculares que atrasaram e continuam atrasando o nosso país, mostraram o que representou a formação de cada biografado e sua atuação em ofícios de linguagens diferenciadas como o teatro, o cinema e a televisão – e o que cada um desses veículos lhes exigiu ou lhes deu. Foram analisadas as distintas linguagens desses ofícios.

Cada obra extrapola, portanto, os simples relatos biográficos, explorando o universo íntimo e psicológico do artista, revelando sua autodeterminação e quase nunca a casualidade em ter se tornado artista, seus princípios, a formação de sua personalidade, a *persona* e a complexidade de seus personagens.

São livros que irão atrair o grande público, mas que – certamente – interessarão igualmente aos nossos estudantes, pois na *Coleção Aplauso* foi discutido o intrincado processo de criação que envolve as linguagens do teatro e do cinema. Foram desenvolvidos temas como a construção dos personagens interpretados, bem como a análise, a história, a importância e a atualidade de alguns dos personagens vividos pelos biografados. Foram examinados o relacionamento dos artistas com seus pares e diretores, os processos e as possibilidades de correção de erros no exercício do teatro e do cinema, a diferenciação fundamental desses dois veículos e a expressão de suas linguagens.

A amplitude desses recursos de recuperação da memória por meio dos títulos da *Coleção Aplauso,* aliada à possibilidade de discussão de instrumentos profissionais, fez com que a Imprensa Oficial passasse a distribuir em todas as bibliotecas importantes do país, bem como em bibliotecas especializadas, esses livros, de gratificante aceitação.

Gostaria de ressaltar seu adequado projeto gráfico, em formato de bolso, documentado com iconografia farta e registro cronológico completo para cada biografado, em cada setor de sua atuação.

A *Coleção Aplauso,* que tende a ultrapassar os cem títulos, se afirma progressivamente, e espera contemplar o público de língua portuguesa com o espectro mais completo possível dos artistas, atores e diretores, que escreveram a rica e diversificada história do cinema, do teatro e da televisão em nosso país, mesmo sujeitos a percalços de naturezas várias, mas com seus protagonistas sempre reagindo com criatividade, mesmo nos anos mais obscuros pelos quais passamos.

Além dos perfis biográficos, que são a marca da *Coleção Aplauso,* ela inclui ainda outras séries: *Projetos Especiais,* com formatos e características distintos, em que já foram publicadas excepcionais pesquisas iconográficas, que se originaram de teses universitárias ou de arquivos documentais pré-existentes que sugeriram sua edição em outro formato.

Temos a série constituída de roteiros cinematográficos, denominada *Cinema Brasil,* que publicou o roteiro histórico de *O Caçador de Diamantes,* de Vittorio Capellaro, de 1933, considerado o primeiro roteiro completo escrito no Brasil com a intenção de ser efetivamente filmado. Paralelamente, roteiros mais recentes, como o clássico *O Caso dos Irmãos Naves,* de Luis Sérgio Person, *Dois Córregos,* de Carlos Reichenbach, *Narradores de Javé,* de Eliane Caffé, e *Como Fazer um Filme de Amor,* de José Roberto Torero, que deverão se tornar bibliografia básica obrigatória para as escolas de cinema, ao mesmo tempo em que documentam essa importante produção da cinematografia nacional.

Gostaria de destacar a obra *Gloria in Excelsior,* da série *TV Brasil,* sobre a ascensão, o apogeu e a queda da TV Excelsior, que inovou os procedimentos e formas de se fazer televisão no Brasil. Muitos leitores se surpreenderão ao descobrirem que vários diretores, autores e atores, que na década de 70 promoveram o crescimento da TV Globo, foram forjados nos estúdios da TV Excelsior, que sucumbiu juntamente com o Grupo Simonsen, perseguido pelo regime militar.

Se algum fator de sucesso da *Coleção Aplauso* merece ser mais destacado do que outros, é o interesse do leitor brasileiro em conhecer o percurso cultural de seu país.

De nossa parte coube reunir um bom time de jornalistas, organizar com eficácia a pesquisa documental e iconográfica, contar com a boa vontade, o entusiasmo e a generosidade de nossos artistas, diretores e roteiristas. Depois, apenas, com igual entusiasmo, colocar à disposição todas essas informações, atraentes e acessíveis, em um projeto bem cuidado. Também a nós sensibilizaram as questões sobre nossa cultura que a *Coleção Aplauso* suscita e apresenta – os sortilégios que envolvem palco, cena, coxias, *set* de filmagens, cenários, câmeras – e, com referência a esses seres especiais que ali transitam e se transmutam, é deles que todo esse material de vida e reflexão poderá ser extraído e disseminado como interesse que magnetizará o leitor.

A Imprensa Oficial se sente orgulhosa de ter criado a *Coleção Aplauso*, pois tem consciência de que nossa história cultural não pode ser negligenciada, e é a partir dela que se forja e se constrói a identidade brasileira.

Hubert Alquéres
Diretor-presidente da
Imprensa Oficial do Estado de São Paulo

*Aos meus filhos, Mariana (Piky),
Manoel (Mano) e Daniel (Del) e
à minha família que tanto tem
me apoiado dedico estas páginas.*

Apresentação

Maria Lucia Candeias sempre esteve ligada ao mundo da arte. Antes de sua formação acadêmica seu mundo era o da música. Formada em Artes Cênicas pela ECA/USP, aluna entre outros dos saudosos professores Anatol Rosenfeld e Décio de Almeida Prado, veio posteriormente desenvolver seu trabalho como pedagoga e crítica teatral junto a vários órgãos da imprensa paulista. Por esta atividade está ligada a APCA – Associação Paulista de Críticos Teatrais e é integrante da Comissão do Prêmio Shell de Teatro, em São Paulo. Formou várias gerações em seus cursos sobre História do Teatro e Estética Teatral no Departamento de Artes Cênicas do Instituto de Artes da UNICAMP desde a sua fundação. Seu trabalho como crítica em diferentes periódicos que tem colaborado nas últimas décadas do final do século 20 e início do novo século, proporciona sensível visão e recorte dos espetáculos teatrais que aconteceram na cidade de São Paulo e, desta forma, contribuído para o engrandecimento do teatro pela sua divulgação. Pode-se ter, a partir de seu trabalho sensível, dimensão da produção e transformações estéticas ocorridas no período. Sua forma de analisar os espetáculos revela sua profunda reverência e dedicação ao nosso teatro.

Marcio Aurelio

Diretor e professor de teatro

Opção teatro: palavras da autora

Quando entrei na Escola de Comunicações e Artes da USP pretendia cursar jornalismo. Não havia música e eu acreditava que gostaria de *"ficar de cara com o fato"*, já que os músicos, entre os quais eu mesma, me pareciam viver um tanto fora do mundo. Naquele tempo o segundo semestre do curso da ECA reunia todos os alunos em disciplinas comuns e havia a possibilidade de ter aula com todos os professores, inclusive de outras comunicações e artes.

Foi desta experiência que passei do jornalismo para o teatro, cujos professores me impressionaram mais do que os de outras áreas. Desde então nunca o abandonei, e ele passou a se configurar para mim como a grande arte.

A vida, às vezes, apresenta melhores opções do que o raciocínio. Quem opta pelas artes pode estar escolhendo uma área mal-remunerada, mas certamente a mais rica. Uma área em que o tempo só faz aumentar o interesse pelos temas. Nunca me arrependi.

A função da crítica jornalística

A primeira e principal função da crítica jornalística é informar o leitor. Informá-lo o máximo possível a respeito do espetáculo, isto é, das suas intenções, acertos ou enganos. E, como toda a imparcialidade é relativa, é interessante que o leitor se acostume com as preferências do crítico e que ele – o leitor – também tenha o hábito de ler e o manifeste. Assim, poderá ser feita a crítica do crítico.

Por esse motivo seria maravilhoso se um jornal pudesse ter, no mínimo, dois críticos de cada área. Assim, o leitor conheça suas convicções e possa fazer uso delas conforme lhe interessar.

Deveria se exigir diploma universitário para exercer essa função. Cada uma das artes é extremamente complexa e é indispensável um bom arsenal teórico e de conhecimento para poder emitir opiniões. E mais ainda: para justificar cada um dos aspectos abordados. Mesmo assim, em grande parte das vezes, ao contrário do que se imagina, a avaliação do crítico coincide com a do espectador mais despretensioso, ainda que em termos meio vagos: o espectador diz: *"gostei mais do ator e da atriz x, achei o ator y muito esquisito"*. Essa opinião pode ser a mesma que a do crítico só que este pode justificá-la tecnicamente.

São 25 séculos de teatro, dois séculos de cinema e meio século de tv. Todo mundo discute e gosta desse tipo de discussão. Acho que hoje o interesse pela crítica nos meios de comunicação é muito grande. Talvez isso colabore para que exista tanto espaço para profissionais não tão bem qualificados.

Este livro reedita as críticas escritas publicadas do período entre 1997 e 2002, e não pretende dar conta de tudo o que foi encenado em São Paulo nesta época. Isto seria impossível! Estes textos foram publicados em periodicidade semanal para o jornal *Gazeta Mercantil*, no caderno de cultura, que sai às sextas-feiras.

Cabe destacar também que a crítica é um documento histórico importante para se traçar o panorama artístico de um período, de um artista, e/ou de uma companhia. Principalmente no caso do teatro, que é efêmero. Uma vez que o teatro não existe sem a presença viva do ator e, portanto, não é reprodutível: um vídeo é muito diferente de uma montagem teatral. Claro que a crítica comporta outros papéis como sugerir mudanças de cenas, oferecendo, pelo menos, *feedbacks* ao diretor e elenco, por exemplo. Mas o jornalista precisa ter sempre em mente de que ele não é um *"sábio"*, mas apenas o responsável por um ponto de vista. Esse é o nosso ponto de vista!

Pensamentos da autora...

Algumas pessoas e alguns trabalhos deixaram marcas definitivas no chão, na platéia e no palco. Será que não deixaram? Ao menos para a nossa geração, parece que sim.

Às vezes, eu acho que a classe teatral não imagina que exista o problema jornalístico. É normal isso, todo mundo acha que só o seu problema existe. Acontece que às vezes você não faz uma crítica ou até junta várias críticas em uma só. Não dá para você dar conta de tudo porque o espaço do jornal para o teatro não é ilimitado. Isso para coisa nenhuma, são pouquíssimas folhas do caderno de cultura, não chegam a dez. Lembro que uma companhia de teatro (que eu acho excelente e não vou citar o nome) me procurou reclamando que eu nunca tinha publicado uma crítica deles, até publiquei mas numa dessas críticas em conjunto. Juntei com três outras e publiquei no espaço possível, juntei vários espetáculos *"experimentais chiques"* e botei o espetáculo dessa companhia ali. Realmente eu gostaria de ter feito uma matéria maior.

Mas tem uma coisa que é a importância que você dá a um determinado evento e outra coisa que a importância do Paulo Autran, da Fernanda Montenegro e outras coisas que o leitor dá e eu também dou. Contudo, às vezes você poderia dar prioridade aos trabalhos menos conhecidos, porque sua crítica é muito mais útil para um grupo do que para o Paulo Autran e a Fernanda Montenegro, que receberam todos os elogios que a população pôde fazer. Mas mesmo assim, eles têm direito adquirido de algumas coisas. O problema do espaço, absolutamente não passa na cabeça da classe teatral. Não que eles fiquem fazendo pressão, pois todos são ótimos comigo.

Muitas vezes as pessoas fazem críticas às minhas críticas. Normal. No tempo que eu era da *IstoÉ*, um certo cenógrafo, certa vez, me mandou uma carta. Ele trabalhava no Sesi muito tempo atrás, creio que em uma peça do Osmar. E ele explicava nessa carta que tinha feito uma encenação simbolista e eu não tinha entendido, pois eu não era boa crítica... Enfim, não lembro exatamente os termos. Mas foi um negócio no sentido de duvidar de minha competência totalmente. Sem dúvida, às vezes, a gente erra, como todo mundo. Eu fiquei uma fera, e os meus chefes morreram de rir. Porque era um cara enlouquecido, porque o cenário dele não foi considerado bom. Ainda bem. A pessoa só faltou pedir a minha cabeça literalmente.

Muitas vezes, me fizeram grandes elogios. A pessoa mais interessante, como classe teatral, é o Antunes Filho. Ele jamais deixa de dar um retorno de uma crítica. Quando eu escrevi sobre uma montagem cômica do *Macunaíma*, que era muito interessante, ele ligou na redação da *IstoÉ*, para falar que eu tinha sido a única pessoa que tinha entendido o espetáculo dele. O crítico ter um retorno desses, não esquece nunca mais. Também houve outro caso que eu escrevi pichando. O Antunes é difícil criticar, mas apontando algumas objeções, restrições, na montagem dele do *Gilgamesh* (1995) e *Drácula e Outros Vampiros* (1996). Quando de repente falando da maravilha que é o teatro do Antunes, na crítica sobre *Fragmentos Troianos* (2000), que eu achei o máximo, e sei que muita gente não gostou. Botei o espetáculo nas nuvens, porque eu achei que merecia. Aí o Antunes me ligou, eu fiquei supercontente. Ele disse assim: *"Estou ligando para fazer as pazes com você"*. E eu: *"Eu nunca briguei com você"*. E o Antunes: *"Mas eu briguei, porque artista é assim mesmo. A gente não gosta que discordem de alguma coisa do trabalho da gente"*. Eu: *"Antunes, minha mãe me ensinou, desde que nasci, que quem fala o que quer ouve o que não quer"*. Aí ele riu e fez as pazes comigo. E foi muito bom, porque eu adoro o Antunes.

Em geral, tenho uma relação muito boa com os outros críticos. A gente acaba se encontrando em uma estréia ou noutra, falando *"oi!"*. E você acaba tendo uma relação mais próxima com os críticos que participam dos mesmos prêmios que você. Eu participo do Prêmio Shell. E a gente troca figurinha pelo computador quase toda semana. Quem viu o quê, o que achou, quem não viu. Porque como não dá para gente dar conta de tudo, o espetáculo que tem duas pessoas achando ótimo todo mundo vai correndo. E o espetáculo que duas acharam ruim, você vai deixando para o final, porque não dá para ver tudo. Dá para ver quase tudo. Às vezes, eu vou quatro vezes por semana ao teatro. Em média vou três vezes. Porque fim de ano, fevereiro não estréia muita coisa. Às vezes eu deixo uma crítica da semana passada para a semana seguinte e depois eu vou tentando recuperar o tempo perdido. Mas a quantidade de casas de espetáculos que abriu em São Paulo de uns anos pra cá é uma coisa inacreditável. Além disso a população de São Paulo é uma coisa inacreditável. Então, não dá para você acompanhar tudo.

Com relação aos atores, eu tenho proximidade maior com aqueles que foram meus alunos na universidade. Aí tive uma convivência mais estreita. Ou com os colegas de departamento, com alguns eu convivo mais.

Sempre sou convidada pelas assessorias de imprensa dos espetáculos. É o papel deles. Quando são insistentes... sei que é o papel deles. Eu procuro assistir ao máximo, mas não dá para ver tudo. Nessa situação do assédio, o que é desagradável, e mesmo insuportável, é uma pressão de pessoas que quer que você vote neles para o Prêmio Shell ou no APCA. Isso é de um desrespeito com a gente. Porque acham que a gente vota por pressão ou por simpatia e não por um critério estético. Agora, a pessoa pressionar para que eu vá ao espetáculo acho natural, tenho que ver, é minha obrigação.

Quanto à minha vida no jornal, tenho muitas histórias... Redigi um texto que eu gosto muito. Um texto sobre *Dias Felizes*, com a Fernanda Montenegro. Na abertura eu digo algo assim: perambulando pelas ruas de Paris, Samuel Beckett levou uma facada. O atacante foi preso. Como um cidadão curioso Beckett foi procurá-lo para conversar. E essa pessoa não sabia o porque de ter feito isso. Então eu questionava: será que foi essa experiência que o levou a ter personagens que não sabem de onde vêm, para aonde vão, nem por quê? Então eu fiz essa abertura meio como suspense. E não é que naquela semana, antes da matéria sair, a Ruth Escobar foi assaltada quando entrava em um hotel em Paris. E também levou uma facada. Então aí eu liguei para o jornal e disseram: *"É uma ótima matéria, não vamos mexer."* E assim ficou. Ou então... Mas às vezes uma manchete te compromete. Por exemplo, um grande amigo que me convidou para dar aula na escola de teatro dele, o Wolney de Assis, que afinal iniciou minha carreira de professora de teatro, justamente numa estréia dele a situação se complicou: ele estava começando a falar das atividades dele como guerrilheiro, tinha escrito um livro. Porque ele tinha passado muito tempo mudo, até achar que tinha condições de falar sobre esse assunto. Fez o protagonista do filme *Os Matadores* (de Beto Brant, 1997) e estava dirigindo uma peça em São Paulo. Então eu juntei esses trabalhos dele e fiz uma crítica. Só que nunca me passou pela cabeça o que fizeram. Puseram de título: *Um Viúvo da Guerrilha*. E ainda incluíram a mesma frase no meu texto. Eu fiquei enlouquecida mas não disse nada. Não sei quem fez isso. Afinal, o título sempre é o editor ou alguém o substituindo que põe. Além do título, puseram a frase no meu texto para fazer sentido, pois a princípio não tinha nexo nenhum aquela frase infeliz.

Dizem que todo crítico é um artista frustrado. Não concordo. Nunca quis ser atriz. Mas eu me arrisquei como atriz em algumas coisas... só para experimentar o barato. Então, eu entrei na escola do Wolney como aluna, aí fiquei fingindo que eu era da classe, dava a aula que eu tinha que dar, meio dando palpite, com uma cara de boba. Aí, eu acabei entrando nas montagens da escola. E uma delas acabou virando um vídeo do Ozualdo Candeias *A Lady Vazelina,* que é uma peça de um ato do Tennessee Williams. Há uma curiosidade aqui, eu contracenava com o Beto Brant e com a Vilma, mas o Beto Brant ficou famoso como diretor de cinema e não como ator. Depois disso, o Beto me chamou para fazer um papel no filme de formatura dele. E eu fui fazer, porque eu nunca tinha feito cinema. Fui fazer cinema e achei chatíssimo. Demora o dia inteiro para achar a luz certa. Mas era em Jundiaí e eu estava perto e fui. Tinha que fazer a mãe da Giullia Gam, que depois ficou famosa também. Ela já tinha feito *Romeu e Julieta* (de Antunes Filho). Eu achava que nunca ninguém ia ver, porque era filme de estréia dele. Mas depois meus colegas de pós-graduação ficavam falando: *"Vi você ontem no cinema!"* Queria morrer de vergonha, não tenho cara de ser atriz. Primeiro porque não tenho essa paixão para fazer só isso da vida, ficar no palco. Meu lugar é na platéia para, depois, comentar com os leitores. Segundo, porque morro de vergonha. Eu sou crítica mesmo.

CRÍTICAS

PARTE 1 - Novos dramaturgos do período em questão

Elenco e diretor habilidosos

14 de março de 1997

Miguel Falabella é um ótimo autor de comédias urbanas e suas personagens sempre tem, como habitat, cidades grandes como o Rio de Janeiro. Esse também é o caso de *Todo Mundo Sabe que Todo Mundo Sabe*, que ele assina com a Maria Carmem Barbosa. A peça é simplesmente hilarian-te, nem tanto pela dramaturgia, que mesmo assim é repleta de tiradas cômicas, mas pela excelente atuação do elenco. Todos tiram o máximo de seus papéis e o público se diverte muito.

Arlete Salles faz Evangelina Mello da Cunha, uma socialite viúva, que teve seu passado de glória quando era jovem e recebia com brilho a nata da sociedade, inclusive a do exterior: *"Até a princesa Soraia, que tinha os olhos tão tristes que a gente olhava pra ela e chorava"*. No presente em que o dinheiro não dá mais para viver, tenta descobrir uma estratégia para sair do buraco com a ajuda da cunhada, Dolores Mourão da Cunha, interpretada por Laura Cardoso. As duas compõem tipos complementares até nos figurinos ótimos, também por isso, de Mimina Roveda. Evangelina – mais bem-sucedida financeiramente e mais otimista – está sempre de trajes claros, enquanto Dolores, mais feliz como mulher, veste-se sempre de preto, um luto elegantíssimo. Evangelina, excessivamente sonhadora, e Dolores pé no chão, decidem casar Maria Inês, a moça jovem da família, com algum ricaço que lhes venha em socorro. Seria o segundo casamento de Maria Inês, ex-esposa de um pugilista machão que horrorizava sua mãe. Com participações menores, mas também impecáveis, apresentam-se Rodolfo Bottino e Alexandre Barbalho, que interpretam, respectivamente, o irmão da pretendente e o ricaço.

Com um elenco desses será que o diretor teve que interferir tanto assim para harmonizar a criação dos atores? Nesse caso indiscutivelmente. Mesmo porque, como encenador, Falabella consegue um tempo certo para que os dois filhos de Evangelina, cada qual por seu turno, num monólogo nostálgico, relembrem o falecido pai. Tudo feito com seriedade e sentimento. Nada mais estranho ao gênero da comédia. Mas como isto é feito de modo muito sutil, o público não se dá conta. É uma saída para um autor que tem muita habilidade em provocar o riso e tem vontade de escrever algo mais comovente. Em geral, há uma espécie de vocação para o trágico e para o cômico. Molière, por exemplo, sempre sonhou ser um tragediógrafo, e nunca agradou neste gênero. Neste aspecto, a tendência de Falabella sempre esteve clara.

O espetáculo contou com um ótimo cenário de Paulo Mamede, com direito à vista do Pão de Açúcar, uma iluminação correta e eficiente de Maneco Quinderé. São 15 meses de sucesso no Rio de Janeiro e promete repetir a façanha por aqui. Afinal tem como proposta divertir e diverte. Nada mais.

Comprimido efervescente

17 de outubro de 1997

Será que é possível alguém ter a fórmula do sucesso? Miguel Falabella parece ser um dos possuidores desse dom tão almejado se é que, de fato, ele existe. Suas peças são leves e divertidas, de consumo rápido, como de um comprimido efervescente. Normalmente essas características são consideradas como ingredientes que agradam ao público, já que as comédias são preferidas e costumam garantir mais bilheteria em todos os rincões do mundo onde existe teatro. Contudo, em primeiro lugar, não é qualquer comédia e há inúmeros fracassos de espetáculos do gênero. Em segundo lugar, como se explicaria a permanência do melodrama e do drama que, aliás, em alguns casos, como nos recentes filmes de textos shakespereanos, superam de longe a costumeira supremacia das obras risíveis? Que os espetáculos mais leves que agradam mais é explicável, uma vez que pouca gente gosta de se aprofundar nos problemas da vida real, e mesmo os que gostam nem sempre têm prazer de vê-los tratados com seriedade no palco.

Casamento

Cremos que é levado isso em conta que Falabella e Carmem Barbosa focalizam o casamento, com uma boa dose de humor. Tudo num cenário (Gringo Cardia) que é o interior de um submarino, tendo à frente uma cama de casal, pois na opinião dos dois autores o casamento às vezes emerge, mas na maior parte do tempo, fica submerso como esse tipo de navio. Não é tão poético como Vinicius de Morais, que escreveu que a *"vida é a arte do encontro, embora haja tantos desencontros pela vida"*, mas consegue escrever o vai-e-vem das duas personagens. César trabalha no setor financeiro e Rita é bibliotecária. A noite ela (Zezé Polessa) quer ler e ele (Falabella) quer dormir. As tentativas de vida em comum duram pouco tempo limitado, as de separar-se também. É uma história de amor simpática que, apesar de tão comum, prende a atenção do espectador o tempo todo.

Leveza

Há méritos do texto que encontra alguns bons achados cômicos: uma gravidez sonhada por ambos e que no final foi rebate falso, ou a tentativa de viver em países separados para pôr um ponto final. Mas o grande mérito está na interpretação dos dois atores, especialmente de Zezé, com sua feminilidade e sutileza, que faz sua estréia nos palcos paulistas. Amparados pela direção e marcações de Mauro Mendonça Filho, ambos rendem o máximo com o apoio do figurino diferente – em tons de vermelho – de Rui Cortes, a luz de Maneco Quinderé e as músicas românticas selecionadas pelo encenador. Se você não gosta de espetáculos *"água com açúcar"*, certamente não vai gostar deste, porém, se um toque de romantismo e humor lhe agrada, vai adorar. Tudo indica que fará muito sucesso.

Quebra-cabeças divertido

11 de agosto de 1998

Será que o público de hoje gosta de peças que proponham um tipo de quebra-cabeças? Antigamente as pessoas passavam horas discutindo o significado de uma charrete em *Bela da Tarde*, de Luis Buñuel, do relógio sem ponteiros de *Morangos Silvestres*, de Bergman, ou dos rinocerontes de Ionesco. Renato Modesto acha que sim, embora visivelmente seu modelo seja *Irma Vap*, devido à busca de unir humor e suspense que se observa em *O Martelo*. Num palco ficcional sabe-se que existe um *serial killer* que precisa ser detido. Noutro plano há uma confusão entre a realidade e a fantasia da qual o espectador participa. Um jogo pirandelliano em alto estilo.

Tudo indica com o casal Pedro (Edi Botelho) e Maria (Bárbara Bruno), que é abordado por um detetive (Ney Latorraca). A chapa da placa de Pedro é a mesma que foi vista quando o assassino que matava mulheres a marteladas agia em algum canto da cidade. Principal suspeito, ele sai em busca de provas que o inocentem e disfarces que o defendam e é aí que começa uma troca de papéis confusa.

O problema da montagem é principalmente de ritmo, talvez para repetir o corre-corre de *Irma Vap*, talvez porque a primeira parte seja mais lenta; o fato é que há um desequilíbrio. Coisa que talvez entre nos eixos com um novo toque do diretor, Aderbal Freire Filho.

A grande qualidade é o visual. O cenário de J.C. Serroni é deslumbrante. Cerca de oito portas, cuja parte debaixo imita um ferro verde e a de cima um vão de vidro, sugerem um jardim e mostram sempre que alguém se aproxima. Formam três ambientes: uma sala ao meio onde passam cenas mais comuns e as duas laterais onde se passam as mais privativas.

O espetáculo agrada também pela interpretação dos atores, nos diversos papéis. Ney Latorraca faz um gestual exagerado, mas que o público dele parece apreciar. Bárbara Bruno e Edi Botelho compõem seus personagens de modo caricato apenas quando necessário. Embora seja um quebra-cabeças sem muito nexo, pode divertir o espectador que goste do gênero.

A hora do prazer subjetivo

29 de agosto de 1999

O que mais intriga o espectador da peça *S.O.S Brasil* não é o fato de se tratar de denúncia a respeito do esquema de saúde no país. O autor do texto, o empresário Antônio Ermírio de Moraes, tem à disposição os microfones de rádios, TVs e jornais na hora em que desejar falar qualquer coisa a respeito deste assunto que ele domina, pois administra hospitais, ou mesmo para opinar sobre outro tipo de questão. Mas ele prefere os caminhos mais complicados.

Por que um homem com esses acessos escolhe o teatro como veículo, cujo âmbito é muito mais limitado, já que atinge um público muito menor?

Tentando buscar a resposta, deparamos com um texto do dramaturgo e ministro da cultura tcheco, Václav Havel, inserido no programa do espetáculo: *"O teatro é um retorno de uma subjetividade humana insubstituível, de uma personalidade humana concreta, em suma, da consciência humana. É aquilo de que esse mundo de megamáquinas e megaburocracias anônimas necessita"*. Parece-nos possível encontrar aí o foco de interesse do engenheiro que passou a vida, por assim dizer, tendo de ser objetivo nas 24 horas do dia, e que agora busca um contato mais estreito com a subjetividade.

Infelizmente, ainda não foi desta vez que ele conseguiu realizar seu intento. Dentro desta linha de raciocínio, a personagem mais bem-traçada psicologicamente nos dois textos escritos por ele até agora é a filha de *Brasil S/A*, sua primeira obra. As personagens atuais são pintadas de modo claro, mas como tipos. De fora para dentro. Totalmente condicionadas por profissão ou classe social. Mas há uma unidade no conjunto que se repete na interpretação equilibrada do elenco. Mayara Magri caracteriza com precisão Terezinha de Jesus, vinda do Nordeste procurar tratamento em São Paulo. Rogério Fróes e Rogério Márcico são um presidente de sindicato e um militar que estabelecem conflitos divertidos. Karin Rodrigues é a superintendente da casa de saúde. Eliana Rocha e Eugênia de Domenico são enfermeiras. Como não poderia faltar, há um médico, Jandir Ferrari. Luiz Guilherme faz um deputado.

O retrato que se revela da situação da saúde é nítido. Atesta uma maior habilidade do dramaturgo em manejar enredos, embora este seja um tanto sisudo e discursivo, notadamente as falas do político. Tudo se passa no interior de um hospital, com paredes móveis como biombos, que dão dinâmica às cenas e possibilitam a variação de espaço.

Pelo que se vê, com a luz sempre oportuna de Maneco Quinderé e as lentes do homem do cimento, os funcionários da saúde, ao contrário do que se costuma dizer de funcionários públicos, são pessoas abnegadas: se cometem algum deslize, este não tem grande significação. O problema são os políticos. Querem faturar com as verbas públicas, como se pertencessem a eles; fazem parecer que a aquisição de equipamentos de um hospital se deu por sua benesse pessoal; exigem tratamento gratuito e sem filas para seus amigos, e muitos votos. Na visão de Ermírio, seria essa guerra de poder a grande responsável por aparelhos quebrados, outros retidos no porto de Santos e demais escândalos ligados à saúde pública.

A competente direção de Marcos Caruso mantém a montagem em tensão o tempo todo e é esse o clima que se transmite para a platéia, com o auxílio da trilha sonora de Tunica e Aline Meyer. Houve sensibilidade para estabelecer um limite adequado na duração do espetáculo, sem o que ele se apresentaria excessivamente tenso.

Para rir de si mesmo

27 de fevereiro de 2001

Os séculos 19 e 20 caracterizaram-se pelas lutas para emancipação feminina e para obter o respeito inclusive de outras minorias. A julgar pelo filme de Robert Altman *Dr. T e as Mulheres* e pela peça *Três Homens Baixos*, o início do século 21 apontaria para um cansaço desses temas, pelo menos nas artes. Altman mostra cenas realmente engraçadíssimas de muitas beldades competindo para ser atendidas em primeiro lugar na sala de espera de um ginecologista, cada qual mais carente do que a outra, semelhantes às situações que todas as mulheres se acostumaram a presenciar, por exemplo, em salões de cabeleireiros.

Não são esquecidas as lésbicas e emancipadas, que deixam o médico totalmente aturdido, por estarem fora do padrão tradicional e que têm comportamento semelhante ao das outras quando se trata de aguardar a vez. É um retrato cruel, principalmente porque verdadeiro, ainda que focalizado com lentes de aumento, como é próprio das comédias. Provavelmente impensável, sem protestos e bandeiras, há alguns anos. No filme, os homens, como forma de lazer, praticam apenas caçadas e golfe. E se não mostrados sem muita criatividade, ainda são mais dignos do que elas.

Também bastante original, apresentando um humor cáustico e demolidor, o roteirista da Rede

Globo Rodrigo Murat faz sua estréia como dramaturgo. Não poupa nem as mulheres, nem os homossexuais, mas se detém especialmente nos homens. Seus personagens são três amigos íntimos de meia-idade, que se encontram num bar, para pôr as fofocas em dia, como era costumeiro. Só que desta vez um deles começa a se colocar e a discutir seus reais problemas, levando os demais a um procedimento equivalente. É uma profusão de relatos e comentários de morrer de rir. Para seu próprio espanto, acabam descobrindo que suas vidas estavam muito mais entrelaçadas do que jamais poderiam supor.

Há separações, nascimentos de bebês e uma infidelidade generalizada. Afinal, são homens baixos. Não por uma questão de estatura e nem devido a grandes baixezas, simplesmente porque têm lá suas falhas e fraquezas. Das primeiras leituras do texto (no Rio, na Casa da Gávea) em São Paulo, no teatro Augusta, houve mudanças que ao nosso ver não foram favoráveis. Inseriu-se um refrão de palavrões em coro e algumas músicas mal cantadas, desnecessárias. Soma-se a isto o fato de a direção de Fernando Guerreiro apresentar tudo de modo farsesco e não simplesmente cômico, transformando uma comédia fina, como parecia na leitura sem produção visual, numa comédia vulgar. Isso se faz notar na cenografia (Valter Mendes), que exibe um bar sem graça, e nos figurinos (Ellen Cristine), que vestem as personagens de modo intencionalmente ridículo. Por exemplo, o machão quarentão (Gracindo Jr.), com boné ao contrário, bermuda e tênis.

Mesmo assim, o espetáculo diverte e muito. Graças, é claro, à competente interpretação dos atores, bem conduzidos por Guerreiro. Tanto Gracindo como Herson Capri (bonitão ingênuo) ou Jonas Bloch (homossexual de terno e muito chique) estão impagáveis. Vale destacar a iluminação precisa de Paulo Heise. É de imaginar que a reação de homens pouco habituados a rir de si mesmos possa ser, à primeira vista, de indignação, afinal, esta parece ser a primeira reação feminina ao filme de Altman. Mas num segundo momento é preciso reconhecer que as duas obras mexem com posturas habituais e quase automáticas, as quais vêm sendo mantidas intactas a despeito de serem muito questionáveis.

O poder do fascínio

18 de janeiro de 2002

O ano é 1945. Já se tem notícia de que a Segunda Guerra acabou. Contudo, no Brasil, a ditadura de Vargas ainda não estabeleceu as *Novas Diretrizes em Tempo de Paz*, título da excelente peça escrita por Bosco Brasil, que acaba de estreiar oficialmente no teatro Ágora. Oficial porque foi apresentada no final do ano passado durante quatro noites, à guisa de pré-estréia. Com temporada prevista até meados de fevereiro, focaliza somente dois personagens: Segismundo (Jairo Mattos), um policial burocrata, ex-torturador, e Clausewitz (Dan Stulbach), um polonês que após muito sofrimento em seu país de origem deseja imigrar para o Brasil, com muitas ilusões na bagagem.

Ambos discutem o passado detalhando principalmente questões que se poderia dizer relativas a assuntos como culpa e responsabilidade. Cada um conta fatos de sua própria vida que denotam esse tipo de preocupação, mas com resultados que podem ser extrapolados para qualquer época. São temas que o drama tem em comum *O Pária*, do escritor sueco August Strindberg (que se passa na Europa e enfoca dois cientistas pesquisadores). Strindberg foi o pai das peças de conversação como esta, que não fica muito a dever ao modelo. Isso lembrando que *O Pária* é considerado um dos melhores textos de ato único do teatro moderno.

Como se vê, Bosco – premiado pela autoria de *Budro* com o Shell e o Mambembe – desta vez acertou em cheio. Criou uma obra por assim dizer realista, contextualizada no tempo e no espaço, com personagens claramente delineados e muita veracidade. Nem por isso se perde em intelectualismos excessivamente racionais ou didáticos. Analisando todos os detalhes percebe-se que uma das teses do dramaturgo está de acordo com a de Fernando Arrabal, mais famoso autor espanhol vivo, quando este afirma acreditar *"numa tomada de consciência maior pela fascinação do que pelo raciocínio."*

No caso presente, a fascinação que tanto o teatro como o sonho podem provocar. E é esse aspecto que divide a platéia. Nem todos acreditam que o efeito de uma exibição tão veemente de palavras artísticas seja suficiente para motivar o desfecho inesperado. Mesmo que os trechos apresentados sejam parte de *A Vida é Sonho,* de Calderon de La Barca (obra máxima do teatro barroco). Fora essa polêmica, é um texto irretocável. Ainda mais com esses dois atores. Jairo Mattos passa o tempo todo sentado atrás de uma mesa em posição lateral e não de frente para a platéia, condições pouco favoráveis ao desenvolvimento de um papel, e no entanto apresenta um Segismundo convincente e até brilhante. Dan Stulbach vive tanto e compõe com tal precisão os mínimos detalhes de seu refugiado polonês que chega a hipnotizar o público. A ponto de ao fim do espetáculo, ao agradecer os patrocinadores, alguns espectadores ficarem surpresos de o ator não ter sotaque. São qualidades que fazem de *Novas Diretrizes em Tempo de Paz* uma montagem imperdível, não só para as platéias mais exigentes, mas também para as que buscam diversão. É claro que um grande mérito é da direção segura de Ariela Goldmann, não só na condução do elenco, mas também na adoção do cenário e figurino singelos, como pede o estilo do texto. Além disso, cabe ressaltar a iluminação eficiente de Gianni Ratto e a delicada e discreta trilha sonora de Aline Meyer.

CRÍTICAS

PARTE 2 - A visão dos encenadores que estiveram em cartaz

Um Oscar Wilde mais dinâmico

28 de fevereiro de 1997

Seriam uma paixão à primeira vista, pelo físico de alguém, somada a uma rejeição, capazes de levar o apaixonado a reivindicar a cabeça do outro, para beijá-la morta? Muitas mulheres brasileiras que fizeram a campanha *Quem ama não mata* diriam que não, enquanto Oscar Wilde, autor de Salomé, certamente diria que sim, que de todo modo existe licenças poéticas, de maneira que uma ficção não precisa ser verossímil. A questão é que inverossimilhanças no palco costumam provocar o distanciamento da platéia.

Outro problema do texto de Wilde é que a beleza de Salomé é tal que quase hipnotiza seu padrasto Herodes e faz com que o chefe da guarda se suicide. Estas intensidades são concebíveis no imaginário, mas dificilmente suportam uma concretização, por mais bonita que seja a atriz. E teatro não é como poesia, materializa-se na cena.

Condução

Nem por isso deixa de ser eficiente a idéia de criar a situação amorosa em torna da morte de São João

Batista, que absolutamente não consta da bíblia. Segundo São Matheus, há dança (sem menções à de sete véus, conforme expresso na rubrica de Wilde), mas quem pede a cabeça do santo é a mãe da Salomé. Ela não suportava porque ele a condenava por ser incestuosa – havia abandonado o leito do irmão de Herodes para compartilhar o dele. Recriando o relato bíblico, Wilde influenciou muitos artistas, entre os quais destaca-se Richard Satrauss, que transformou a obra em ópera. Mesmo assim é preciso reconhecer que a peça apresenta dificuldades, tanto que não faz parte dos maiores sucessos de Sarah Benhard , para quem foi escrita em francês, em 1893, quando a atriz tinha mais de 40 anos e prestígio enorme. Esses problemas, a nosso ver, foram muito bem contornados pela direção de José Possi, não só pela condução do espetáculo, mas também pela do elenco. Christiane Torloni se apresenta a maior parte do tempo envolvida em véus os quais mantêm os mistérios acerca de suas feições. Esse recurso é abandonado quando se torna impraticável, o diálogo entre ela e Herodes o exige. Ou seja, principalmente depois da dança. Luís Melo cria um Herodes humanizado, encantado e assustado com a enteada, ao mesmo tempo em que temeroso do profeta, com a competência que já lhe valeu prêmios. Os papéis mais secundários estão muito bem cuidados e apresentam boas atuações. Entre eles, Cláudia Schapira e Caco Ciocler.

Além desses acertos, o que mais impressiona no trabalho de Possi é a ocupação do espaço cênico.

Para começar, o palco da Faap, que não foi inicialmente concebido para ser um teatro, tem colunas, que foram muito bem aproveitadas: o cenário de Felipe Crescenti é dividido em áreas. O do castelo de Herodes é seguida dos jardins na parte mais central, composta por um lago que atravessa quase integralmente a cena. À esquerda do palco e sob um alçapão, encontra-se a prisão sobre a qual fica a guarda, ora em cima das escadas de corda, ora molhando os pés na água, ao mesmo tempo em que a protagonista. São recursos que possibilitaram que o diretor disfarçasse o início do texto – quase totalmente narrado – que ganhou maior dinamismo, além de imprimirem caráter meio mágico ao visual.

Os figurinos, assinados por Jacqueline Terpins (especialmente os de Torloni), são adequados e alguns como o vestido vermelho do final, deslumbrantes. O único senão da montagem é que nem se trata de uma leitura místico-religiosa que glorifique João Batista bem como torne Salomé uma bruxa de bela aparência. Tampouco se optou pelo paganismo rasgado em que a paixão permeie solta com verismo. Fala-se de paixão, mas não parece haver sentimentos desenfreados entre as personagens.

Alheio a esta questão, o público que lota a casa parece se contentar com os atores e a inegável beleza plástica do espetáculo bem comportado de José Possi Neto, mas muito eficiente a quem acabou de assisti-lo

Entre o sagrado e o profano

27 de março de 1997

Em *Vestido de Noiva*, de Nelson Rodrigues, Alaíde, ainda na mesa de operação, evoca o passado e, com ela, o público vai tomando consciência da história. O mesmo acontece com a Mãe-morta, personagem central de *Ventania*, de Alcides Nogueira, só que ela passa a vida a limpo em seu próprio velório. Suicida, interpretada por Malu Valle, nunca soube conviver com o conflito entre o dever, a crença religiosa que comanda a vida da sua mãe, a Avó (Lourival Prudêncio), e o desejo, talvez porque tenha nascido com a libido muito poderosa. A direção e a cenografia de Gabriel Vilella traduzem toda esta situação com perfeição. O fundo do palco está coberto de luzes, que compõe o desenho de um caixão, a moldura da Mãe, e de um andor de procissão que enquadra a Avó. Os filhos Zé (Davi Taiu), Vicente (Eriberto Leão) e Luzia (Silvia Buarque), também encaram os elementos conflitantes da família (mal da Mãe), e Zé acaba optando pelo sagrado e os outros pelo mundano.

A dicotomia entre sexualidade – seja homo, seja hétero – e catolicismo, acrescida por questões como a droga e a culpa, permeia todo o texto, com uma intensidade muito forte e contagiante. O espetáculo não fica atrás, não apenas devido ao esquife e ao andor já citados, mas, por exemplo, se faz notar na trilha sonora de Luís Sérgio Ramos, que mescla *Coração Santo* e *Let it Be*.

Moral

Felizmente, na montagem, que é um musical, todos cantam afinados e sem microfones, sob a batuta de Babaya, e há muitas canções que transportam o espectador para o final dos anos 60 e aos 70. Afinal, este foi o período que José Vicente escreveu, o homenageado por *Ventania*. Alcides Nogueira declara, no programa distribuído no teatro, que sofreu *"uma influência visceral"* deste dramaturgo, o que denota uma modéstia admirável e rara. É difícil um artista brasileiro dizer que sofreu influência de outro, ainda mais sendo este apenas um pouco mais velho. Diz ainda que utilizou trechos de peças dele – a personagem Luzia é uma cega retirada de *Hoje é Dia de Rock* –, pois nunca teve a intenção de escrever uma biografia, mas de mostrar, como o autor de *O Assalto*, que *"Deus e o diabo não estavam somente na terra do sol, mas dentro de nós"*. Talvez seja por isso que Alcides criou duas figuras, um Zé e um Vicente, que representam as ambigüidades do autor enfocado, do autor de fato, de muita gente, especialmente daquela que nasceu em cidade de interior e depois se perdeu na capital. Afinal, em cidades pequenas, a moral católica fica muito arraigada, ainda mais porque todo mundo se conhece e há uma patrulha muito mais severa. Em compensação, a vida é mais humana.

A montagem conta com a luz segura de Maneco Quindoré e a interpretação dos atores é boa. Pena que a direção cometa excessos: uma relação sexual quase explícita, que poderia ser mais sugerida com iluminação total, que é bastante gratuita, pois destoa de tudo o mais, e no final que se enterram no poço a cabeça de algumas figuras, pessimismo que ficou por conta da encenação. Tirando esses detalhes, *Ventania* nos parece ser uma das melhores direções de Gabriel Vilella e uma excelente peça de Alcides Nogueira, ambos com competência muito reconhecida por inúmeros trabalhos anteriores.

Os dramas da afeição

02 de maio de 1997

A maioria dos nossos bons diretores teatrais, que atualmente estão na meia-idade, sofreu grande influência de Zé Celso e Antunes Filho, no sentido de que ambos trabalham considerando a montagem como linguagem. Márcio Aurélio não é exceção. Muito ao contràrio, sempre esteve atento a todos os detalhes, a fim de conceber espetáculos criativos, inteiramente amarrados, com discurso coerente. Talvez até pelo fato de ele ter se dedicado muito ao teatro alemão, que na modernidade é integrado por autores – como Heiner Müller – que redigem roteiros em que muito tem de ser completado pelo encenador, os quais são mais uma espécie de sugestão do que dramaturgia na acepção tradicional do termo.

Elenco

Para uma carreira com esse histórico, dirigir textos de cunho comercial como *Algo em Comum* torna-se um bom desafio, já que nesse tipo de teatro tudo é dito com todas as letras pelo escritor, na boca das personagens. Harvey Fierstein – de *A Gaiola das Loucas* – criou um melodrama tocante, que mostra o encontro de Júlia e Artur, ex-mulher e ex-parceiro de Carlos, recém-falecido e vítima de Aids. Como se vê, não faltam temas atualmente em discussão, e o casamento entre homossexuais, a herança, os preconceitos contra gays e contra aidéticos estão entre os assuntos discutidos. A representante da opinião publica mais conservadora é a advogada de Júlia (tipo muito bem composto por Eliete Mejorado), que acha que sua cliente deveria lutar na justiça para ficar com tudo que Arthur deixou, a despeito da vontade dele. Tem posição semelhante à de Toni, o filho do casal, levado ao palco por Fábio Lucindo, o mesmo garoto que contracenava com Paulo Autran em *O Céu Pode Esperar*. Clarice Abujamra e Petrônio Gontijo estão impecáveis como Julia e Arthur, os dois rivais que acabam por passar toda a vida a limpo, que têm pelo menos em comum a convivência com o falecido e o amor por ele. O diálogo é composto de frases curtas e

significativas, como convém a um texto com economia dramática, e é característico de americanos e ingleses.

É um tempo de *"playwrighting"* que auxilia a atuação do elenco, que no caso se apresenta entre si e com a obra, atestando uma boa condução por parte de Márcio Aurélio, que também acerta em cheio na direção do espetáculo. O cenário de Renato Scripilliti, o interior de uma casa dividido em dois ambientes (afinal são dois herdeiros) e com muitos pacotes, pois o imóvel está sendo vendido, é funcional e de extremo bom gosto. É o que também não falta aos (como sempre) excelentes figurinos de Leda Senise, tudo realçado pela iluminação inteligente de Márcio Aurélio. As mudanças de foco são sutis, a ponto de o espectador sair com a sensação, sempre emoldurado por uma deslumbrante luz azul ao fundo, que discretamente quebra a impressão de realismo introduzindo uma sugestão de mundo poético, de terra do nunca. O único senão é a primeira marcação concebida para Petrônio Gotijo – que vai entrando aos poucos em cena –, a qual pareceu forçada. No mais, o espetáculo tem tudo para agradar pessoas que gostam de assistir a encontros afetivos e verdadeiros entre personagens e elenco, que acabam por contagiar e emocionar a platéia.

O pijama de Hamlet

22 de agosto de 1997

Há dois motivos, como é sabido, para que *Hamlet* de William Shakespeare tenha este nome. O primeiro é porque é o nome do protagonista e o segundo é devido ao seu significado, ratoeira. E é uma peça que está de acordo com o título, pois são numerosas e sempre presentes as ciladas. Ora armadas pelo príncipe da Dinamarca, ora pelo rei Cláudio. A razão do jovem é provar que foi o padrasto quem envenenou seu pai, conforme acredita ter ouvido do espectro do morto. A razão do antagonista é livrar-se do enteado sorrateiramente, e de preferência pelas mãos de terceiros, para não levantar suspeitas contra si. Essa é a contenda principal da peça *"e o resto é silêncio"*, como diz Hamlet (Marco Ricca), antes do último suspiro, pois não há uma cena de conflito verbal ou declarado entre os dois adversários, pois para atingirem seus objetivos utilizam-se de vários coadjuvantes. Nesta leitura, Marco Ricca compõe corretamente a personagem central, visto pelo autor mais como um manipulador atento para poder sobreviver do que como homem sincero, revestido portanto de um certo cinismo discreto.

Mas isto não justifica o fato de a direção (Ulysses Cruz) apresentá-lo de pijama e robe listrados com um rosto branco de sabão e uma navalha na mão, justamente na hora do *"ser ou não ser?"*, um dos momentos mais dramáticos da peça. Afinal, no caso, não se trata de uma paródia em que este tipo de recurso seria adequado. Algo de semelhante acontece em outro episódio, que passamos a detalhar. Um dos mistérios contidos no texto e sobre o qual escreveu-se diversos compêndios é o que cerca a aparição do fantasma. Aliás, o programa de montagem, que se recebe no saguão do Teatro Sérgio Cardoso, traz uma indicação das interpretações mais conhecidas, mostrando a pesquisa considerável que antecedeu essa encenação. Por isso mesmo não se entende que a visão do diretor não esteja totalmente clara para o público, a esse respeito. Não se sabe nem se Hamlet vê o fantasma, nem se tem uma alucinação, porque simplesmente ambos não se encontram, ainda que conversem. O filho está na parte superior, acima dos músicos, enquanto o pai aparece embaixo bem à vista da platéia e só da platéia. Inventar novidades é ótimo, mas a nosso ver, desde que se traduza em forma de linguagem, com alguma coerência. Isso não ocorre nestes momentos já mencionados e nem em outros inteiramente gratuitos: duas personagens secundárias desmunhecam sempre que estão em cena e, antes de morrer, Ofélia aparece nua.

Tirando esses percalços, a adaptação nos pareceu bastante eficiente, mesmo com a eliminação de Fortimbrás, príncipe da Noruega, que acaba também por ser empossado na Dinamarca. Essa ausência tira bastante o caráter político e histórico da obra, mas torna mais condensada a tragédia, seja de vingança ou seja de destino, conforme divisão sugerida por

Walter Benjamim, da escola de Frankfurt. Quem for assistir à montagem certamente ficará deslumbrado com a beleza do visual e talvez não tenha tantas exigências. Mas essas são necessárias, principalmente considerando-se que o diretor tem muita experiência no oficio, de modo que não deveria dar pontos sem nó e, neste caso, contou com uma produção superior a R$ 400 mil. Um luxo visível, especialmente na riqueza de cenários (Cyro Menna Barreto e Ulysses Cruz) e figurinos (Elena Toscano). Constam do cenário uma plataforma alta onde se situam quatro músicos que tocam pouco, porém, muito bem. Há cenas tanto acima como abaixo desta plataforma que parece de madeira e é ladeada por duas escadas de ferro. Estas se encolhem

para formar abas do palco, se transformam numa espécie de prisão em que o rei Cláudio se refugia, iluminada de modo surpreendente, como aliás toda a peça, por Domingos Quintiliano, e depois ladeiam a entrada do salão do castelo e assim por diante, demonstrando criatividade incomum. Como não poderia deixar de ser, várias cortinas pintadas (Charles Roodi, Fábio Brando e Luís Rossi) se alternam para dar um toque elizabetano, insinuando as mudanças de espaço, como era hábito na época de Shakespeare, não apenas por tecidos, mas até por uma caldeira que significava um determinado trono, num castelo. O bom gosto também está presente na indumentária variadíssima. Há uniformes de militares de vários tipos, roupas de trupe teatral representando, e assim por diante.

Com relação ao elenco há problemas que talvez se resolvam depois da estréia, inclusive de emissão de voz que nem sempre podia ser escutada do fundo da platéia. É claro que isso não se refere à interpretação impecável de Ernani Moraes (rei Cláudio) que se apresenta com a dignidade e o poder que o papel pede, nem a Rubens Caribe (Laertes) nem a Plínio Soares (Horácio), que atuam de modo extremamente convincente e ainda brindam o público com um duelo de esgrima, prazer perturbado pela ação do encenador que pôs Orsic em destaque, a nosso ver atrapalhando a cena. Marcos Daud está ótimo como coveiro e bem como Polônio, que se apresenta como uma figura cômica, mas infelizmente ainda não encontrou caminhos diferentes para as duas personagens que, de resto, parecem a mesma.

Enfim, apesar desses senões é um espetáculo que tem o mérito de pôr Shakespeare em cena em grande estilo, ressaltando pelo aspecto visual. E com a competência que Ulysses Cruz tem demonstrado em outras montagens, apesar das invenções nem sempre muito adequadas.

O rito alienante

24 de outubro de 1997

Em geral os rituais observam um tom solene e um ritmo lento assim como o teatro que busca se aproximar desse gênero de cerimônia. É também o que acontece com *Ela*, de Jean Gente, em que a personagem central é o Papa. Qualquer papa. Sua dramaturgia, como é próprio do autor de *As Criadas*, encerra a mesma tese das outras peças: a de que todo homem é um ser humano comum, mas que a imagem que se cria em torno dele pode mistificá-lo. E que a veneração destas imagens fabricadas é que produz uma ilusão alienante. Para ele, enquanto não se desmistificar os mitos, será impossível uma humanidade verdadeiramente livre. Não adianta matar um rei e sim questionar a necessidade dele. E o mesmo ocorre com outras funções dignificadas pelo sistema.

O texto que melhor traduz teatralmente essas idéias é *O Balcão*. Centra-se no bordel de madame Irmã, onde, para satisfazer fantasias, clientes e prostitutas se vestem de general, bispo, etc. Eles acabam por ser convocados para assumir essas funções na vida real, já que uma revolução depôs os chefes de vários setores, e é assim que a rebelião é controlada e tudo volta a ser como antes. O problema com *Ela* é que se trata de uma peça muito discursiva. A situação é extremamente oportuna, já que é o papa e seu assessor que se encontram com o fotógrafo, também chamado de caçador de imagens e *paparazzi*. Eles vão fazer uma sessão de fotos que desagrada bastante à personagem. Esta revela seu cansaço diante da obrigação que tem de assumir, inclusive a de aparentar o que não é, pois se sente apenas um cidadão comum.

Zé Celso, como sempre, é uma presença carismática e, no caso, o deboche que sempre o caracterizou é discreto. Mas, até sua entrada em cena, Marcelo Drummond e Fransérgio Araújo tentam dar conta do recado e, como o mestre de cerimônia idolatra o papa e o fotógrafo e ele só faz falar do papa, tudo fica bastante longo. Por sua vez, recoberto por uma passarela vermelha e um tipo de plástico dourado, o cenário decorado por Gringo Cárdia e iluminado por Cibele Forjaz adquire uma imponência e beleza de encher os olhos, como o assunto pede.

Beleza visual também não falta a *O Enfermeiro*, baseado no conto *O Coração Denunciador*, de Edgar Allan Poe. Ao fundo são duas portas douradas muito altas, ocupando todo o palco com uma espécie de jaula com tela bem fininha dentro da qual se criam vários espaços cênicos, incluindo uma piscina. A ação gira em torno da luta íntima do enfermeiro (Marcelo Olinto) que, ao mesmo tempo, deseja e teme matar seu paciente (César Augusto). É um texto com características típicas do conto, um tanto interiorizado, o que dificultou sua transposição para o teatro. Se não fica monótono em nenhum instante devido à riqueza visual, também não chega a envolver o espectador na trama.

Mas os truques são muitos e bonitos. Cabe destacar o nome de Ricardo Venâncio, que assinou cenários e figurinos. Seu visual se comunica diretamente com o público, mas não se integrou inteiramente ao texto, a despeito do bom desempenho do elenco.

Vantagens da simplicidade

04 de janeiro de 1998

Obras de ficção em que há mistura de personagens baseadas em gente famosa que de fato existiu, com outras completamente inventadas, são comuns. Dificilmente há tantos dados sobre as pessoas, mesmo conhecidas, a ponto de não ser necessário completá-las com a imaginação, seja para criar romances, peças de teatro ou roteiros de cinema. Também é possível promover encontros ficcionais que não ocorrem na realidade, como faz Schiller em *Mary Stuart*, colocando a protagonista num diálogo com Elisabeth I. É assim em *O Carteiro e o Poeta*, do chileno Antonio Skármeta, que, sob a direção de Aderbal Freire Filho, está em cartaz em São Paulo. O assunto central é a relação do poeta Pablo Neruda com Mário Jimenez, um carteiro que, segundo a tradutora Bella Josef, nunca existiu.

Embora esse seja um fato relevante, intriga menos do que ter sido primeiramente um filme, depois uma peça de teatro, ambos do mesmo autor. Isso porque no cinema já parecia teatro filmado, pois se baseava quase inteiramente na palavra, principalmente no diálogo entre duas personagens. É claro que na tela havia muitas cenas de paisagem que o teatro só comporta lançando mão de outros meios e não faz neste caso, com muito acerto. O cenário de José Dias é, como sempre, impecável: uma porta-janela que vai do teto até o chão e um baú do qual são retirados objetos, como um abajur para transformar a mesma janela na casa de Beatriz, namorada de Mário. Infelizmente a iluminação de Aurélio de Simoni, excessivamente fixa, explora muito pouco as possibilidades da janela, sem jogo de luz e sombras e também sem tonalidades diferentes. Mesmo assim, a poesia do espetáculo está presente na simplicidade da cenografia, nos versos de Neruda e na admiração quase religiosa que o carteiro nutre pelo homem que lhe ensinou que sua língua, além de comunicar, pode servir a jogos de beleza, através de metáforas.

A esse respeito, a dramaturgia de Skármeta é irrepreensível; só se recita Neruda quando a cena pede: quando a mãe de Beatrice descobre os versos que a filha tinha guardado no regaço, presentes de Mário, e os toma como prova de que este a viu nua, ou ainda que o admirador quer decorá-los pa-ra com eles conquistar a amada.

Leveza

A direção de Aderbal Freire Filho visivelmente quis escapar de ser cópia do filme e conseguiu. Imprimiu comicidade e leveza à obra e o fez de modo bem dosado. O elenco composto por Suzana Saldanha (mãe), Márcia do Canto (Beatrice), Marcos Winter (carteiro) e Paulo Goulart (Pablo Neruda) é fiel à proposta de direção. Paulo Goulart está numa das melhores performances de sua carreira; Suzana Saldanha exagera na comédia, caindo na farsa. Os figurinos de Angele Fróes apresentam a mesma simplicidade dos elementos visuais, como se fossem de produção caseira – o que é adequado, mas que poderia ser mais rico. Cabe destacar, ainda, a ótima trilha de Tato Taborda, que não copia a do filme, mas tem a mesma linha com toques chilenos. Enfim, é um espetáculo que reúne as condições de repetir em São Paulo o sucesso que obteve no Rio. Mesmo porque muita gente que viu o filme tem ido ver a peça e há diferenças, embora não tantas, principalmente no final que acentua o lado da repressão política no Chile ou onde houver.

Do belo ao grotesco

23 de novembro de 1998

O impacto de dois *clowns* com trajes semelhantes aos de Chaplin, mas que iniciam uma peça constatando que não há *"nada a fazer"*, em meados dos anos 50, é irrecuperável. Traduz provavelmente o desânimo dos sobreviventes de duas grandes guerras, mediante perdas irreparáveis e, entre eles, o autor, Samuel Beckett. Em compensação, é impossível deixar de se emocionar vendo no palco, como se fosse hoje, Cacilda Becker (Bete Coelho) interrompendo uma das sessões em que atuava, na mesma peça, para ser atendida no Hospital São Luiz. Fazia um mês da estréia em abril de 69 e faltariam 45 dias para que falecesse. Um momento difícil de ser retratado no palco e que Zé Celso Martinez Corrêa sugere com extrema poesia.

O primeiro ato de *Cacilda!* em cartaz no Teatro Oficina é imperdível. Resgata a figura daquela que foi a primeira-dama do teatro de seu tempo, com muito afeto que contagia o público, não só pela entrega de Bete Coelho – que, assim como a personagem, começou a vida artística como dançarina – mas também pelo desempenho de Lígia Cortez, de Mika Lins e do elenco, que de modo geral rendeu o máximo na mão do diretor, numa montagem limpa e clara, como não é de hábito. Todo mundo entende o que se passa em cena e segue a biografia da protagonista, mesmo que esta seja contada através de fragmentos.

Mas não é o caso de se iludir. O Zé Celso maduro que costumamos ver assinar a produção do Oficina há 40 anos reaparece integralmente no segundo ato. Cacilda chega dos Estados Unidos já como uma atriz famosa, primeiro por pertencer ao Teatro Brasileiro de Comédia, depois aos palcos cariocas e de volta tem sua própria companhia e o teatro que leva seu nome. Aí é a vez das intrigas atrás dos palcos que o diretor-autor apresenta tomando sempre um partido: inimigos de Cacilda ridicularizados; amigos como Dulcina vistos de modo simpático. Todas essas pessoas da classe teatral aparecem transformadas em personagens depois da morte e ressurreição da protagonista. Cacilda ressurge muitos anos mais velha do que na data em que faleceu.

Volta na pele de René Gumiel e finalmente encontra Godot.

Uma das muitas tiradas de humor desta metade, que a despeito de manter os mesmos figurinos lindos (Sandra Bodick, Bete Coelho, Andréa Canton, Caio da Rocha, Lino Villaventura e Sérgio Paulo Figueiredo), dedica-se mais ao grotesco do que ao belo. Tantas assinaturas poderiam fazer supor uma ausência de unidade. Mas não é o que acontece, há uma grande harmonia no conjunto. Nesse ato, além das três atrizes já citadas, destacam-se Giulia Gam, Iara Jamra, Marcelo Drummond e Fransérgio Araújo, entre outros. Um registro à parte merecem a iluminação de Cibele Forjaz e a música de Marcelo Pellegrini.

Quem assiste *Cacilda!* nem de leve suspeita que se trata de teatro feito apenas de suor e paixão, com pequeníssimo patrocínio, como garante Zé Celso.

Distinções de Antunes

28 de novembro de 1999

O que distingue o objeto artístico é a forma, segundo Kant. A boa forma conduz à contemplação e ao prazer estético, mesmo quando pretende influenciar a sociedade. Sem contradizê-lo, estudiosos modernos definem assim as características da arte: discurso analógico e emprego de metáforas. Com essas duas concepções é possível compreender de que matéria é feita a arte de Antunes Filho.

De talento incomum, ele transforma o óbvio em metáforas surpreendentes. Foi assim, por exemplo, em *Macunaíma*, em que um ator entrava em cena com um balde d'água e fazia um desenho de um rio sinuoso, como o Paraíba, para indicar a viagem do herói sem caráter.

Fragmentos Troianos, de Eurípedes, não foge às regras do mestre encenador: uma cesta comum e meia dúzia de pedras bastam para significar um caixão e um túmulo. Pratos de alumínio batidos com talheres atestam a impotência do coro de mulheres. E não é necessário lembrar as *"Diretas Já"*, pois os homens do palco simplesmente ignoram esse protesto. Sua forma é mais universal do que parece. Os exemplos são utilizados para ilustrar um comportamento que atravessa fronteiras. Mas o diretor mais festejado do país contrapõe a esses elementos outro componente, a fim de situar historicamente a montagem. É o caso da estátua da liberdade caída e atravessada por uma espada, sugerindo que toda a crítica do texto se refere à atualidade.

A peça grega se presta a esse fim. Enfoca a Guerra de Tróia do ponto de vista dos perdedores, os troianos. Coisa que só um estrangeiro revolucionário como Eurípedes teria escrito de dentro de Atenas. Isso para criticar outros massacres gregos ocorridos em sua época e não episódios conhecidos exclusivamente por relatos de Homero. Eurípedes viveu no século V a.C. e Homero no século X d.C.

O visual da encenação é irretocável. Todos de preto para conferir ainda maior peso ao luto das personagens. Cenário e figurinos iluminados com a competência habitual de Davi de Brito. O elenco feminino apresenta um trabalho de voz excelente que lhes permite emitir gritos viscerais, e transmitem dor sem irritar a platéia. É um espetáculo agradável, embora inevitavelmente pesado, pois pretende abominar guerras de qualquer tipo.

Durante o romantismo, Shelley – poeta inglês do período – escreveu uma peça chamada *The Cenci*, baseada nos arquivos do Vaticano que ele foi pesquisar. O assunto era o assassinato do conde por seus filhos encabeçados por Beatriz. Ela porque sofreu abuso sexual do pai, eles porque sofreram abuso de autoridade. O morto era da família Bórgia e dominava Florença. Os filhos foram condenados e presos.

Pai, de Cristina Mutarelli, retrata um homem semelhante. O texto surge como um protesto perante uma situação insustentável e que segundo a imprensa é mais usual do que se imagina. É o primeiro texto de Cristina, um monólogo em que a protagonista mais fala com o público do que contracena com o pai. Bete Coelho, dirigida por Paulo Autran, apresenta leitura distanciada, tentando atenuar a violência familiar, semelhante à das famílias retratadas na tragédia grega. Um tom que parece inadequado para transmitir a ira da personagem central.

Tudo se passa dentro de um cômodo repleto de gavetas que ora sugere um guarda-roupas, ora o interior de um túmulo. A luz explora as duas possibilidades. Duas qualidades, apesar do tema *"terrível"*.

Expulso do trono

06 de agosto de 2000

Que as idéias de Nietzsche influenciaram Hitler todos sabem. No final da Segunda Guerra ele foi odiado por isso. Até que, como é sabido, se descobriu que grande parte de suas afirmações, na verdade tudo o que foi publicado depois de sua morte, foi adulterado por sua irmã, uma militante nazista e anti-semita. Esta constatação limpou o nome do filósofo, um dos pensadores que mais influenciaram os valores e a mentalidade do século 20. Mas sempre sobram aqueles que não se convencem de sua inocência. É o caso de Gerald Thomas, que no espetáculo *N x W* (Nietzsche contra Wagner) parece condená-lo por sua obra, na qual *"um criador destrói um criador"*, pois sentenciou que *"Deus está morto"*. E, além disso, em livros como *A Genealogia da Moral* buscou provar que tanto o judaísmo quanto o cristianismo são religiões que exaltam os perdedores, incentivando a submissão e alienando o homem de sua liberdade. O autor de *Assim Falou Zaratustra*, portanto, virou de cabeça para baixo crenças e hierarquias que vinham servindo de base ao desenvolvimento da civilização havia séculos.

Thomas não apenas destrona um dos principais mentores da contra cultura, mas ridiculariza nada menos do que Einstein, utilizando uma caricatura e gritinhos. E, nesse ponto, o espectador não consegue mais levá-lo a sério. Tudo se justificaria por serem estes os baluartes que chacoalharam o Ocidente, deixando nosso tempo sem certezas, sem respostas. Acontece que, além de não serem os únicos responsáveis – basta lembrar Marx, Freud e Sartre –, nunca houve um tempo com certezas absolutas, embora muitas épocas tivessem apregoado sua existência. Se assim fosse, as guerras religiosas e de defesas de cada cultura, cada território, bem como a Inquisição, seriam injustificadas.

Mesmo se dedicando a esses temas citados – há, por exemplo, uma televisão ligada o tempo todo sem imagem, como a dizer que não há mensagens –, Thomas está de fato interessado em fazer uma exaltação do artista, na pessoa de Richard Wagner, o grande revolucionário da ópera no século 19. E este é o ponto alto da montagem, quando Paulo Szot canta uma ária de *Tristão e Isolda* com técnica e emoção que arrebatam inteiramente o público. Aliás, a música de toda a peça é extraordinária. Não só a de Wagner, como também composições originais de Borut Krzisnik e de Arrigo Barnabé, gravadas por orquestra em *playback*. O espetáculo tem a divisão em cenas apontada em letreiros, já que não há quase diálogos. Algumas dessas cenas são muito claras e ordenadas, outras são caóticas, como que a instituir o monólogo interior – técnica adotada no romance, notadamente por James Joyce – por meio de imagens: há, por exemplo, uma entrada rapidíssima de duas modelos desfilando, após o anúncio em *"off"* de que parte do que está sendo visto foi concebido durante um desfile de moda.

A encenação prima pela beleza visual presente nas marcações extremamente gráficas e cuidadas, nos figurinos (Walter Rodrigues) funcionais e adequados. Isso sem falar na iluminação (Thomas e Caetano Vilela), como sempre deslumbrante. Cabe destaque ainda para o ótimo elenco da Companhia Ópera Seca.

Nudez madura

22 de outubro de 2000

Quando Zé Celso reinaugurou o Teatro Oficina com a encenação de sua premiadíssima versão do *Hamlet* shakespeariano, dentre as coisas que mais chamavam a atenção estava o talento de Leona Cavalli (Ofélia) e a qualidade da luz do espetáculo. Principalmente porque a forma do teatro – uma rua larga ladeada por arquibancadas – era um desafio complexo para qualquer profissional da área. Com soluções brilhantes, Cibele Forjaz passou a se colocar no rol dos melhores iluminadores do país e ali tem permanecido. Sua leitura cênica de *Toda Nudez Será Castigada*, de Nelson Rodrigues, é resultado de uma proposta madura, bastante bem amarrada e muito bem-sucedida. Estreou no meio do ano no Sesc Belenzinho, e agora partiu para o Oficina, que tem como vantagem o fato de ser muito mais central.

O espectador é convidado a se sentar no meio do palco, onde é envolvido pela peça a que assiste em cadeiras giratórias. É um bom recurso, ainda mais que a montagem utiliza pelo menos cinco locações que se sucedem sem perda de ritmo, em vários lados. Isso para contar a história de Geni (Leona Cavalli) e de suas relações com a família de Herculano (Hélio Cícero): as tias (Déborah Lobo, Mila Ribeiro e Tatiana Thomé), Patrício (Gustavo Machado) e Serginho (Vadim Nikitin). Os demais personagens (Odésio, padre, delegado e médico) são interpretados por Edgar Castro. Tudo acontece devido à vingança de Patrício, que quer arruinar o cunhado.

Nessa versão, além de odiá-lo, ele também o ama, sendo rejeitado, o que se revela uma boa colocação, na medida em que justifica melhor o ímpeto de seus atos. É ele quem providencia os encontros entre o viúvo Herculano e Geni, a prostituta, e faz com que Serginho, seu filho, tome conhecimento do fato.

Dentre as cenas, a mais original e bonita (cenografia de Simone Mina) é a que se passa numa banheira transparente onde o filho se banha após ter sido agredido. A água está avermelhada e assim permanece por longo tempo, bem como a memória da situação que o garoto não consegue apagar. Em *Toda Nudez* esse pernambucano de alma carioca, pois morou quase toda a vida no Rio, local onde se passa a maioria de seus dramas, defende a sua idéia mais ou menos constante de que atrás de todo puritano existe sempre um devasso. Mas, ao contrário do que se pode pensar, o autor passou toda a vida casado com a mesma mulher e ligado aos filhos, e ao que se saiba nunca foi um devasso.

Toda Nudez Será Castigada é uma das obras de Nelson mais levadas ao palco (e ao cinema) e está junto com outras cinco ou seis em cartaz em São Paulo. Esse volume não é muito usual e provavelmente se deve ao aniversário de 20 anos de sua morte, ocorrida em 21 de dezembro de 1980. Esta montagem se destaca especialmente devido às extraordinárias interpretações de Hélio Cícero, Gustavo Machado, Leona Cavalli e Edgar Castro. As tias e o filho, infelizmente, têm suas atuações prejudicadas por estarem fora do físico do papel. As tias, moças demais; Serginho, moderno demais. Mas não chegam a comprometer inteiramente o espetáculo, a que de resto se assiste com enorme prazer. Os quatro atores, três dos quais vestindo os papéis principais, dão um show que deixa o público fascinado, por seu verismo. Sem dúvida, valem uma ida ao teatro. A bela iluminação leva a assinatura de Alessandra Dominguez.

Paixão em dois tempos

13 de julho de 2001

Dentre os aspectos que mais impressionam em *Pólvora e Poesia*, de Alcides Nogueira, se destaca o recorte feito na tão decantada relação amorosa dos poetas Arthur Rimbaud e Paul Verlaine: comumente se enfoca essa questão sob o ponto de vista de Rimbaud, uma personalidade que desconhece e postula o desprezo dos limites racionais, a liberdade e o *"desregramento de todos os sentidos"*. Desta vez, contrariando o hábito, se apresenta uma visão imparcial, em que Verlaine é visto com tanta dignidade quanto seu companheiro. Ele que já era um escritor consagrado e respeitado cidadão casado quando conheceu o artista jovem e revolucionário, convidando-o para morar em sua casa, em Paris.

Sob o mesmo teto, tornam-se amigos e posteriormente amantes. Uma história mostrada de modo ao mesmo tempo poético e teatral, tanto no texto quanto na montagem. Criando um tom bastante delicado e elegante, aliado à má passionalidade sensível. Dividido em seus amores Verlaine ainda é forçado a enfrentar o fato de que Mathilde ficou grávida. Optando pelo companheiro, acaba abandonando-a. Depois tenta reatar com ela em vão. Mathilde nem o recebe. E é então que se vislumbra a radicalidade ao homossexualismo no período, século 19. Trair a esposa durante a gravidez, é em geral fato corriqueiro, perdoar nem sempre. Muito menos nesse caso, principalmente há pouco mais de cem anos. E assim prossegue a história, até terminar como começa, ao som de pólvora. Há muitas outras qualidades que fazem a encenação imperdível. Especialmente o trabalho primoroso dos dois atores, Leopoldo Pacheco e João Vitti. Este último vive Rimbaud pela segunda vez, pois pertenceu ao elenco de *Barco Bêbado*, com direção de Iacov Hillel. Saiu-se bem sempre, mas desta vez dá um verdadeiro show de interpretação. Alem disso, há os ótimos cenários e excelentes figurinos de Gabriel Vilela, cujo caráter é também lírico, longe de um realismo que tornaria a peça prosaica.

Claro que todos esses acertos, tanto na competente direção dos atores como na bela ocupação do espaço, levam a assinatura de Márcio Aurélio, encenador. Cabe discordar apenas da trilha sonora assinada pelo dramaturgo e tocada ao piano por Fernando Esteves. Embora seu efeito seja de distanciamento e não de acentuar as emoções, o que se mostra um bom recurso, o espectador se pergunta por que Chopin emoldurando poetas muito mais modernos? Afinal para os pais do Simbolismo se espera no mínimo um Claude Debussy e não o mais popular dos românticos, muito menos revolucionários do que um Schumann ou um Wagner. Mas é um descompasso que não chega a empanar o brilho do espetáculo. O grande problema fica por conta do Centro Cultural do Banco do Brasil. Em primeiro lugar, para chegar até lá só de táxi, ônibus ou metrô. Pode-se sonhar com um estacionamento, manobristas e outras comodidades que outras casas de espetáculos costumam oferecer, inclusive as que têm Estação Júlio Prestes, porque por lá não há nem sombra disso. Como se não bastasse esse desconforto, é necessário atravessar o calçadão a pé, na chegada e na saída, como se a cidade de São Paulo e sua região central fossem o mais seguro dos ambientes. É uma pena. Porque o edifício do Banco do Brasil, embora só tenha capacidade para grandes eventos, é bonito e conta com funcionários atenciosos.

Uma Medéia *movida à magia*

05 de agosto de 2001

Eurípedes – o tragediógrafo grego – é de longe o escritor da Antiguidade clássica sobre quem pairam mais dúvidas, mesmo se levando em conta que já negou até a existência de Homero, cujas obras, aliás, se acredita terem sido compiladas por outras pessoas que as conheceram por meio da tradição oral. Para começar, há a data de nascimento que ninguém sabe ao certo, embora haja um consenso sobre sua morte em 406 a.C.. Depois sempre se disse que ele era filho de um taberneiro e de uma verdureira, coisa que há quem discuta, porque dificilmente se aceita que uma pessoa de origem tão humilde pudesse ler e aprender naqueles tempos. Há quem julgue que ele era um estrangeiro em Atenas, razão que o teria levado a defender as minorias, enquanto que outros garantem que era natural de lá.

Soma-se a isto o fato de Eurípedes ter ficado na história como um misógino, talvez devido ao enredo e as idéias de *As Bacantes*, a despeito de ter se casado duas vezes. Esta afirmação fica ainda mais complicada porque Eurípedes é considerado um autor revolucionário, o que é indiscutível tendo saído de suas mãos o primeiro texto feminista que se tem noticia: *Medéia*. Se ele amava ou odiava as mulheres é uma questão sem resposta, a não ser que se avente a hipótese – não despropositada – de que esta acusação de misoginia tenha raízes românticas, ou seja, numa época em que o sexo feminino foi confundido com os anjos, isto é, criaturas cândidas e bondosas, em tempo integral.

Isto certamente as personagens de Eurípedes não são. É Electra que ajuda Orestes a matar sua mãe quando o irmão hesita e é Medéia, a feiticeira, quem mata para ficar com o marido e no final mata para se vingar dele, para citar os exemplos mais famosos. A ultima controvérsia fica por conta dos que julgam ser ele a principal influência no teatro renascentista, na medida em que as suas figuras são as primeiras que padecem de algum conflito interior que antecede as ações (conforme apontou Hegel), precursoras da psicologização do herói. Boa parte dos historiadores alega que a fonte direta foi Sêneca, o grande filósofo e dramaturgo do império romano, nascido em Córdoba, cujos escritos foram redescobertos muito antes, servindo de modelo do século de ouro na Espanha, bem como a Shakespeare. As presenças de fantasmas e as cenas cruéis mostradas ao público, parecem dar razão à segunda teoria. Felizmente toda essa confusão está fora do espetáculo de Antunes Filho, ainda que tenha rendido muitas páginas do programa que se distribui ao espectador, no qual se faz um inventário, inclusive de outros autores que se dedicaram a este mito, mesmo que tenham pouca relação com a peça montada, que é puro Eurípedes, numa tradução enxuta e eficiente (Antunes e Millôr Fernandes). Os fãs do diretor do *Eterno Retorno* vão encontrar alguns elementos de grande magia que confirmam as qualidades sempre presentes em seu trabalho; os gestos de Medéia (Juliana Galdino), o coro vestido de negro que se transforma em sacos de lixo empilhados toda vez que sai de foco a ação são as mais evidentes. Além disso, há elementos de cenografia (madeira, fofo e água) de Hideki Matsuka, que acentuam o caráter ritualístico da montagem, ainda que não alterem a leitura da obra, transformando a protagonista na natureza e a peça num grito ecológico, conforme se denunciou.

O mesmo pode ser dito dos belos figurinos (Jaqueline Castro e Christina Guimarães), totalmente de acordo com o tom adotado, e da competente e discreta iluminação de Davi de Brito e Robson Bessa.
Nada disso seria suficiente se o jovem elenco não estivesse dando conta do recado, como está, com destaque para Juliana e para Kleber Caetano (Jasão, Creonte, Egeu e Padagogo) nos papéis principais. É um acerto, inclusive do coro, que coloca o CPT entre as melhores escolas para ator. Coisa que não era possível constatar por meio dos espetáculos intitulados *"Prêt-à-Porter"*, porque exibem um exercício muito semelhante ao que se encontra *À Margem da Vida*, de Tennesse Williams, que era até bem pouco tempo o texto mais interpretado por todas as escolas de teatro e não apenas nos Estados Unidos. Os méritos de *Medéia,* de Antunes Filho, valem de sobra uma ida ao Belenzinho.

Distante da chave trágica

08 de março de 2002

Houve um tempo em que se acreditava que o homem nascia com características imutáveis, ou seja, com um caráter e uma personalidade fixos. Para retratá-lo na arte só através dos heróis. Depois foi a vez de considerá-lo condicionado pelas circunstâncias externas, que o faziam ser o que era, porém, de modo estável. Para representá-lo, criou o personagem dramático, condicionado psicologicamente ou pelo meio, ou por ambos, como os de Shakespeare. Então ficou claro que não só circunstâncias são mutáveis, mas também as personalidades. E, em conseqüência disso, surge a personagem existencial, aquela que muda ao longo das peças, como em Ibsen.

Posteriormente, com a consciência de que tudo está em constante mutação, foi possível notar que uma comunicação real entre as pessoas é muito difícil, talvez porque cada um são muitos *eus* que variam conforme a situação, como mostra Pirandello; ou talvez porque o mundo se transforma tão rapidamente a ponto de os indivíduos não conseguirem acompanhar esse processo como em Tchecov. Houve quem considerasse que essa incomunicabilidade pudesse ser superada através de uma tomada de consciência e modificação de comportamentos inadequados, sejam de cunho psicológico, como retratados nas obras de Tennessee Williams, sejam de cunho social, como nas de Brecht. Isto na mesma época em que o teatro do absurdo traduzia cenicamente a visão de que incomunicabilidade não é dramática porque se pode transcendê-la, mas é trágica na medida em que se faz parte das limitações inerentes à condição de ser humano.

É nessa chave do trágico que *O Homem que Viu o Disco Voador*, de Flávio Márcio, deveria ser compreendida. Infelizmente, não foi esta a leitura de Aderbal Freire Filho. Os personagens, na sua montagem, não são interpretados com a naturalidade cotidiana própria do absurdo, mas como pessoas em crise a ponto de explodir, envolvidas num conflito dramático, solucionável em alguns momentos, não numa situação inexorável. Mas o texto desmente essa possibilidade de transição, visto que o banqueiro que se arrepende de ter dedicado pouca atenção à família não resolve o caso, porque daí é a vez do filho ver o disco voador.

Não há exatamente um protagonista aqui, e o diretor deveria dar às personagens peso igual. Afinal, não se sabe ao certo quem é o homem que viu o disco voador, o filho ou o pai. Flávio Márcio, morto em 1979, aos 34 anos, é dramaturgo bastante contemporâneo, como poucos no Brasil, e esta teria sido uma boa oportunidade para mostrar isso. Apesar dos equívocos – que se estendem à interpretação de todo o elenco quase melodramático, obediente ao comando da direção –, a montagem sob a direção da Casa de Gávea tem o mérito de estrear um texto inédito aos 25 anos. Apresenta cenário (Fernando Mello) e figurinos (Samuel Abranches) impecáveis, e iluminação totalmente eficiente, tanto para valorizar o trabalho do elenco como o do visual, assinado por Aurélio Simone.

Libelo contra a tirania

08 de novembro de2002

É de conhecimento geral a Tragédia de Sófocles que conta a história do rei Édipo, o qual, sem conhecimento prévio, matou o pai e casou com a mãe, pois não sabia quem eram seus pais verdadeiros. Ambos tiveram quatro filhos: Etéocles e Polinices, Antígona e Ismênia. Os dois homens, que são os personagens centrais da outra peça (*Os Sete Contra Tebas*, de Ésquilo), acabaram por se matar na cidade grega onde nasceram, em luta pelo trono. Depois desse desfecho, quem acabou se coroando rei foi Creonte, irmão de Jocasta, e, portanto, tio de todos eles. Dá-se que Creonte decide enterrar Etéocles com todas as honras e deixar Polinices insepulto, por considerá-lo um traidor. É quando começa o drama de Antígona, também escrito por Sófocles.

Inconformada com este édito injusto, ela quer enterrar o irmão a todo e qualquer custo, enfrentando com coragem assombrosa as ordens do chefe de estado. É presa, mas desperta a solidariedade de todos os conterrâneos. E quando Creonte cai em si e se arrepende, já é tarde demais. Considerada a primeira e das melhores peças contra a tirania, *Antígona* pode ser vista de outros modos: como o conflito entre leis do Estado e leis religiosas, como conflito entre direito individual e do Estado, ou ainda como exemplo máximo de amor fraterno. Tantos detalhes têm razão de ser, já que hoje e amanhã são os dias que ainda restam para que o espectador paulista aproveite a rara oportunidade de assistir *Antígona*, apresentada pelo Teatro Nacional Grego, com a chancela do Consulado Geral da Grécia em São Paulo.

São nove atores, entre protagonista, antagonista, além de seis músicos e um coro, numa grande produção. Para se ter idéia, faz 30 anos que esta companhia não vem ao Brasil, mas na presente excursão nos inclui no roteiro, após temporada em Nova York. Daqui segue para Tóquio. É um evento que faz parte da programação da *"Mostra Sesc de Artes – Arte e Pensares"*, que programou muitas atividades nos vários Sescs da cidade (que vendem ingressos ao público interessado). Na programação, leitura e montagem de obras de Plínio Marcos, mesas-redondas com discussões acerca do dramaturgo.

As principais mostras terão lugar neste fim de semana, que encerra as apresentações. Além do Teatro Nacional Grego, que se apresenta hoje e amanhã, há uma nova montagem de Medéia assinada por Antunes Filho que estréia sábado, mas ficará em cartaz até meados de dezembro. A *Medéia dois*. Durante dez meses, a *Medéia um* esteve em cartaz com casa lotada, oferecendo visão mitológica e quase mágica desta personagem que costuma ser vista como a encarnação da ira da mulher traída. Desta vez parece que o enfoque será mais realista, com 11 atores e mais Juliana Galdino, que viverá novamente a própria Medéia.

Mas por enquanto é um segredo guardado a sete chaves. O espectador que se dispuser a assistir essas duas tragédias gregas muito bem montadas com certeza terá enorme prazer e sairá se sentindo mais próximo da arte teatral, pois estará em contato com as suas origens. Ainda mais que segundo Walter Benjamim, da escola de Frankfurt, há apenas dois gêneros de tragédia: a de destino, como, por exemplo, *Édipo* e *Antígona*; e a da vingança, como *Medéia e Electra*. E, portanto, quem for ver, terá tido contato com ambos.

Outros olhos para a heroína

31 de maio de 2002

Censurada em toda a Europa, *Casa de Bonecas*, escrita em 1879, não conseguiu concluir temporada nem mesmo na terra de seu autor Henrik Ibsen (1828-1906), a Noruega. As alegações: atentado à moral e aos bons costumes, ataque às bases da família, um péssimo exemplo para as mulheres. Isso no século 19, quando escritoras como Georg Sand e Lou Salomé (autora de um livro sobre as heroínas de Ibsen, editado até hoje) eram conhecidas como representantes do feminismo nascente, entre outros nomes. Transformado em transgressor, Ibsen, que, por outro lado, ficou conhecido como Shakespeare burguês, defendeu-se alegando ser simplesmente um defensor da liberdade, o que de fato era, uma atitude que quase sempre o levou a repudiar o sistema patriarcal, tomando as dores do chamado sexo frágil.

O fato de esta peça ter tal importância histórica já justificaria uma nova montagem, uma vez que valeria ir ao teatro para entender as raízes de uma questão que não está de todo ultrapassada, nem mesmo nos principais centros urbanos de nosso país. Mas assistir ao drama de Nora interpretado por Ana Paula Arósio é um privilégio e um grande prazer. Isso porque a atriz compõe uma personagem delicada, sem esquecer de se mostrar também como mulher determinada e cheia de energia. É o oposto do que se faz comumente, considerando-a somente como uma dondoca, ou seja, enxergando-a com os olhos do marido Helmer (Marcos Winter), de olhar machista. Além dela, cabe ressaltar o excelente trabalho de todo elenco, que ainda inclui Floriano Peixoto (Krogstad), Silvia Buarque (Cristine) e Bercovitch (Dr. Rank).

Aderbal Freire Filho se mostra perfeito na condução dos atores. No entanto, fica difícil concordar com algumas de suas inovações, que acabam por prejudicar o ritmo do espetáculo. É o caso da casa de bonecas de madeira que foi colocada no meio da sala, um recurso desnecessário e pleonástico, ou então, das várias entradas do elenco sem nenhuma função dramática. Afinal, o texto é um dos marcos do naturalismo, escrito num estilo que não comporta esses vôos líricos. Trata-se de uma obra na qual Ibsen resolveu uma questão complexa. Sendo o naturalismo a primeira corrente literária que considerava o homem, fruto do meio, como encaixar um passado com função tão importante – sem introduzir um narrador – numa arte que acontece no presente e num tempo em que não existia o *flashback*? Após o desenlace, de que tudo então terminava, o dramaturgo colocou o casal discutindo sobre sua vida comum já transcorrida, invenção que lhe permitiu inclusive tomar posição a favor de Nora.

Voltando à encenação atual, o cenário do artista português José Manuel de Castanheira foi merecidamente indicado para os prêmios Shell e Governador do Estado – os dois mais importantes do Rio –, pois é deslumbrante. Consta de uma sala que ocupa toda a extensão do fundo do palco, envidraçada do começo ao fim, através da qual podem ser vistas muitas árvores e perceber toda vez que alguém se aproxima. Cabe ainda destacar a trilha sonora de Tato Taborda, que nos momentos cruciais traduz e amplia as emoções da protagonista, um recurso melodramático, mas que nesse caso funciona, porque utilizado com parcimônia. O mesmo não se dá com a iluminação feita por Maneco Quinderé, que com nuanças muito marcadas, pelo menos na semana de estréia, cria um efeito distanciador e por isso inadequado. Resta festejar a tradução do diretor e de Karl Erick, que flui muito melhor do que a imprensa em livro, cujo único senão foi manter Helmer chamando Nora de cotovia, impensável em português. Por tudo que já foi dito, as qualidades do espetáculo superam de longe as falhas. E com esse elenco é imperdível.

Protestos e celebração

13 de dezembro de 2002

Já houve quem dissesse que Canudos, onde se passa *Os Sertões*, de Euclides da Cunha, foi a primeira cidade socialista no Brasil. Isso na época descrita pelo autor, porque posteriormente foi inundada por um açude. Este feito tornou profética a música de Sérgio Ricardo para o filme *Deus e o Diabo na Terra do Sol*, de Glauber Rocha, que dizia que o *"sertão vai virar mar"*.

Essa transformação também não havia acontecido no momento focado pela adaptação do texto para o teatro, elaborada com esmero por José Celso Martinez Corrêa. Dedicada à primeira parte do original, *A Terra* promete ser o início de uma trilogia teatral que será sucedida por *O Homem*, para março de 2003, e *A Luta*.

Grande parte das palavras de Euclides se transformou em letra das músicas cantadas por um coro numeroso e afinado, ao qual às vezes se somam membros da platéia. Outra curiosidade é que, como se trata de *A Terra*, o chão do Teatro Oficina está coberto de areia, por onde passam público e elenco. Há um evidente desejo de integrar todos os presentes no espetáculo, tornando-os participantes de um ritual dionisíaco, bem como das questões referentes a Canudos.

Muitos aceitam a proposta. Aos poucos, a leitura do adaptador, que é também o diretor, vai se descortinando. Do livro, destaca alguns aspectos até a chegada de Antônio Conselheiro àquelas paragens. Percebe-se que na visão de José Celso as reivindicações de Conselheiro coincidem com as suas na atualidade. Razão pela qual levantam-se vozes a favor da descriminalização das drogas, ou ainda em louvor à – diríamos – terceira república, cheia de esperanças com a eleição de Lula. Mas não se pense que tudo é celebração. O autor e encenador da inesquecível *Cacilda!*, através das vozes do coro, apresenta protesto contra um projeto que – aliado ao movimento de revitalização do centro – pretende transformar parte do Bexiga em grande centro empresarial. Uma atitude aprovada por grande parte da classe teatral que, como ele, defende a manutenção do Teatro Oficina com plena condição de funcionamento, assim como muitos dos habitantes de Canudos reprovam a inundação que destruiu suas casas, mesmo que o objetivo fosse tornar a região menos desértica.

Afinal, a revolta de Canudos está nos anais da história do país, assim como o Oficina, bem como suas denúncias e sua estética têm espaço garantido na historia do teatro. É possível discordar de algumas ou até de todas as idéias da montagem, mas é impossível deixar de admirar o talento mais do que consagrado do diretor, especialmente nas cenas em que se utiliza o fogo.

A despeito de tantas qualidades, é difícil ter conforto mesmo nas cadeiras, durante as três horas e meia em que dura o espetáculo. A montagem ganharia bastante se fosse mais curta, principalmente a primeira cena, um ritual a Dionísio que dura cerca de meia hora. Vale destacar, entre os 20 atores, Aury Porto, Fransérgio Araújo, Marcelo Drumond e a participação especial de René Gumiel. Tanto elenco como cenário (Cristiane Cortilio) e figurino (Olintho Malaquias) estão totalmente integrados à música (Marcelo Pellegrini) e ao enredo. A coreografia merece a assinatura que tem, de Maura Baiochi. Outro aspecto que impressiona é a precisão da luz de Ricardo Morañez, porque o espaço cênico, que imita uma avenida de alguns metros, não é nada fácil de iluminar. Em síntese, é um espetáculo que tem a marca de José Celso, alguns nus e seminus, a busca do ritual pagão, protestos e celebração.

CRÍTICAS

PARTE 3 - Os grandes intérpretes

Comédia de costumes escusos

21 de março de 1997

Recentemente esteve em cartaz *Corte Fatal*, uma comédia engraçadíssima que se passava num salão de cabeleireiro e tinha como protagonista um profissional que precisava ocultar, principalmente de clientes, um assassinato ocorrido num andar superior. Personagens centrais e em parte a situação dramática de *A Dama do Cerrado* têm aspectos que lembram os do texto citado, à medida que se trata também de um cabeleireiro rodeado pelo crime, pois seu namorado está envolvido com drogas. Mas, no caso, menos que uma comédia trata-se de uma sátira política, embora essa se faça através das criticas aos maus costumes da elite do planalto central.

Fúlvio se desenvolveu na carreira ajudado por Renau, famoso cabeleireiro dos anos 60 e 70. Chegou a morar e trabalhar fora do Brasil para onde retornou após a inauguração de Brasília, um currículo que lembra o de muitos dos primeiros habitantes, atraídos pela modernidade e melhor remuneração da *"nova cap"*.

Leda Florim conhece os meandros do poder por causa de seus relacionamentos íntimos com vários políticos. Andou no ostracismo – seu grande amor era biônico e agora estamos a caminho da *"Nova República"* – e, apesar disso, adentra o salão de beleza para se produzir, porque resolveu que vai à posse de Tancredo Neves mesmo sem convite. Se ameaçarem impedir, vai contar tudo que sabe. E conta um tanto, para dar uma amostra. É interessante ouvir revelações tão velhas, boa parte delas conhecidas. Nada tão esclarecedor assim, exceto a consciência de que, entra e sai governo, sempre aparecem escândalos.

As interpretações de Otávio Augusto e Suzana Vieira vestem as personagens de modo extremamente farsesco e muito engraçado, ainda que algumas marcações previstas e utilizadas por Otávio nos pareçam exageradas. Mas, em compensação, há cenas ótimas em que a dupla praticamente dança diante da platéia e o faz com muito charme. Outro grande acerto da direção também a cargo do autor, Mauro Rasi, foram os coadjuvantes: Luciano Mallman como Eládio (namorado de Fúlvio) e Beatriz Lyra como dona Maria Celina (mulher do mais recente caso de Leda). Estão hilariantes exatamente pela seriedade com que desempenham seus papéis. E é também o contraste entre as duplas que produz humor.

Um capitulo à parte merece o visual de Gringo Cardia. A peça , como já foi dito, passa-se num único ambiente, um salão de beleza. O de Cardia alia funcionalidade e originalidade. Paredes como se fossem de vidro, elementos decorativos coloridos, tudo muito chique. Os figurinos de Marcelo Pies e Cláudia Montenegro não ficaram atrás, principalmente movimentados pelos atores. Há *quimonos* para lavar e secar o cabelo, tanto para o uso de Leda como para o de Fúlvio. Euládio, que é militar e não tem qualquer molejo, apresenta-se de farda, e dona Maria Celina, que é uma senhora elegante, como quem vai ser acompanhada por um homem de terno, está num impecável tailleur. O mesmo pode ser dito da trilha sonora de Marcos Ribas, que inclui músicas do período, inclusive algumas que marcam época por lembrarem relações afetivas entre políticos e artistas. A iluminação de Maneco Quinderé não usa artifícios desnecessários e é, como sempre, competente.

A julgar pelo que se vê no palco, tendo na mira as duas comédias cariocas mais esperadas em São Paulo devido ao sucesso que obtiveram no Rio, *A Dama do Cerrado* e *Todo Mundo Sabe que Todo Mundo Sabe* (de Miguel Falabella), a classe média e a classe média alta brasileiras estão em franca decadência financeira e só vêem, saídas mágicas ou escuras.

A perda da unidade

04 de abril de 1997

Será melhor uma interpretação dos atores mais natural ou mais introspectiva, mais dramática ou mais fria? Existem respostas fechadas para essa questão, porém, de fato, são tendenciosas. Na verdade, tudo vai depender do texto, da mensagem que se pretende passar, ou seja, da leitura. Essa leitura tem de apresentar uma coerência – a fim de conferir equilíbrio à montagem –, o que é tarefa do diretor; no caso de *Para Sempre*, de Vivien Buckup. Acontece que a encenadora está em seu segundo trabalho profissional, a despeito de sua grande experiência como preparadora corporal, e sua tarefa foi dirigir nada menos do que Paulo Autran e Celso Frateschi, que, além de princípios arraigados e fundamentados em carreiras sólidas, vêm de escolas diferentes de interpretação.Vivien e seu assistente Elias Andreato ou não souberam, ou não puderam, ou não quiseram imprimir unidade de interpretação dos atores ao texto de Maria Adelaide Amaral, que, desse modo, ficou bastante comprometido.

Os protagonistas são um casal de homossexuais e têm uma amiga íntima vivida por Karin Rodrigues. O mais velho tem segurança profissional e financeira, sempre controlou a relação e deu as coordenadas que o companheiro deveria seguir. É muito mais racional do que o outro que, por sua vez, é mais sensível. As interpretações de Autran e

Frateschi teriam esta justificativa psicológica para se apresentarem díspares, mas a defasagem entre ambas é excessiva, especialmente no momento em que a dor da separação torna-se clara para o homem mais velho e este começa a tomar contato com os próprios sentimentos. Além disso, enquanto Paulo e Karin atuam como se estivessem dentro de sua casa e quase sem nuances, Celso cria um personagem convicente, que passa emoção para a platéia, embora com trejeitos excessivos, como já se via em sua versão de Dante Alighieri. Seja pelo estilo de atuação, seja por esses artifícios, rouba todas as atenções na maioria das cenas em que está presente.

A história de Maria Adelaide Amaral é, como sempre, muito simples e singela, no mesmo caminho que ela já demonstrou dominar e pelo qual recebeu 15 prêmios de melhor autora. Ficou bastante prejudicada pela falta de definição, como dito.

O cenário de Gringo Cardia surpreende pela simplicidade demasiada, tão diferente de outros que ele assina, como os de *A Dama do Cerrado* e *Pérola*. Coincidência ou não, é composto de dois sofás muito similares aos de *Cenas de Casamento*. De todo modo, é adequado à medida que produz um ambiente elegante e austero conforme pede a peça. Nesse aspecto os figurinos de Fábio Namatame não ficam atrás, caem como os dos melhores alfaiates e costureiros. Tudo muito valorizado pela luz de Quinderé. Uma iluminação pode passar imperceptível, mas esta troca o foco de modo hábil e discreto quando destaca diferentes personagens, ou mesmo ângulos diversos do palco.

Apesar das deficiências apontadas, o público certamente lotará a peça, porque é fiel ao seu ídolo.

Álbum cruel de uma família

18 de abril de 1997

Como deve ser a célula familiar num país onde parte da polícia às vezes parece se unir a bandidos em vez de persegui-los, quando não investe contra alguns pacatos cidadãos como agora em Diadema? Numa nação em que quase todos acreditam que todo homem tem seu preço e na qual, pelo que se vê em noticiários, é com acertos desse tipo que se consegue maioria no Legislativo de todas as instâncias. Pois bem, sem dar aulas de sociologia nem de nada do gênero, Domingos de Oliveira responde a essa questão com grande humor e verismo, tomando por referência a década de 50.

Dona Mocinha (Beatriz Segall) agora é quem manda na família, por ser a viúva do pai rico. Dá todos os palpites que uma mãe autoritária e intrometida costuma dar, e ainda mantém todos sob seu domínio, como seria típico do poder paterno em famílias abastadas, pois procura propiciar a seus descendentes – que aceitam por comodismo ou por medo de perder a herança – um padrão de vida que estes não têm como manter por conta própria. Há, portanto, uma compra e uma venda de consciência e de autodeterminação implícitas. Seja por esse ou por outros motivos, o fato é que ninguém enfrenta a matriarca que, através desse poder, varre a sujeira para baixo do tapete. Golpe do baú, alcoolismo e outros problemas igualmente graves ficam à vista, mas logo são encobertos. Qualquer semelhança com o Brasil de hoje não é mera coincidência.

Eduardo Tolentino de Araújo, o diretor do grupo Tapa e desta peça, mantém a tradição de não alterar uma vírgula das obras dos autores que monta. E com o Tapa sempre dá certo, não importa que muitas vezes de um modo um tanto convencional, porque é eficiente e de extremo bom gosto. São qualidades presentes também em *Do Fundo do Lago Escuro* e que têm garantido a Tolentino – que começou carreira no Rio e é carioca de nascimento – a permanência por mais de dez anos num mesmo teatro, caso único em São Paulo, sempre com repertório, ultimamente de dramaturgos brasileiros, que necessita grande elenco para os dias de hoje. No caso atual são dez atores, entre os quais se destacam: Chico Martins como jardineiro da casa, Denise Weinberg, que está simplesmente perfeita como Conceição, uma das filhas, que é igual à mãe que a subjulga, e a própria Beatriz Segall.

O espetáculo se passa em vários planos ficcionais que a inteligente cenografia de Maria Carmem colocou em quadros que dividem o palco no jardim, e com figurinos impecáveis de Lola Tolentino, além de ótima iluminação de Guilherme Bonfanti. Tudo começa antes do jantar, que terá como desfecho o discurso inflamado de Carlos Lacerda contra Getúlio, que dona Mocinha espera e exige que todos esperem ansiosamente, inclusive o público. Mas é só como fundo, o rádio transmite apenas poucas frases.

Por ser álbum de família tão cruel e verdadeiro e ao mesmo tempo cínico e chique, *Do Fundo do Lago Escuro* é muito engraçado e vale a ida ao teatro, ainda mais que a isso se somam ótimo elenco e belo visual que têm tudo para agradar.

Frustrações cotidianas

16 de maio de 1997

As personagens de Maria Adelaide Amaral parecem saídas de sessões de psicanálise; são figuras que não estão imersas num turbilhão de sentimentos totalmente fora de seu controle, nem em situações que elas sejam incapazes de aceitar e às quais lhes sejam impossível reagir razoavelmente. Não é esse momento o que interessa à autora, mas o das emoções compreendidas e dominadas, em que o outro e seus motivos também fazem sentido, sem grandes dificuldades, a despeito de enfocá-los em circunstâncias cruciais de suas existências. Nesses termos, embora haja conflitos dramáticos envolvidos, eles se apresentam atenuados, pois as criaturas estão mais perplexas do que em luta. É tudo muito civilizado e talvez ficasse aquém das expectativas, não fosse pela decantada e inegável capacidade que Adelaide tem de construir diálogos curtos e muito preciosos para desvelar suas personagens tão autoconscientes e revelar seu humor ácido, cético e inteligente, presente em especial numa das figuras escolhidas para ser a mais irônica.

Atrizes

No caso de *Inquisição* essa figura é Ana, dois casamentos, duas separações, profissão com salário baixo, moradora da Cantareira, ela é o retrato da mulher de classe média que discute principalmente a ressaca do *"Women's Lib"*. Assunto principal das conversas de mulheres de meia-idade, as ponderações a respeito de ter ou não ter valido a pena a emancipação feminina permeiam toda a peça e se constituem em seu grande interesse, apesar de não apresentarem nenhuma resposta inusitada às questões.Temas como o futuro do casamento, que pode ser uma instituição falida depois que as mulheres deixaram de ser submissas, a solidão e a perda da juventude são discutidos de maneira que a identificação da platéia é rápida, graças também às interpretações das atrizes.

Jussara Freire brilha como Ana e Irene Ravache está perfeita como Regina, a candidata à separação, mais insegura e menos carismática do que sua companheira. Eduardo Conde poderia ter criado um marido mais atraente em cena, pois mostra um Guto insosso demais. Ele é apenas um homen comum, que não está mais disposto a fazer grandes esforços para transformar sua relação conjugal, embora preferisse mantê-la , por comodismo ou por não ter muitas ilusões sobre vida a dois.

O espetáculo transcorre no interior da casa de Ana, cenário funcional e de extremo bom gosto, assinado por Felippe Crescenti, chique demais para um imóvel construído em mutirão. O mesmo pode ser dito do vestido preto de Ana, elegante demais para alguém tão simples dentro do lar, no cotidiano. No mais, os figurinos de Mirtes Mesquita são adequadas e caem como uma luva no casal mais bem-sucedido financeiramente. Fora esses deslizes insignificantes, a direção de José Possi Neto, como sempre, traz marcações visualmente muito bem compostas e que aparentam ser totalmente naturais, o que é fascinante para quem está diante de suas montagens. Dessa vez, ele se responsabiliza pela luz ao lado do experiente Vagner Freire e ambos aproveitam todos os cantos do palco e todas as suas variações desnecessárias. Cabe destacar a trilha sonora assinada por Aline Meyer, com a também experiente e premiada Tunica , que encontrou músicas românticas para fazer mais pano de fundo do que intervenções, com acerto.

Enfim, é mais uma peça escrita por Maria Adelaide Amaral, bem dirigida e com ótimas atrizes, que reúne todas as condições para agradar à sua geração e aos espectadores que admiram suas qualidades já sacramentadas como dramaturga.

A paixão racionada

31 de maio de 1997

Hoje em dia, dificilmente alguém seria condenado e preso pelo simples fato de ser homossexual. Mesmo Michael Jackson, que foi processado pelo pai de um menino com quem o cantor já havia percorrido o mundo, com plena ciência do responsável, acabou por se safar. Nem sempre foi assim, e, há um século, o escritor britânico Oscar Wilde passou dois anos atrás das grades por causa de um caso com um jovem de 16 anos, lord Alfred Douglas, como é sabido. Interessante é que, segundo o próprio Wilde, tudo começou com ele mesmo, já famoso e bem-sucedido, tentou colocar o pai de Douglas, a pedido deste, no banco dos réus, por calúnia e difamação, e o acusado reunindo provas fornecidas inclusive por Alfred Douglas, acabou por inverter a situação e vencer a batalha jurídica. Seria, portanto, anacrônica uma peça que visse a questão sob esse ângulo e seria pelo menos questionável esse tipo de enfoque, já que o problema no momento, maior do que qualquer preconceito levado a tal radicalidade, é a prostituição infantil e o abuso sexual. Sensível a essa questão, o roteiro de Elias Andreato para *Oscar Wilde* decididamente não é um manifesto contra o preconceito, como as cartas que tem por base também não o são. Retrata uma relação interminável, com uma dependência que chega às raias do absurdo, vivida pelo autor de *Salomé*. Seu fascínio por Douglas o leva a viver para lhe dar prazer, anulando-se quase inteiramente, a ponto de não conseguir trabalhar e se sujeitar às suas ordens. Incapaz de dar um fim a essa paixão que diríamos doentias, se é que existem paixões sadias, Wilde sempre voltou atrás depois das rupturas, continuando a manter amizade com seu companheiro até depois de sua libertação da prisão, a despeito do fato de nunca ter recebido uma visita de sua parte.

Delicadeza

As cartas que deram origem ao roteiro, especialmente *De Profundis*, são de extrema beleza e Elias Andreato foi muito feliz nos cortes que empreendeu, transformando-as em monólogo teatral extremamente eficiente. O que não se compreende bem é por que Wilde foi transformado num travesti: Elias se apresenta inteiramente depilado, com saltos altos, maquilagem exagerada e unhas pintadas de vermelho. Especialmente porque, como já foi dito, não se trata de um texto que tenha como foco central a bandeira gay, mas de uma obra delicada sobre uma relação que poderia ser vivida por qualquer pessoa, homem ou mulher.

Apesar de discordarmos inteiramente dessa proposta de encenação, por tudo que já foi dito, é necessário reconhecer que esta foi levada à cena com competência – e não só parte do ator e da diretora, Vivien Buckup. Ao fundo do cubículo que serve de palco para o teatro e de cela para a personagem, vêem-se paredes cobertas por papel, formando um cenário de muito bom gosto, com desenhos executados com brilho pelo pintor Océlio de Sá Alencar. Estampam, além de um corpo de homem, um retrato totalmente fiel de Douglas, réplica do que ficou conhecido por todos, tudo muito suave e extremamente bem iluminado por Wagner Freire. Responsável pelo cenário, figurino e programação visual, Fábio Namatame está de acordo com a proposta do espetáculo, mas os trajes que concebeu para Wilde desagradam, principalmente no início, pelos motivos já expostos.

Além desses recursos, a montagem conta com música assinada por Túnica, que com habilidade que já lhe angariou alguns prêmios, destaca ocasionalmente alguns pontos, envolvendo o espectador e quebrando o discurso cerebral da personagem que, afinal de contas, raciona a respeito de uma paixão e não está sendo focalizada no instante em que está movida por ela. Apesar das restrições, *Oscar Wilde* deve ser vista principalmente pelo cuidado do acabamento e interpretação de Elias Andreato, que parte de leitura equivocada, mas é de grande qualidade.

Os sentidos de Molière

25 de julho de 1997

Na atribulada vida de Jean Baptiste Poquelin, houve pelo menos duas prisões que envolveram seu trabalho. A primeira foi por dívidas, quando ainda era jovem e sua companhia malogrou em Paris. Quem o salvou foi seu pai, que era trapaceiro e *"valet de chambre"* do rei, ocasião em que Jean Baptiste adota o nome de Molière e sai com a trupe pelo interior da França, onde tem início uma carreira bem-sucedida. A segunda foi por ocasião da peça *Tartufo*, na qual o personagem central é um estelionatário fantasiado de fiel devoto (como muitos daqueles que se vêem comandando seitas na atualidade), que consegue extorquir a fortuna de nobres apresentados como ingênuos, senão como idiotas. Essa peça indignou clero e nobreza, que o mandaram deter. Deu-se que naquela altura Molière tinha como mecenas Duque de Orleans, irmão de Luiz XV e este último também o protegia pessoalmente, tendo dançado e atuado em alguns de seus espetáculos. O Rei Sol estava fora de Paris e mandou soltá-lo assim que regressou de viagem, mas, por razões políticas evidentes, só liberou *"Tartufo"* depois de cinco anos e com um novo final em que o vilão sai perdendo, graças a édito real. Em virtude disso, Molière se viu forçado a escrever um novo texto para preencher a lacuna e foi assim em que nasceu *Don Juan*, segundo Célia Berrentine, em *Duas Farsas: O Embrião do Teatro de Molière*.

Naquela época era visual, já que a cobrança por originalidade para obras de arte só existe a partir do Romantismo, o plágio ou a adaptação de outros e de si próprio, como é o caso de *Don Juan ou Convidado de Pedra*, peça inteiramente baseada em *O Burlador de Sevilha e o Convidado de Pedra*, do espanhol Tirso de Molina. Outras versões desse texto haviam obtido sucesso em Paris, numa adaptação simplificada de uma companhia italiana e de outras duas de grupos franceses. Acontece que, quando foi concebida, a peça de Milina, que era padre, teve que ser alterada por causa da cúria, exatamente porque o nobre, conquistador de mulheres, saía ileso, depois de ter desonrado varias moças *"virtuosas"*, como se dizia na época. Por esse motivo, incluiu-se na ficção um convidado de pedra, estátua

de outro grande nobre assassinado por Don Juan Tenório, que traz a justiça e a vingança divina, já que Tirso se negava a resolver o problema com uma justiça efetuada pelo homem, da qual descria.

Mesmo assim, houve a tentativa de censurar a montagem de Molière, o que não aconteceu, graças à intervenção de Luiz XV. Até que ponto o maior comediógrafo francês ficou na historia como mestre de abusos da classe dominante, reapresentada pelo clero e pela nobreza, por ser o único com *"coisas tão quentes"*, é impossível dizer, porém, é bem provável, a despeito de seus méritos como dramaturgo, ator e diretor teatral. A esse despeito, há indícios interessantes: no original espanhol, quem encobre as libertinagens de Don Juan é o rei, com o pai dele, uma vez que estão unidos por laços de parentesco. Na versão francesa, é ele mesmo quem tem que escapar de confusões que arma, de noivos e irmãos de suas conquistadas. O rei nem é mencionado e o pai pede que se arrependa.

Denúncias de abuso de poder que se revestem de *"pecado contra a castidade"* de virgens foram comuns desde o século 16, ao que tudo indica, depois da peça de Tirso, ainda que estejam presentes também nas obras de seu conterrâneo e contemporâneo Lope de Veja. A questão é abordada em textos famosos como *O Melhor Juiz É o Rei*, que tem como centro um senhor feudal que seqüestra a noiva de um de seus vassalos, e *Fuetenovejuna*, baseada em fato real, em que uma vila se revolta e assassina seu burgomestre, que costumava se meter com noivas de cidadãos, os quais assumem coletivamente responsabilidades pelo ato. Desta feita é provável que Tirso tenha denunciado uma realidade que se dava disfarçadamente e improvável que tenha em algum momento exaltado a figura de D. Juan, o qual se arrepende, no final que lhe foi imposto pela cúria. Como era antes, ninguém sabe. No caso de Molière, porém, é discutível.

Libido

Grande parte de sua obra se dedica a decidir os direitos das filhas de escolher seus próprios maridos. Além disso, *Escola de Mulheres*, por exemplo, ataca a lei que permitia aos tutores casar-se com suas pupilas, mesmo à revelia destas, e assim por diante. Ele não seria, portanto, o defensor desta personagem que já era transgressor incorrigível, e que ele transforma também em ateu convicto. Mas há aqueles que argumentam em sentido contrário, alegando que *Don Juan* foi escrita como um desafio velado, devido às circunstâncias específicas de sua vida: quando jovem, ele se casou com uma atriz chamada Madeleine Bejart, com quem sempre trabalhou; mas, em 1662, três anos antes de escrever *Don Juan*, casou-se legalmente com a filha dela, Armande Bejart. Não faltaram acusações de incesto e suspeitas de que a nova esposa não fosse sua enteada, mas sua filha. Um escândalo, portanto, bem maior do que o que envolveu recentemente o cineasta Woody Allen e a atriz Mia Farrow, por motivos semelhantes. Teria então o autor de *O Avarento* se defendido através de sua criatura? De um modo ou de outro, ao que tudo indica, encenou a peça como comédia popular, na qual o protagonista é um tipo cômico e libidinoso, e se criado Sganarelo (papel que escreveu para si próprio), um tipo farsesco; portanto, não se apresentava D. Juan com muita dignidade, não era para ser levado muito a sério, para não dar nenhum apoio visível aos seus procedimentos. A crítica ao comportamento do conquistador – acusando-o de imoral – fica por conta do criado e principalmente das falas de Elvira, que mostram o seu sofrimento, mas estão também presentes nas de seu pai, que inclusive menciona a preocupação por parte de sua mãe.

Não é possível chegar a uma resposta inequívoca sobre essas posturas, mas é possível verificar que o fato de D. Juan ser um impostor e um egoísta que só pensa no próprio prazer, sem ponderar a respeito dos sentimentos de suas parceira, com o passar dos anos e especialmente depois de Nietzche, tornou-se irrelevante. Essa figura ficou mitificada e ganhou status de herói. Tudo porque um filósofo alemão apresentou um corpo de idéias que até hoje exercem enorme influência, entre as quais, a de que o homem é movido pelo elã vital, leia-se *"libido"* em vocabulário freudiano, e a liberdade significa viver de acordo com o impulso interior e não conforme as normas preestabelecidas, realizando inclusive o máximo do potencial sexual. Essa modificação de

enfoque afetou o modo de encarar D. Juan profundamente e orientou profundas obras, como é o caso de *Ball*, de Bertolt Brecht, para citar uma peça, e a encenação que o diretor russo Meyerhold fez do próprio *Don Juan* de Molière, para citar um espetáculo. Baal, a personagem de Brecht, é um boêmio que canta, fazendo a alegria dos bares que freqüenta, e não vive sem mulheres, que não são virgens como suas antecessoras, mas que cobram um espaço na vida do parceiro que está sempre engambelando-as com o intuito de não perdêlas, sem se prender a elas. A intenção principal da montagem de Meyerhold foi fazer uma crítica aos nobres de seu país, em franco czarismo. Para tanto, encheu as jovens de jóias e vestidos chiquérrimos, e as fez acompanhar por negrinhos que as ajeitavam os trajes e as abanavam com leques. Esses recursos tornaram Elvira uma figura menor e principalmente minimizaram significamente as críticas a D. Juan, já que as falas delas são importantes para marcar esse aspecto. Embora as do criado também o façam, estão colocadas na boca de uma figura farsesca, o que faz com que tenham um peso relativo.

Adaptar

Utilizando-se de outros recursos e também sem alterar uma palavra do texto original, com tradução extremamente precisa e sonora da Millôr Fernandes, a atual montagem em cartaz em São Paulo é, a nosso ver, uma obra-prima. Don Juan (Edson Celulari) é apresentado sem comicidade, mas como um herói contemporâneo e que, como diria Albert Camus no livro *O Mito de Sísifo*, apenas não vê qualquer sentido na vida e, por isso, simplesmente se diverte. Contribui para a sua exaltação o maravilhoso visual, a cargo de Daniela Thomas e Verônica Julian, que com ela assina os figurinos, realçados pela iluminação de Aurélio de Simoni e música de Tato Taborda. Mas não é apenas como diretor do espetáculo que Moacir Chaves se destaca, pois o elenco está coeso e integrado à proposta de montagem e mesmo assim sobra espaço para talentos individuais, como é o caso de Cacá Carvalho, divertidíssimo como Sganarelo. É a segunda encenação de Chaves a ocupar os palcos paulistas, onde *O Sermão da Quarta-Feira de Cinzas* fez merecido sucesso, mas é este trabalho que o coloca no rol dos grandes diretores brasileiros.

Infelizmente esses acertos não se estendem ao espetáculo *O Burguês Ridículo*, de João Falcão e Guel Arraes. A começar pela adaptação, que enxerta trechos poucos cômicos e desnecessários à engraçada peça de Molière. Trata-se de um burguês que quer alçar à posição de nobre e que para tanto contrata aulas de dança e expressão vocal, além de um alfaiate, todos indicados por um aproveitador, que ele julga amigo.

Como é comum às comédias renascentistas, e as de Molière não são exceções, contrapõe-se o típico cômico ou farsesco a pessoas comuns – em geral acometido por alguma mania, o capitão que continua agindo como se estivesse no exército em circunstâncias que não se coadunam, o avarento que acaba por viver uma vida péssima para não demonstrar que tem dinheiro –, inclusive porque era um tipo de criação que possuía fins didáticos: o do envergonhar a parcela do público que conservava o tipo de vicio enfocado. Por outro lado, tinha um cunho revolucionário, à medida que colocava os patrões como portadores destas manias e os criados, sempre mais espertos do que seus empregadores, como pessoas capazes de ludibriá-los e dar melhor solução aos problemas que surgiam. Em geral, jovens enamorados cujos casamentos os pais queriam determinar, por razões alheias à vontade do casal. Essa peça tem os dois ingredientes, sendo que é ainda mais cômica, porque palavras como gentil-homem, cavalheiro, etc. caíram em desuso, assim como as mesuras que as caracterizam. Mesmo assim não faltam aqueles que compram livros de boas maneiras e se preocupam em *"aprender"* uma elegância. Em condições de adaptadores, a dupla já mencionada parece não ter confiado na eficiência da obra e, na condição de diretores, no ótimo elenco que tinha em mãos. Marco Nanini não precisa de vestuário exagerado para retirar todo o ridículo possível de sua excelente personagem. E não é só a indumentária que está mal concebida. Tudo peca pelo excesso do ridículo, os figurinos dos nobres especialmente, porque os descaracterizam como tais. O mesmo pode ser dito dos cenários absurdamente coloridos e sobrecarregados. Por outro lado, faltam objetos cênicos que dêem apoio aos atores, e maior variedade e riqueza às marcações. Mesmo assim, o público adora e se diverte, o que dá indicações de que será um sucesso de bilheteria. Isso se dá graças ao talento e aos méritos de Nanini, Oberdan Júnior e Betty Gofman, bem como ao empenho de todo elenco.

Às últimas conseqüências

13 de março de 1998

Já disse que o expressionismo é um super-romantismo, e quem for assistir à peça *Diário de um louco*, de Nicolai Gogol, que após sucesso no Rio chega a São Paulo, vai poder constatar o fato. Observa-se características românticas, mas principalmente expressionistas, na crítica à mecanização de cargos burocráticos, com conseqüente frustração e até embotamento daqueles que os ocupam, e na construção psicológica aprofundada da personagem, como se tivessem influência da psicanálise de Freud. A questão é que o médico austríaco àquela

altura ainda não havia escrito nenhuma linha, pois o autor russo de *Almas mortas* viveu entre 1809 e 1852.

Foi, portanto, percursor dos expressionistas, e antes disso de Dostoievski e de Strindberg, todos costumeiramente enquadrados como realistas e nem sempre com as devidas ressalvas. *Diário de um louco* foi originalmente um conto adaptado para o teatro e, embora não lhe faltem qualidades raras, pois é um trabalho de um mestre, não é a obra teatral máxima de Gogol, título geralmente reservado a *Inspetor Geral*, uma comédia política e anticlassista que inaugurou esse gênero na Rússia e exerceu influências até em *A Visita da Velha Senhora*, de Dürrenmatt.

Drama

"Diário" não é uma comédia, e sim um drama que se passa na casa de um funcionário público, em geral apresentado como um ambiente naturalista e pobre. Mas na atual versão tudo foi estilizado e se configura como espaço quase abstrato, que por sua funcionalidade mostrou ser um acerto cenográfico de Beli Araújo. Os principais responsáveis pela encenação são, no entanto, o ator (Diogo Vilela), porque se trata de um monólogo. Essa dupla deu certo em outros espetáculos como *Solidão, a Comédia* – algumas histórias que Vilela protagonizava sozinho, apresentando tipos bastante variados – ou mesmo em *"Navalha na Carne"*, de Plínio Marcos, em que o ator fazia o papel de Paco, o cafetão que contracena com a prostituta Neuza Sueli. Na montagem do *"Diário de um louco"* o desafio parece ser maior, uma vez que se trata de um só personagem, Propritchitchine, em cena o tempo todo.

Com seu amor impossível pela filha do chefe da repartição que não tem o mínimo interesse por ele, segundo sua própria visão, e por se sentir inconformado com a própria insignificância, a dor da situação é tão insuportável que ele delira. Conversa com o cachorro de Sofia de igual para igual, numa crise que vai piorando até atingir o cume da paranóia, em que se acredita um czar. A peça tem um crescimento que a montagem não perde de vista em nenhum minuto, mesmo tendo apontado por apresentar essa figura com variações de comportamento e de humores constantes, como parece ser próprio de pessoas atingidas por grandes males psíquicos. Essa escolha resultou teatralmente excelente, pois imprime dinamismo ao texto que , levado de modo linear, é ainda mais pesado e que, interpretado como um melodrama, muitas vezes se transforma num dramalhão. São duas saídas que não fazem jus às possibilidades deste Gogol.Viliela explora o texto até as última conseqüências.

Luís de Lima, o responsável pela fluente tradução da adaptação, nos dá conta de que o autor foi funcionário de repartição pública e que no fim da vida se isolou e morreu louco dentro de sua casa. Já a enciclopédia americana *World Theatre*, omissa em relação às circunstâncias finais da sua vida e a seu

emprego público, menciona que Gogol teria sido levado a passar alguns anos exilado de seu país por ordem de Nicolau I, que não aprovou a sátira de *Inspetor Geral*, uma peça que acusa de corrupção todas as pequenas autoridades, buscando mostrar a podridão das estruturas do país. Por outro lado, o livro de Arlete Cavaliere, *Inspetor Geral*, também se omite em relação aos fatos derradeiros da vida do escritor, mas menciona que, a despeito da pressão dos nobres pra que ele fosse banido e sua obra censurada, o czar ficou do lado de Gogol, já *Russian Drama*, de Simon Karlinsky, não trata desses fatos biográficos.

Se há controvérsias sobre dados do ator, creio não haver nenhuma em relação à interpretação excelente de Diogo Vilela, que obteve prêmio Shell no Rio e está indicado para o Mambembe merecidamente.

Leitura Equivocada

15 de maio de 1998

O paulistano morador da região central que se entusiasmar com a idéia de pegar um teatro para em seguida ir jantar e resolver cruzar a cidade em direção ao Hotel Transamérica tem grande chance de se decepcionar. Em primeiro lugar, o fato de o Hotel e o Teatro Alfa Real pertenceram ao Banco Real. São dois prédios com estacionamentos e manobristas diferentes. Será que é por receio de que os restaurantes não dessem conta das 1,2 mil de pessoas que cabem no teatro? Os hotéis Hilton, Maksud e Crowne sempre funcionaram com tudo junto e deu certo, mas são muito menores. O teatro Alfa Real é feito de mármore, imaculadamente branco, inclusive o chão, teto, paredes, escadaria e balcão de café. Não chega a ser frio em sua elegância discreta, mesmo porque há *"hostes"* amabilíssimas. Entrando na sala dir-se-ia que se trata de uma Ópera estilizada, onde não faltam camarotes.

A distância entre palco e platéia é muito grande, razão pela qual são necessários microfones para todo o elenco de *Toda Nudez Será Castigada*, primeiro espetáculo teatral a se apresentar na sala.

O prédio não foi pensado para teatro, e sim para música, provavelmente. A cenografia de *Toda a Nudez* lembra a de Ziembinski, pois mantém os três planos, ainda de modo estilizado, com cama que desce para compor o ambiente. Essa encenação em plano representou uma revolução na cena brasileira, especialmente quando o diretor a utilizou pela primeira vez, como é sabido, em *Vestido de Noiva*.

Mas, apesar desses acertos, o espetáculo tem falhas capitais. Marília, conforme declarou em entrevistas, trabalhou a prostituta Geni como se esta fosse uma menina de dez anos. Acontece que esse treinamento, que em teatro chama-se laboratório, saiu dos ensaios para o palco pelas mãos do diretor Moacyr Góes, e a atriz começa pulando corda e tomando mamadeira. Depois, como num passe de mágica, transforma-se numa prostituta sem escrúpulos, a ponto de casar-se com Herculano para traí-lo com o próprio filho. Tudo por dinheiro. Tudo isso é totalmente acentuado nesta montagem, em que Marília Pêra não despe nem uma luva ou meia. Ela é mais uma criança mimada do que uma sedutora. É inteiramente diferente daquela escrita por Nelson Rodrigues. Trata-se de uma prostituta censura livre.

Embora com esta leitura que nos parece equivocada e água-com-açúcar, Mariília sempre consegue manter vivo o interesse da platéia, graças ao seu carisma. Além disso, o elenco está muito bem, especialmente André Valli (Patrício), o homem que resolveu acabar com a sua família moralista e encontrou presas fáceis, já que era gente casta e *"todo casto é um obsceno"*.

Além do que já foi dito, a montagem se prejudica um pouco devido ao espaço excessivamente distante, pois a idéia do texto é colocar o espectador a maior parte do tempo olhando pelo buraco da fechadura. Mas esse não é um aspecto tão relevante.

O fascínio dos vilões

26 de junho de 1998

Por que será que a maioria dos espectadores tem fascínio pelos vilões? No caso das atrizes que, como Suzana Vieira, adoram esse tipo de papel, parece claro que dá pra fazer um trabalho relevante. Seria simples fechar a questão dizendo que as pessoas projetam seu lado mau nesse gênero de figura e se aliviam por um processo catártico. Embora isso ocorra muitas vezes, é possível dizer que a crença em criaturas totalmente más é uma forma de responsabilizá-las por todos os fatos desagradáveis e sentir-se isento e bondoso. De toda maneira, o vilão é sempre mais polêmico do que o santo e produz reações menos previsíveis na platéia, mesmo porque é possível identificar-se com suas vítimas. É o que ocorre com *Em Nome do Pai*, de Alcyone Araújo: a peça analisa as relações de pai e filho. A princípio, ambos parecem odiar-se, inclusive pelo peso do ciúme nunca solucionado que tinham pela mãe. Mas depois passam a se unir e só conseguem fazê-lo denegrindo inteiramente a imagem da falecida.

Ambos em nenhum instante se colocam dúvidas a respeito da impossibilidade de conviver com uma megera tão sem qualidades, uma verdadeira bruxa que os transformaria em joguetes e cegos além do admissível. Mas o incrível é que boa parte da platéia parece adorar, indiferente a um século de psicanálise e de feminismo. A impressão é de que nunca saímos da estaca zero.

É certo que distorcer enredo e personagens exagerando o ponto de vista do protagonista era um procedimento normal no Expressionismo, e nesta clave de machismo poderia encontrar justificativas estéticas. Principalmente porque a direção de Márcio Aurélio divide o palco em dois planos ficcionais, à moda do movimento alemão. O cenário, concebido por ele, traz uma cortina em frente à qual se sucedem os diálogos iniciais e finais. Atrás dela se passam cenas de teatro dentro do teatro, espaço onde pai e filho se fantasiam ou mesmo tratam do real cujos limites o texto tem o mérito de questionar. Os dois atores, por sua vez, interpretam de modo simples e claro; Cláudio Cavalcante, mais habituado às câmeras de TV, é menos teatral do que Maurício Machado (filho), com maior domínio do palco.

De mãe para filha

11 de setembro de 1998

Há exatamente dez anos o encenador Jorge Takla fez uma adaptação de *A Gaivota,* de Tchecov, e outra de *Hamlet*, de William Shakespeare. As duas adaptações reunidas sob o título *Lago 21* formaram uma peça que destacava os aspectos comuns de ambos os textos: a relação entre cada uma das mães dominadoras e egoístas com cada um dos filhos depressivos. Agregavam-se a este quadro as dificuldades dos jovens em suas relações afetivas, além de discussões sobre teatro. Essas coincidências não eram exatamente coincidências, pois o próprio Tchecov declarou ter se baseado na peça inglesa para escrever a sua. Takla eliminou a maioria das personagens deixando apenas as mães (Walderez de Barros), Hamlet e Treplev (Elias Andreato) e Ofélia/Nina (Mariana Muniz). A versão de Daniela Thomas que, após temporada no Rio, estreou em São Paulo, também corta personagens, mas com objetivos diversos. Thomas parece querer mostrar que a idéia central da montagem era valorizar o trabalho de Fernanda Torres (Nina), que teve o papel ampliado: a peça dentro da peça escrita por Treplev (Matheus Nachtergaele), representada por ela no inicio, é repetida algumas vezes, diferentemente do original. O visual do espetáculo tende a mitificar Nina, seja através de recursos de cenografia, seja por truques de iluminação. Além desses procedimentos, tem-se a impressão de que

Fernanda Montenegro faz uma Arkádina muito mais irresponsável e inconseqüente do que cruel – como cabe a uma atriz bem-sucedida.

Tudo indica que a primeira-dama do teatro brasileiro optou por uma leitura discreta e mais apagada de Arkádina, com o intuito de permitir que a filha na vida real brilhasse mais. Se foi por isso, os objetivos foram alcançados. Ao contracenar com atores de primeira linha já mencionados, quem mais impressiona é ela.

Os quatro atos da peça de Tchecov transcorrem na propriedade rural do irmão de Arkádina, onde ela costuma passar o verão. Sorin (Nelson Dantas) gostaria de ir para a cidade e apesar dos pedidos de Treplev para que ela o ajude, ela não o faz. Só tem olhos para Trigorim (Celso Frateschi), seu companheiro, bem mais moço que ela e escritor de sucesso. O cenário da diretora e de Marcelo Laerra é simples e sóbrio. Tudo num tom entre cinza e verde. O elenco, ao qual se agrega Antônio Abujamra no papel do administrador de sítio, está impecável e afinado.

É evidente que a retirada de outros personagens põe em destaque o conflito central, a exemplo do que era feito antes do autor de *Jardim das Cerejeiras*. A grande inovação de Tchecov foi o que convencionou chamar de peça estática: destaque para retratos de pessoas tímidas com dificuldades de lutar por seus objetivos, ou mesmo confessar sentimentos. A focalização de uma fatia de vida em que uns exercem papel maior e outros, menor, com exame de muitos pontos de vista. Uma verdadeira revolução que o torna precursor de Samuel Beckett e outros. Essa proposta cênica era complicadíssima. Públicos e profissionais de teatro estavam acostumados a heróis, antagonista e seus asseclas. Era um desafio para Constantin Stanislaviski e Dantchenko colocar esse tipo de texto em cena. E foi como resposta que acabaram por construir um *"método"* para interpretação dos atores, que os permitisse compor tipos *"tão comuns, tão pouco teatrais"*. O sistema acabou exercendo influência mundial, notadamente no *Actor's Studio*. E é nesses termos que a montagem não é fiel a Tchecov, ainda que seja deslumbrante. A leitura tornou muito mais convencional a dramaturgia moderna. Mas talvez tenha contribuído para aproximar Tchecov do público.

Musicais de alta qualidade

19 de março de 1999

Quem vai ao Teatro Alfa Real ou ao Teatro Cultura Artística escolheu duas das melhores salas de espetáculo da cidade de São Paulo, especialmente do ponto de vista do público, pelo conforto e visibilidade. Mas, no momento, quem vai assistir ao premiado *Abre Alas*, de Maria Adelaide Amaral, ou *Somos Irmãs*, de Sandra Louzada, indicada para 15 prêmios no Rio, estará diante de montagens que utilizam microfones para amplificar as vozes porque os dois teatros têm lotação superior a mil andares. Se este recurso permite que da última fila não se perca uma sílaba do que é dito, do outro lado o som estoura nas cenas de conjuntos e naquelas de interpretações veementes, que parecem gritadas e exageradas. Impossível dizer como corrigir a falha; talvez os atores cada vez mais acostumados ao pequeno esforço vocal que a televisão demanda não estejam habituados a equalizar suas vozes amplificadas. Pelo menos este pareceu o caso de *Os Três Mosqueteiros*, em cartaz no ano passado no Cultura Artística, com seu elenco em sua maioria muito jovem e global. Se o problema é da técnica que deixa a desejar na hora de equalizar o som de tantos microfones, difícil dizer. A apresentação de Marília Pêra parece indicar a segunda hipótese, já que em *Toda Nudez Será Castigada* a sonoplastia era impecável. Só que havia bem menos gente em cena. No momento são elencos de 20 personagens.

Mesmos com esses problemas acústicos os dois espetáculos são imperdíveis. A maneira como Sandra Louzada urdiu a trama conta a história de Linda e Dircinha Batista é eminentemente teatral e inteligente, ao contar a história de *"rainhas do radio"* – conforme apelido que lhes foi dado por Getú-lio Vargas, seu admirador e protetor –, e intercalada com as cenas de sua decadência, criando uma distância e evitando o melodrama. Além disso, houve a delicadeza de colocar as irmãs no ocaso, esperando e se preparando para uma entrevista sobre suas vidas que seria exibida na TV, uma alegria em meio a tanta miséria.

As melodias entoadas pelas duas estão totalmente imbricadas no enredo da peça, como é o caso de um romance desmanchado. Dircinha jovem sai cantando *"Nunca mais vou fazer o que meu coração pedir..."* na boca de cena muito triste com toda gentileza é peculiar, ao mesmo tempo Linda ataca de *"Risque meu nome no seu caderno"*, na parte superior do palco, com a energia que lhe parece ter caracterizado. Esse duplo cenário não exibe leveza e originalidade sempre presentes na obra de Élio Eichbauer, mas é tudo muito funcional. Suely Franco e Nicette Bruno dão um show de interpretação que justifica plenamente as indicações como melhores atrizes. Um musical de primeira linha, para ninguém botar defeito, que marca o início da carreira de Ney Matogrosso, com apoio de Cininha de Paula.

Música e texto excelente não faltam a *Abre Alas*. A presente montagem transformou a obra de Maria

Adelaide Amaral em uma opereta muito alegre, sem prejudicar as cenas dramáticas e a história de luta de Chiquinha Gonzaga em uma sociedade mais preconceituosa que a nossa. Quem ainda se lembra da interpretação de Regina Braga há cerca de dez anos notará que Chiquinha era mais delicada e frágil do que na atual levada a cena por Rosamaria Murtinho. Ambas agradaram com as suas versões, mas, no momento, a de Rosamaria fica mais convincente, por sua força sem disfarces. Como Chiquinha Gonzaga era excelente música e maestrina, sendo seu repertório pouco conhecido, nos pareceu confuso que a direção musical de Cláudio Botelho tivesse inserido músicas de outros artistas, sem deixar claro. Nem por isso deixa de encantar a platéia.

Conflitos íntimos em espetáculo

30 de maio de 1999

O primeiro semestre deste ano tem se caracterizado por espetáculos impecáveis: *Um Certo Olhar: Fernando Pessoa e Lorca*. *O Crime do Doutor Alvarenga*, *Somos Irmãs* e outros que já estão fora de cartaz, todos primando pela qualidade. *A Dona da História* parece ser a montagem mais bonita, simples e criativa. Um cenário móvel (João Falcão) faz com que cheguem até as atrizes cadeiras, bancos e demais artefatos necessários à sua movimentação. Tudo auxiliado pela extraordinária iluminação de Maneco Quinderé que inclui um tapete de luz azul e outro de luz vermelha e que se encarrega de transformar o belo figurino (Emília Duncan), dando a ilusão, por alguns minutos, da troca de trajes que na verdade não há.

Além desses acertos como diretor, João Falcão conduz brilhantemente as duas atrizes, com marcações precisas. Marieta Severo está fantástica como a mulher de 50 anos, que ela, de fato, é na vida real. A interpretação de Andrea Beltrão, apesar de ela já ter bem mais que os 20 de sua personagem, não lhe fica atrás.

Tudo indicaria tratar-se de um trabalho inquestionável e merecedor do sucesso carioca (mais de um ano em cartaz), não fosse a fragilidade do texto de João Falcão. A idéia é boa, semelhante à de Edward Albee em *Três Mulheres Altas*, pois junta a mesma mulher em duas etapas da vida se confrontando consigo própria, num percurso que vai do presente ao passado, outros instantes do presente ao futuro, em várias condições de tempo como na vida mental. Às vezes, questionando op-ções feitas no passado, outras analisando possibilidades futuras.

O problema é a abordagem superficial dos temas, excessivamente *"cricri"*: *"Devo ir à festa ou não, caso ou não caso, ainda mais agora que sei que vou ter quatro filhos"* e isso tudo se repete à exaustão, o que indiscutivelmente é uma pena. Talvez esse tipo de exigência de alguma profundidade, de grande infantilidade, não seja de grande parte do público. Basta lembrar que alguns críticos detectaram, e não sem razão, esse tipo de problema na peça *Uma Relação tão Delicada*, para citar um exemplo, levada há alguns anos por Regina Braga e Irene Ravache, e isso não impediu que a montagem ficasse de casa cheia mais de dois anos. Talvez até tenha sido um dos grandes motivos.

Também com problemas de texto e apresentando um excelente espetáculo, Ana Paula Arósio e Cássio Scapin brilham em *Harmonia em Negro*. A dupla apresenta três casais em três histórias do bem-sucedido autor italiano Aldo Nicolai, ficam aquém do esperado. Ainda mais que considerando que o autor – que foi professor na Universidade de São Carlos, interior de São Paulo – apresenta no currículo uma lista considerável de premiações, entre as quais a de *"Piccolo Teatro de Milano"*. A questão neste caso não é a superficialidade, pois é uma comédia de humor negro e isso estaria de acordo com o gênero, mas os finais previsíveis, com exceção da primeira história, hilariante.

Essa parte leva o título de *O Mirante* e focaliza uma mulher suicida, até o momento em que um desconhecido surge em seu socorro. E ambos ficam rodopiando na dança da morte, caminhando para um final surpreendente. Acontecem coisas engraçadíssimas, como a ausência de fósforos para um par de fumantes inveterados, que protela momentaneamente as decisões e discussões em torno do suicídio. A segunda história, *Viva os Noivos*, trata de casais unidos por interesses e sem amor para trocar. Claro que a circunstância é divertida, mas os diálogos não saem da repetição e previsibilidade. A terceira história, *Ordem e Esponsais* relata o cotidiano de uma mulher desenganada ao lado de um marido dedicado, mas que se vê incapaz de superar a melhora da esposa porque estava preparado para enviuvar. Há um final absurdo e os aspectos engraçados são repetidos muitas vezes. Apesar desses problemas com a dramaturgia, a montagem agrada porque é muito competente (Del Rangel). Marcações tragicômicas, visual totalmente adequado. Os cenários e figurinos de Fábio Namatame se encarregam de emprestar todo o traje necessário para propor uma moldura condizente com uma atriz tão bonita. O cenário de *O Mirante* apresenta uma escada e um umbral de noite caprichada, graças à iluminação de Ney Bonfante. Em *Viva os Noivos*, o cenário é um armário de remédios que preenche quase todo o espaço inferior do palco, contribuindo para dar a certeza de que a personagem já ingeriu boa parte deles inutilmente.

Mesmo com as falhas, os dois são espetáculos que se vêem com bastante prazer e que, principalmente, pareceram agradar ao público na semana de ambas as estréias. Talvez valha a pena conferir.

Ironias em família

18 de junho de 1999

Revival da década de 60, *Um Equilíbrio Delicado* encaixa-se perfeitamente na atual tendência do cinema americano que põe a família novamente *"na berlinda"*, se é que ela algum dia deixou de ser o alvo das atenções. No final dos 50, Freud já estava na moda e, em função de interpretações questionáveis de suas idéias, pai, mãe e irmãos passaram a ser o principal foco dos escritores, além de grandes vilões psicológicos. Às vezes, tratada de maneira trágica, como por Eugene O'Nell, especialmente em *Longa Jornada Noite Adentro*, cujo assunto é uma família mergulhada em álcool e neurose, drama que também se nota em *Quem Tem Medo de Virginia Woolf?*, de Edward Albee. Noutras vezes a família foi tratada com algum humor, como é o caso de *Um Equilíbrio Delicado*, também de Albee, em cartaz.

Escrita em 1966, a peça deu ao autor vários prêmios, entre eles o Pulitzer. No palco, o casal Agnes (Tônia Carrero) e Tobias (Walmor Chagas) vive a costumeira rotina diária – que implica abrigar Claire (Íttala Nandi), que não suporta a dona da casa –,quando entra outro casal na história, Edna (Camila Amado) e Harry (Luís de Lima). São os melhores amigos e vão logo se ajeitando de mala e cuia, apropriando-se do quarto da filha Júlia (Clarica Niskier), que, para complicação maior, volta ao lar dos pais por causa de mais um divórcio.

Todos, muito gentis, disfarçam o descontentamento de terem de se amontoar. Parece uma família comum, como quase todas, exceto pelo hábito de beber para comemorar, para acalmar, para tudo. Às vezes, até pela manhã, porque a seco não dá para agüentar, já que assim ao menos não dizem o que pensam e sentem. Essa hipocrisia, que alguns chamam de *"boa educação"*, vai envolvendo as personagens a ponto de eles não conduzirem a ação da peça a nenhuma lógica razoável. Mas os demais envolvidos, exatamente por *"boa educação"*, acabam ponderando sobre o que fica bem, conforme as regras das boas maneiras e do bom convívio.

É uma crítica ao modo de vida e à família americanos, mas que também serve aos brasileiros, embora estes retratem parentes com muito mais ironia. Pelo menos foi assim com Mauro Rasi em *Pérola* e Marcos Caruso e Jandira Martini em *Porca Miséria*.

O tema família foi o assunto de grande parte da obra de Albee. Até mesmo em *Zoo Story*, outra de suas peças, em que o autor questiona o direito de propriedade, entre outras incursões políticas. Em *Zoo Story*, a solidão e o conflito também aparecem, em contraste com a animada família do antagonista.

Um Equilíbrio Delicado, além de tudo, marca mais de cem anos de teatro. Cinqüenta de Tônia e outros cinqüenta de Walmor. Ambos em papéis que lhes cabem como luva. Esteve em cartaz no Rio de Janeiro alguns meses e traz uma ficha técnica invejável. Além do elenco, destacam-se a direção (Eduardo Wotzik), o cenário, o figurino e a luz. É uma montagem à moda antiga, ou seja, tudo na sala de visitas, como pede um bom estilo realista, sob a batuta do cenógrafo José Dias. O figurino e a maquiagem de Camila Amado são um tanto exagerados, mas os outros atores usam roupas discretas, de acordo com o texto. Tudo foi iluminado com competência por Paulo César Medeiros.

É portanto uma montagem tradicional, levada por profissionais experientes para apresentar uma família cansativa até para os próprios personagens. O público parece concordar em parte. A unanimidade, também nesse caso, é impossível. Outros comentavam que achavam tudo ótimo, como convém à citada comemoração dos atores em papéis principais.

Quem tem medo de ladrão?

18 de julho de 1999

Muitos casais povoam a literatura e outras artes. Começaram a proliferar principalmente a partir do século passado, quando a vida íntima e o cotidiano passaram a ser o principal foco de interesse de artistas e do público. Isto a despeito de antecessores como Romeu e Julieta, ou mesmo os enamorados das comédias, separados pelos pais (que vislumbravam um casamento por dinheiro para os filhos) e reunidos pelos criados, sempre hábeis em engambelar os patrões em benefício do amor.

Houve casais censurados por dar *"péssimo exemplo"*, como Nora e Helmer em *Casa de Bonecas*, de Ibsen, peça na qual a protagonista deixa para trás marido e filhos. Outros sucumbiram à loucura, como em *Quem Tem Medo de Virginia Woolf?*, de Albee, ou em *A Dança da Morte*, de Strindberg, transformada em *Seria Cômico Se Não Fosse Sério,* por Durrenmatt. E há os casais *"made in Brazil"*, como os de *Mão Na Luva*, de Oduvaldo Vianna Filho, ou mesmo o *De Braços Abertos*, de Maria Adelaide Amaral.

São raros, entretanto, os casais com medo de ladrão. Nesse aspecto, Isaque e Rebeca, de *"O Altar de Incenso"*, são peculiares. Ambos morrem de medo de ladrões e vivem praticamente prisioneiros em sua casa, onde, por sinal, habitam com pouco sossego. O espectador nada entende a princípio, visto que o casal olha por baixo das cortinas e atrás dos móveis, enquanto entabula um papo corriqueiro e absolutamente banal. Depois destes primeiros momentos distanciados, acaba por descobrir seu próprio retrato pintado com leve tinta de humor. Fica impossível deixar de se identificar com as ótimas personagens criadas por Wilson Sayão, principalmente em razão das excelentes interpretações de Marília Pêra e Gracindo Júnior. Estamos cercados de medo, *"com ou sem assaltos"*, como diz a protagonista, e sempre encontraremos algo para preencher nossa vida emocional, no geral tão simples. É disso que o autor tira o suspense. Além disso, focaliza a relação conjugal com seus altos e baixos ao longo do enredo.

Tudo se passa dentro da residência do casal, com vista do telhado e dos telhados vizinhos por onde circula o terceiro personagem, vestido por Augusto Madeira e sem grandes aparições, bem como nenhuma palavra, até quase o final. Ele usa uma estranha máscara que lembra um cachorro: às vezes, parece o temido gatuno, outras, um cão de guarda. Essa dúvida permanece insolúvel até o cerrar da cortina.

Um dos ambientes do cenário de Fernando Mello da Costa apresenta um altar onde Rebeca queima incenso, como na Bíblia, que traz uma passagem na qual Deus manda o casal homônimo prestar esse tipo de libação. Isaque não se preocupa, mas Rebeca obedece com fé.

A montagem acontece ao som da *Sonata ao Luar*, de Beethoven, durante a maior parte do tempo (a trilha sonora é do diretor do espetáculo, Moacir Chaves, e de seu autor, Wilson Sayão). O mesmo descuido não se observa nos ótimos figurinos de Luciana Maia e Andréia Dantas. A tônica principal do espetáculo é a ausência de uma sofisticação, no caso desnecessária. O destaque fica para a atuação dos atores, cuja escolha se mostrou muito acertada.

Adaptações didáticas

01 de agosto de 1999

Certa vez o dramaturgo americano Arthur Miller disse que o trágico consiste na defasagem entre sonho e realidade. O sabor da frustração ou o sentimento de desilusão perante as aspirações que não se realizam equivaleriam ao infortúnio do herói antigo. Neste conceito mais elástico cabe também o mais comum dos mortais e não apenas figuras exponenciais do teatro grego. Provavelmente Anton Tchecov, que antecede Miller em pelo menos meio século, concordaria com ele. Pelo menos é o que se depreende de *As Três Irmãs* – Olga (Renata Sorrah), Masha (Deborah Evelyn) e Irina (Betty Gofman), que moram no interior, porém estão insatisfeitas com a vida. Sonham voltar para Moscou. É certo que não lutam para que isso aconteça, ou não seria uma peça de Tchecov. Em suas obras es-se tipo de protagonista lutador costuma aparecer fora do foco central da atenção. Mesmo assim elas desejam voltar talvez a um passado em que ainda tinham pai e mãe, ou simplesmente trocar a calmaria da cidade pequena pela agitada capital do país. As irmãs, bem interpretadas, num estilo que transmite emoção, têm como antagonista a cunhada Natasha (Ana Beatriz Nogueira) e seu marido Andrei (Vadim Nikitin). Ambos querem e conseguem aos poucos se apossar da casa onde moram todos e que pertence a todos. Além deles chamam a atenção Otávio Müller (médico) e Dionísio Neto (marido de Masha).

O público mais assíduo de teatro se perguntaria por que montar novamente essa peça de Tchecov que esteve em cartaz com direção de Henrique Diaz há tão pouco tempo? A resposta está nas brilhantes inovações por Zé Celso Martinez Correia e Bia Lessa. Ele assinando a tradução que em verdade é uma adaptação, ela assinando a direção. A inteligente montagem tem o intuito de transformar a obra em teatro levemente didático através do uso de recursos, digamos, *"brechtianos"*. A primeira coisa que chama a atenção é a inclusão de novas personagens entre as quais uma segunda criada com o fito evidente de demonstrar que o *status* da família era melhor do que poderia parecer se se obedecesse ao autor. Em seguida notam-se letreiros laterais (Gringo Cardia) modernos e objetivos estampando a ação de cada cena. Às vezes é uma palavra; noutras, uma frase que dá um título a cada módulo, em geral expressando o tema. Há cenas com legendas como amor ou raiva, que, como todas as outras, vão definindo o sentido de tudo aquilo. Na leitura que Zé Celso e Bia Lessa fizeram deste texto o que se destaca é o processo que vai do tudo ao nada com direito à fuga posterior pelo trabalho.

Se é uma visão pessimista ou realista da vida, vai depender da experiência de cada espectador. Tchecov talvez tenha sido uma escolha acertada para o público do Teatro Popular do Sesi, e esses cortes explicativos sugerem isso. O Teatro Popular sempre recebe pessoas que jamais tiveram oportunidade de entrar numa sala de espetáculos.

Cardia acertou em cheio nos letreiros, mas o cenário, a seu cargo, é pesado. Ele força a barra para que tudo se passe num mesmo ambiente e não agrada, a despeito da ótima iluminação de Cibele Forjaz. Em matéria de visual, contudo, quem mais dá show é Kalma Murtinho com figurinos ao mesmo tempo rurais e chiquérrimos.

Ainda que seja um pouco arrastado como em geral é quase tudo que o autor de *O Jardim das Cerejeiras* escreveu, o espetáculo merece ser visto por suas qualidades, muito superiores aos problemas de sonoplastia que certamente serão corrigidos.

Variações de Nanini

15 de agosto de 1999

Quando o cantor e violonista João Gilberto, pai da Bossa Nova, gravou *Águas de Março*, de Antônio Carlos Jobim, emprestando à música uma variação impressionante de ritmos, até a crítica americana ficou boquiaberta diante da riqueza do resultado. É o mesmo caso de Marco Nanini em *Uma Noite na Lua*. A variedade de entonações, leituras e significados com que o ator interpreta, por exemplo, uma mesma frase - de um homem em cima do palco pensando - ganha incontáveis colorações desde a tristeza e desânimo até a mais pura alegria. É fascinante.

Cabe notar também que não é apenas como ator mais do que consagrado, mas também como diretor e produtor, o responsável pela diversidade verbal. O autor, João Falcão (que também assina a direção), utiliza o monólogo de muitas maneiras: ator e público simplesmente, ator apresentando outras personagens ausentes, ator dividido em alguns *eus*. Além disso há uma brincadeira com o tempo, já que a figura caminha pelo passado, presente e futuro, sempre se relacionando com Berenice, a ex-esposa.

Mas as variações sobre o mesmo tema não se restringem ao aspecto verbal. A segunda metade da encenação é um show de Gringo Cardia (programação visual) e de sua equipe, sempre auxiliados pela impecável iluminação de Irma Vidal. Com três painéis que se movimentam para os lados, para frente e para trás, foi possível compor quadros em que Nanini comparece no meio de suas sombras projetadas e assim por diante. Por vezes, parece tratar-se de uma exposição pictórica bem movimentada, pois o cenário é composto por instalações, como se fosse uma exposição de artes plásticas. O que de certo modo é o que se pretende com esse tipo de estética.

Em nenhum instante esses fantásticos recursos visuais roubam a cena do homem de terno cinzento (Marcelo Pies). Ele está lá, na sua perplexidade, uma vez que se dispôs a escrever uma peça teatral tão perfeita e original que esta fica difícil.

Talvez por essa insistência no tema da dificuldade de criar, a montagem caminha em círculos, como, aliás, a maior parte da dramaturgia européia contemporânea. Essa circunstância de um lado indica a extrema modernidade de tudo, de outro desagrada um pouco a uma parte do público, mais afeita ao teatro comercial e à telenovela, habituados a enredos com começo, meio e fim. Eles amam o espetáculo a despeito de fazer restrições ao texto, acostumados como estão em ver seu ídolo em obras como *Irma Vap* ou *O Burguês Fidalgo*.

Por incrível que possa parecer, Nanini – que estreou como intérprete em 1973 e como diretor teatral em

1990 – nunca havia se dedicado a um monólogo, mas *"tira de letra"*, como se diz na gíria futebolística, mostrando que é um sério candidato a disputar com Diogo Villela, Paulo Autran e Raul Cortez o título de ator número um, se é que isso importa.

Dramaturgia sem crises

17 de outubro de 1999

Virou hábito dizer que há uma crise na dramaturgia mundial. Se é certo que autores mais convencionais acabam por agradar mais facilmente, também nem sempre convencional quer dizer ruim. Ezra Pound disse que sempre há um criador, um inventor de uma novidade e que nem sempre o faz com perfeição. Seguindo os mestres, muitos vão contribuindo para elevar a qualidade de uma obra. Outros, produzem imitações baratas. *"A Rainha da Beleza Leenane"* não se encaixa em nenhum dos casos. Seu autor, Martin McDonagh, inglês de 27 anos, inicia a carreira com a habilidade de um Tennessee

Williams ou um Harold Pinter; ou com o talento de um Plínio Marcos ou uma Maria Adelaide Amaral. Nada falta, nada sobra. O encaminhamento dos diálogos é impecável. E ainda mais bem pronunciados pelo elenco extremamente competente. Xuxa Lopes (Maureen) e Walderez de Barros (Mag) se metamorfoseiam em filha e mãe, mas enquanto Xuxa utiliza muitos adereços, Walderez contorce o rosto, a boca, o andar, a postura.

Além delas cabe lembrar os homens. Mesmo fazendo papéis mais curtos, dão conta do recado Marcelo Médici e Chico Diaz. O texto retrata uma relação de dominação, uma vez que a mãe se julga credora de todos os cuidados que deu à filha, quando esta era um bebê. Ninguém desgruda os olhos do palco e muitas vezes é possível rir das ironias das personagens. Tudo num cenário único (Fernando Mello da Costa) que compõe de modo autenticamente realista o interior da casa da dupla de mulheres. Os figurinos e adereços (Cica Modesto e Celestino Sobral) contribuem decisivamente para a eficiência da montagem. O mesmo pode ser dito da maquiagem (Uirandê Holanda). A iluminação (Carina Camurati) poderia ser revista no que se refere às mudanças de luz um pouco bruscas, em trocas de cenas ou de foco central.

Costuma-se dizer que dirigir cinema é mais fácil do que dirigir teatro. Personalidades do cinema, como Ingmar Bergman, disseram isso. Não sei se por já ter dirigido ópera, considerada a mais difícil de todas, ou por sensibilidade especial, o fato é que
Carla Camurati se deu bem nesta nova arte. Ela é responsável por um espetáculo imperdível.

Outra produção que preenche todos os quesitos para ser recomendada é *Últimas Luas,* do jovem dramaturgo italiano Furio Bordon.

Ambas – *Últimas Luas* e *A Rainha...* – têm traduções extremamente fluentes. Adriana Falcão e Tatiana Maciel do inglês; Millôr Fernandes assina o do italiano. Curiosamente, o sonho infantil do personagem Pai (Antônio Fagundes) era ser um dos sobrinhos do pato Donald e mais especificamente o Huguinho. Sente a idade que tem, a impossibilidade de sonhar e tem uma visão fatalista do futuro. Ou seja, aceita a idade, mas lastima profundamente as perdas do passado. Talvez por isso mesmo delira e invoca a Mãe (Mara Carvalho) falecida, que conversa e relembra o passado, mas só ele a vê. Ao contrário de Mag, Pai não é um cobrador, mas uma pessoa generosa, capaz de abdicar de seu conforto em benefício dos outros, conforme vai ficando claro ao longo da peça. Mãe era apaixonada por ele e o Filho (Petrônio Gontijo) também o ama.

O autor parece questionar a validade das renúncias de Pai, que só prejudicam a ele mesmo, ou talvez o tenha criado como um modelo a ser seguido. A questão fica em aberto, pois Pai, vivido por Fagundes, tem uma postura de herói no início da obra, postura que aos poucos vai declinando, como se auto-estima e velhice fossem incompatíveis; como se esconder totalmente as agruras das últimas luas fosse questão de honra e nada mais.

Considerando a idade dos autores, parece que estão lidando com tipos, mas eles o preenchem psicologicamente bem. A direção de Jorge Takla é competente. Usa de modo adequado a quase ausência de cenografia assinada por ele mesmo. Esse recurso torna a cena leve, quase esvoaçante, como se tudo fosse um sonho. As marcações são muito cuidadas e o diretor extrai o máximo de cada um dos atores. A montagem se compõe de dois quadros. No primeiro, há diálogos com a esposa; no segundo, monólogos, seguidos de um diálogo com o Filho. O que é verdade ficcional e o que é pura ficção não se estabelece. É esse jogo Pirandelliano que Furio Bordon propõe. E o faz muito bem, mas parece recomendável reduzir a parte do monólogo – é muito longo e dispersivo.

Embora as duas peças tenham velhos como protagonistas, trazem mensagens diferentes. A primeira discute também a disputa do poder; a segunda, a fluidez do real. *"Últimas Luas"* é mais moderna porque seu assunto continua sendo uma das preocupações do nosso século. *"A Rainha..."* é atual e perfeitamente construída como uma peça do Naturalismo e, mais precisamente, um teatro psicológico dos anos 50 em Hollywood, que continua fazendo sucesso.

São dois espetáculos que merecem ser vistos e aplaudidos, que produzem enorme prazer, pelos acertos de dramaturgia, direção e elenco.

Leve drama da traição

18 de fevereiro de 2000

No início dos anos 70, pouco se sabia a respeito de surrealismo no teatro por aqui. Foi quando o encenador Celso Nunes, recém-chegado de cursos em Paris, decidiu montar o texto mais conhecido dessa escola, *Vitor, ou as Crianças no Poder*, de Roger Vitrac. Os atores, formandos da Escola de Arte Dramática, ficaram logo conhecidos como o Núcleo Pessoal do Vitor, depois de se apresentarem com sucesso no Brasil e em festivais internacionais. Mas a carreira de Nunes não ficou circunscrita ao teatro de vanguarda. Ele dirigiu de tudo, inclusive teatro comercial, sempre de boa qualidade, como em *Ganhar ou Ganhar* ou na atual *Honra*, da escritora australiana Joanna Murray-Smith, que até o momento era inédita no país.

Escrita em 1995, a peça tem um quê da premiada *De Braços Abertos*, de Maria Adelaide Amaral: ambas são escritas do ponto de vista das personagens centrais, mulheres de meia-idade e classe média. No texto brasileiro é Luiza quem trai o marido, enquanto que no australiano Nora (Regina Duarte) é a traída. Nada a ver com Medéia (a heroína grega), pois tudo é muito civilizado e moderno. O drama tem como eixo Guilherme (Marcos Caruso), um marido *"coroa"* que se apaixona por uma mocinha (Cláudia Lira).

Regina Duarte surpreende pela maturidade da leitura de seu papel. Distante da Malu Mulher de alguns anos atrás, sabe mesclar feminilidade generosa a uma personagem decidida. Não é mais simplesmente rebelde, nem tem pose de heroína. Mostra uma figura mais humana e simples. Tento também para o diretor, que sutilmente cria um espetáculo para Regina brilhar, sem deixar de prestar atenção a todo o elenco. Destaque-se Marcos Caruso, que estréia como personagem sério depois de uma carreira especializada em comédias. Ele se sai bastante bem, sem melodramas, nem caricaturas. Gabriela Duarte (como a filha do casal) e Cláudia Lira também dão conta do recado. Gabriela faz uma moça que busca, sem conseguir muito, intermediar as relações entre os pais e *"a outra"*. Cláudia interpreta uma jornalista razoavelmente experiente, em especial quando se trata de traçar perfis de entrevistados, como no caso de Guilherme, um escritor renomado.

O cenário de Márcio Tadeu prima pela simplicidade. Utiliza duas poltronas que, conforme se posicionam, indicam qual das casas estão simbolizando. Além disso, dois contra-regras substituem guarda-roupas e outros utensílios às vistas do público, porém, com muita discrição, pois que ambos vestem negro e véus, similares a um uniforme de esgrima. Um dos acertos dos ótimos figurinos de Fábio Namatame é vestir os atores conforme a idade e o temperamento das personagens, mas sem esquecer da harmonia do conjunto.

Um piano (Bruno Monteiro e Danilo Martins) se encarrega de inserir a montagem e ligar algumas cenas cujo clima fica por conta da trilha sonora de Tunica e Aline Meyer.

Honra é um espetáculo leve, pois o conflito proposto chega a uma solução pacificadora. Tem tudo para agradar àqueles que gostam do gênero.

Ética e fofocas

28 de abril de 2000

Certa vez jantávamos num restaurante quando uma moça começou a contar um caso de desquite, evidentemente segundo o ponto de vista da ex-esposa, sua amiga. O ex-marido, em sua opinião, era um crápula. Por coincidência, um dos presentes era o pai da noiva atual do ex-marido. O resultado foi o rompimento que, como é inevitável, serviu também para constranger a autora da fofoca. Seria direito expor esse tipo de coisa tão inadvertidamente? Contudo, se eliminássemos todo o diz-que-diz-que, o mundo não ficaria muito chato?

Questões semelhantes tomam conta da platéia que sai de *Estórias Roubadas*, um texto inteligente e premiado do americano Donald Margulies e que vem a calhar para São Paulo. Estamos bem próximos a um momento em que muito se discutiu sobre o comportamento da ex-primeira-dama Nicéia Camargo. O assunto da peça não é político propriamente, trata de lealdade, discrição e ética. Enfoca o relacionamento de uma escritora, que também é professora de literatura, Ruth Steiner (Beatriz Segall), com sua aluna e amiga Lisa Morrison (Rita Elmor). As duas, que começam distantes, mal se conhecendo, ficam amigas, deixando escapar confidências que pretendem fiquem entre elas.

Não é fácil montar um espetáculo que dissemine discussões por parte do público a ponto de defenderem ora uma ora outra, até na fila do estacionamento. Essa proeza não se deve apenas à qualidade da obra, mas em grande parte a uma montagem simplesmente perfeita, irretocável. Beatriz Segall dá um show e o papel lhe cabe como uma luva. Rita Elmor – uma carioca cujo único e ótimo trabalho apresentado por aqui foi *"Que Mistérios tem Clarice"* – também encontra uma personagem de acordo com a sua juventude e dá conta do recado.

Ambas atestam os acertos de Marcos Caruso na direção de ator, coisa que ele tem mostrado que sabe fazer. Mas a direção de espetáculo, que a nosso ver ainda não era o seu forte, traz tudo nos trinques, sem excessos nem sobras. A peça necessita dois espaços (Paulo Segall), o interior da casa de Ruth e um local para uma conferência de Lisa. A solução foi simples e adequada: fecha-se a cortina e a aluna faz sua conferência diante do pano. Não é nada nunca visto, mas é funcional.

Um caso à parte é a elegância discreta dos como sempre excelentes figurinos de Ieda Senise. Outro destaque é a tradução (Beatriz Segall e Marco Antônio Guerra) que flui sem quaisquer resquícios da língua inglesa. Cabe dizer, ainda, que a leitura para o texto que o próprio Donald Margulies aborda no programa da peça é o conflito entre o velho e o novo, entre a conquista de espaço por Lisa e a dificuldade de ceder esse espaço de Ruth. Segundo ele, um conflito de vida e morte. Por tudo o que foi dito fica óbvio que *"Estórias Roubadas"* é uma montagem imperdível, em todos os ângulos, para todo tipo de público.

Uma luta incansável

12 de maio de 2000

Felizmente se tomarmos como medida o que se passa nos últimos tempos, é possível dizer que mudou inteiramente, e para melhor, a visão da idade avançada no teatro. Há alguns anos, os idosos eram apresentados mais comumente de modo caricato na comédia, ora malandros, ora importunos. No drama, não costumavam ser o centro das atenções, apesar de exceções como *Rei Lear* e *A Tempestade*, de Shakespeare. Ultimamente, o retrato dos mais experientes vem tentando compreender seu mundo interno em tom incomparavelmente mais humanístico e rico. Basta lembrar *Quarta Estação*, na qual Juca de Oliveira interpretava um idoso nada conformado em entregar os pontos.

Mesmo se olharmos os espetáculos em cartaz no momento, é curioso o número dentre eles que têm como protagonistas personagens muito maduros. Em *"Últimas Luas"*, Antônio Fagundes é um homem que no ocaso da vida é extremamente altruísta, pensando mais no bem-estar dos familiares do que no próprio. Antônio Petrin apresenta pela segunda vez *"A Última Gravação de Krapp"*, peça radiofônica de Samuel Beckett transformada em audiovisual pelas mãos do diretor Francisco Medeiros. Totalmente solitário, Krapp nos mostra uma saída para as pessoas que se resignaram a conviver com as lembranças passadas.

Berta Zemel, em compensação, incorpora o modelo de velhice com que mais se sonha, em *"Anjo Duro"*: Nise da Silveira transformada em figura ficcional é uma pessoa de idade avançada, mas que permanece jovem. Não porque seu corpo não apresente indícios do passar dos anos, mas porque sua luta é incansável e continua atual. Nascida em 1905, em Alagoas, formou-se em medicina, optando pela psiquiatria. No seu tempo, não havia remédios eficientes para combater distúrbios mentais. O primeiro deles, útil no tratamento das doenças bipolares, foi descoberto na década de 40 e passou a ser usado com freqüência na de 50. Era ineficaz para a esquizofrenia dos pacientes de Nise. Só há menos de dez anos apareceram os neurolépticos atípicos que em alguns casos permitem controlar esse mal. Mesmo assim, ainda se aplica eletroconvulsoterapia em manicômios, prática a que nossa heroína se opôs durante toda a vida. Nise morreu em 1999, quando contava 94 anos.

Sua oposição a esses métodos e a outros em desuso atualmente, como é sabido, não se restringiu aos protestos e à recusa de utilizar terapias nas quais não acreditava, mas levou-a a usar criatividade e muita inteligência para iniciar no Brasil tratamento de psicóticos pela arte, notadamente a pintura. Nise criou o Museu do Inconsciente, no Rio de Janeiro, expondo as obras muitas vezes de grande valor artístico de seus pacientes. Conseguiu milagres por esse caminho, encluindo a prática do hospital/dia, possibilitando a continuação da convivência familiar e do contato com o mundo durante a terapia, com enorme sucesso e maior humanismo nos cuidados médicos.

Nenhum desses aspectos – além de outros menos conhecidos e que ficam para a surpresa de quem comparecer à montagem –, foi negligenciado pelo excelente texto de Luiz Valcazaras, que também assina cenários, figurino e luz. Tudo contribui para o impacto extraordinário da peça, especialmente a magnífica interpretação de Berta Zemel, que volta a atuar depois de 25 anos como se nunca tivesse se ausentado, tal seu domínio da cena. Ela também deixa a platéia imersa na densidade da encenação, na profundidade das preocupações da personagem, a ponto de o público sair em silêncio, custando um pouco a poder conversar.

São qualidades que tornam *Anjo Duro* um espetáculo imperdível.

Versão equivocada

23 de junho de 2000

No Brasil costuma-se dizer que a produção cinematográfica não se sedimentou porque a técnica de fazer filmes começou a ganhar terreno exatamente no tempo em que surgia a televisão. Nos Estados unidos é bem parecido. Alegam que o cinema, com muito sucesso a partir do *"New Deal"* de Roosevelt, acabou por esvaziar o teatro, conquistando os melhores alunos das companhias e escolas de arte dramática. Por essa razão o teatro teria permanecido preso a um estilo com tendências realistas, mais ao gosto popular do público cinematográfico mundial, o que acabou por determinar a estética da Broadway, a única grande concorrente de Hollywood.

Assim sendo, quando se diz que dramaturgos pioneiros e famosos como Eugene O'Neill são influenciados pelo expressionismo alemão, parece necessário destacar alguns elementos desse movimento. Por mesclar vanguarda e realismo, a matriz de tais escritores era principalmente o sueco August Strindberg, antecessor e pai artístico dos alemães revolucionários. Era um naturalista diferente, porque fazia seus personagens traduzirem verdades e emoções nunca antes colocadas no palco, sendo um legítimo herdeiro do romance de Dostoievski. Além do mais, era voraz leitor de Charcot e por isso precursor de Freud, que influenciou profundamente o surrealismo e o expressionismo, e todo o teatro americano.

Edward Albee não é exceção. Especialmente em *Quem Tem Medo de Virgínia Woolf?*. Mas a história de Martha (Marieta Severo) e George (Marco Nanini) é indiscutivelmente um drama psicológico, ainda que temperado a conflito de classes. Martha é filha do dono da universidade onde George leciona e não pára de lembrar ao marido sua ascendência, a seu ver superior. Toda a cena se passa dentro da casa e os diálogos são o forte. Daí não se entender o motivo pelo qual o diretor João Falcão decidiu tirar desse contexto a obra de Albee. Talvez para torná-la menos convencional, mas, infelizmente, cometeu um equívoco.

No primeiro ato, os quatro atores, sem cenário, apenas sob um foco de luz, dialogam o tempo todo olhando para a platéia, de pé. Por melhores que sejam os figurinos (Emília Duncan), a impressão é a de estar diante de uma leitura dramática e não de um espetáculo pronto. Não apenas a direção parece sem nexo, mas também a tradução de João Almino, que, ao final, elimina as falas do casal a respeito de um filho imaginário, deixando apenas a sugestão de que o suposto pai é um assassino. Esse corte sugere como uma traição às intenções do autor. É uma pena desperdiçar os talentos de Nanini e Marieta, colocando-os em alicerces tão frágeis, ou mesmo a competência de Fábio Assunção e Sílvia Buarque.

Lear *digno da Inglaterra*

03 de setembro de 2000

Há quem considere o teatro inglês o melhor do mundo. O sucesso de atores britânicos nos testes para filmes de Hollywood parece corroborar a crença. Mas na verdade eles não superam os italianos na farsa e na tragicomédia, nem os franceses em matéria de propiciar inovações. Basta lembrar Peter Brook, russo de nascimento que modernizou os espetáculos da Royal Shakespeare Company e que depois de consagrado trocou Londres por Paris, onde lhe dão melhores condições de trabalho.

Inegavelmente, em termos de comédia elegante e de drama convencional, os súditos da rainha Elizabeth II têm a primazia mundial. Isso para não falar de Shakespeare, que encenam de modo insuperável, como não poderia deixar de ser. Em relação ao bardo, ultimamente nossas tentativas por aqui têm sido bastante auspiciosas, como indicam a repercussão do *Romeu e Juliete* de Gabriel Villela no país de origem do autor e o convite que Vanessa Redgrave fez a Ulisses Cruz para que a dirigisse, depois de ter visto *Péricles* na montagem que ele assinou.

Quem foi assistir a *"Rei Lear"* sob a batuta de Ron Daniels – brasileiro, ex-integrante do Teatro Oficina que chegou a diretor da Royal Shakespeare Company –, contudo, perceberá uma diferença. É uma montagem talvez menos criativa do que as citadas, mas de um peso e uma competência admiráveis. Isso se percebe, por exemplo, na integração total entre cenógrafo e encenador, coisa que só é pos-sível quando há uma proposta clara e conseqüente. No caso, essas qualidades estão aliadas a uma simplicidade brilhantemente eficiente: uma enorme porta de ferro fica ao fundo, depois desce um pouco, e no fim se deposita no palco. É o único elemento com que J.C. Serroni compõe as diversas locações de que a peça necessita. Tudo é construído com grande beleza e iluminado com precisão por Domingos Quintiliano, além de totalmente integrado à leitura que Daniels fez do texto – no início, ressalta-se a riqueza do palácio no tempo das vacas gordas e depois se enfatiza a deterioração, até a decadência do pós-guerra.

Observa-se um cuidado extremo com todas as marcações, denotando uma preocupação constante com a composição do conjunto, sem que as disposições dos atores no espaço pareçam empostadas. Outro grande acerto é a cena da guerra, sempre difícil de se retratar no palco. Bandeiras grandes carregadas pelos soldados invadem a cena com decisão. Iluminadas apenas ao fundo, elas dão a impressão de vultos que avançam em litígio, a princípio se insinuando, chegando em seguida à luta corporal, impecável graças à orientação de Ariela Goldmann.

O espetáculo é obrigatório, e isso é consenso. Mesmo assim, parte do público faz restrições à tradução e à adaptação da obra, assinada por Daniels. Há quem aprove a linguagem muito coloquial em que se permite até o uso de alguns palavrões. Afinal, William Shakespeare era um autor extremamente popular no seu tempo e considerado pouco erudito por muitos de seus contemporâneos. Outros consideram essa liberdade um desrespeito. Ficamos no meio-termo. A aproximação do discurso tem a vantagem de tornar os personagens mais humanos e o humor das situações mais visível. Em contrapartida, as palavras de baixo calão e o nu gratuito são excessos perfeitamente dispensáveis e felizmente empregados exclusivamente no momento em que a montagem apresenta um deslize. É justamente no trecho mais complicado, que costuma passar uma rasteira nos atores – a súbita loucura de Lear.

Raul Cortez, que até então mostrava uma interpretação irretocável , trata o delírio como se fosse um brinquedo ou talvez uma bebedeira, e não como um surto trágico de um homem desesperado. Nesse mesmo clima, a direção compõe toda a cena, que fica postiça em relação ao trabalho como um todo e ao texto dramático. É uma pena.

Apesar desse percalço, a montagem agrada muitíssimo. O elenco de apoio tem ótima atuação, incluindo os mais de dez soldados, Oswaldo, o Mensageiro (Bartholomeu de Haro), e os maridos das filhas do rei (Leonardo Franco e Mário Borges). A excelência das interpretações dadas aos personagens Edgar (Caco Ciocler), Edmundo (Rogério Bandeira) e

Gloster (Mário Cesar Camargo) deixa a platéia embasbacada. Impossível não destacar o trabalho de Luiz Guilherme (Kente), Gilberto Gawronski (Bobo) e Bianca Castanho, que confere verismo a Cordélia. Seria injusto deixar de mencionar a contribuição competente da sonoplastia de Raul Teixeira, que utiliza sons circunstanciais, evita o *playback* nos instantes em que algum dos soldados cantarola, imprimindo naturalidade, já que não se trata de um musical, e coloca música incidental apenas nas raras ocasiões em que emoldura trechos líricos.

É quase sempre um presente assistir Shakespeare, ainda mais tão bem encenado e com uma produção que não economiza em elenco (são 25 pessoas em cena), nem exagera em gastos supérfluos simplesmente para impressionar. Por suas muitas qualidades, *Rei Lear*, como já foi dito, é um espetáculo obrigatório para todos que gostam do bom teatro, desde os mais exigentes até aqueles que acham simples diversão.

Falsa simplicidade

01 de outubro de 2000

Com reportagens tão completas em jornais, o espectador que vai ao teatro assistir *Jornada de um Poema* não chega de modo ingênuo. Provavelmente está informado de que o espetáculo vem de muito sucesso no Rio, onde Glória Menezes foi indicada para o prêmio Shell como melhor atriz. E não é para menos, pois enfrenta este trabalho de cabeça, sobrancelhas e corpo raspados. Se for um leitor assíduo dos noticiários culturais, certamente saberá que a peça garantiu à autora estreante Margaret Edson o prêmio Pulitzer do ano passado nos Estados Unidos e que a montagem brasileira importou da Broadway a cenógrafa Myung Hee Cho.

Munido das expectativas geradas por tantas notícias, com certeza ficará atento o suficiente para ir constatando aos poucos que os cenários recriados do original constam apenas de simples cortinas brancas, uma mesa, cadeiras, uma cama e um suporte de soro completo. Nada de original. Poderia ter a impressão de que elementos tão corriqueiros não são artísticos. Contudo, vistos com mais cuidado, verifica-se que as simples cortinas, além de dividir as cenas, servem para situar todas as locações no hospital. E que tudo aparece, portanto, do ponto de vista da protagonista, sempre consciente de que está internada para tratar um câncer, mesmo quando imersa em recordações.

Essa aparente simplicidade também se estende ao texto. À primeira vista tudo não passaria de uma história muito tocante de uma mulher submetida a quimioterapia para tentar se curar, ou pelo menos aumentar seu tempo de vida. Mas esta experiência a leva a uma discussão a respeito da vida e da morte, utilizando os poemas de John Donne, objeto de seu doutoramento, o que consideraríamos um segundo tema. O terceiro, seu relacionamento com um médico pesquisador (Edgar Amorim), que a trata com a indiferença daqueles que estão diante de um número. Esse comportamento leva a personagem a questionar o racionalismo da ciência na universidade, incluindo as aulas de literatura que ministrava antes de adoecer. As coisas cairiam num exagero na tentativa de fazer com que o aluno conseguisse pensar e amarrar suas opiniões utilizando metodologia lógica, mesmo que isso acabasse tolhendo sua perspicácia, espontaneidade (*"wit"*, título da obra em inglês).

Em contrapartida, a personagem só consegue se libertar do desespero de sua situação porque tem a capacidade de desenvolver esse raciocínio anteriormente exposto, de prestar atenção e interpretar suas próprias reações e as reações dos outros de maneira distanciada. Deste modo fica claro que enquanto o texto questiona a validade do intelectualismo, a ação o mostra como a melhor tábua de salvação para vivências insuportáveis, ainda que o veja como o grande inimigo do afeto, que ela só recebe de outras duas mulheres: sua velha professora (Beatriz Lyra) e a enfermeira-chefe (Marianna Rosa). Tudo chega à platéia por intermédio da tradução fluente de José Almino e de um elenco impecável que inclui Adriano Reys e mais quatro jovens nos papéis de estudantes. Todos dirigidos com ex-trema habilidade e marcações precisas por Diogo Vilela – que é o que se espera de um ator mais que experiente. Nem por isso deixa de surpreender na sua estréia como diretor, pois também mostrou perícia na condução da montagem.

Por exemplo, a iluminação (Marcus Alvizi e Carlos Lafert) não se contenta com um plano geral, nem cai em facilidades como o foco melodramático. Em vez disso, marca com bastante pertinência as radiografias. Além disso, a trilha sonora ponteia os momentos mais tensos, no sentido de aliviá-los. Uma solução discutível, principalmente porque é criação local, embora pareça muito boa por coincidir com a intenção da autora, que faz com que Vivian apareça ora como personagem, ora como narradora.

Elogio à arte de emocionar

15 de dezembro de 2000

No palco, uma escadaria de madeira de lei, ladeada por duas tapeçarias antigas, representa o interior de um castelo inglês onde Letti (Rosamaria Murtinho), uma guia turística contratada pelo patrimônio histórico, faz sua preleção sobre acontecimentos ocorridos com a Rainha Virgem naquele local. Depois que todos se retiram, entram em cena dois contra-regras (Guilherme Bexé e José luiz Santos), vestindo uma farda em tons de azul, vermelho e branco. Sua missão é abrir o cenário como quem puxa um biombo e pôr no proscênio os objetos que compõem o escritório de Lotte (Nathalia Timberg), a chefe do patrimônio. A esta altura, o público, que já ficou encantado com esta maneira inusitada e original de trocar os elementos visuais, fica boquiaberto com a nova locação. Isso porque à sua frente uma escrivaninha é desmontada e se transforma em duas poltronas tipicamente britânicas.

É assim a cenografia assinada por Alexandre Murucci. Surpreendente, criativa e completamente funcional. É o ponto mais alto desta montagem cheia de acertos da obra *Letti e Lotte*, do escritor inglês Peter Shaffer, conhecido no Brasil principalmente pela peça *Equus*. Esse mesmo texto foi encenado há alguns anos no TBC, mas na época não alcançou o sucesso que a versão atual promete. Para começar, devido à brilhante tradução de Maria Adelaide

Amaral. Uma premiadíssima dramaturga, como todo mundo sabe, cujas traduções não são exatamente literais, mas sim recriações que aproximam do gosto brasileiro até autores mais difíceis, o que é uma ironia, já que nasceu em Portugal. Além disso, trata-se de uma comédia que o elenco interpreta com extrema precisão.

Nathalia compõe uma inglesa refinada com verismo e sem cair na farsa. Nelson Dantas apresenta um advogado também muito elegante que só aparece no segundo ato, mas tem ampla oportunidade de exibir seu talento, sem caricaturas. Rosamaria Murtinho deita e rola com sua personagem exuberante, criativa e risível. Quem assiste pode julgar, e há quem o faça que se trata de um besteirol sem sentido. Não podemos concordar. Embora seja uma comédia cujo compromisso é divertir, a peça é um elogio ao teatro, com seu entusiasmo, sua capacidade constante de dourar a pílula. De tornar um grande feito as coisas mais banais, porque não suporta o medíocre, não se conforma com a insignificância de pessoas e objetos e os reveste de brilho e emoção.

É claro que há exceções – um Chekhov e um Beckett, talvez mais pessimistas ou talvez mais realistas. Mas é uma minoria, mesmo levando em conta os contemporâneos. Considera, ainda, o poder de contágio desta arte que leva os infectados a se sentirem mais à vontade e liberarem sonhos e desejos.

Por tudo o que foi dito, dá para perceber que é um espetáculo feito para uma elite que se diverte consigo própria. Não é experimental, mas um comercial de boa qualidade. Tudo sob a batuta de Bibi Ferreira, atuando como diretora num gênero em que tem muita prática. Sob sua coordenação não há quebra de ritmo e tudo caminha nos trilhos. Cabe destacar os figurinos de Lulu Areal, muito adequados tanto para compor discretos ingleses como para auxiliar na comicidade das figuras teatrais que brotam da imaginação de Letti. Vale mencionar a iluminação correta e eficiente desenhada por Rogério Wilthgen, que prefere os planos gerais aos focos.

Aridez no Jardim

12 de janeiro de 2001

Uma estréia de *Jardim das Cerejeiras*, de Anton Palovitch Chekhov, é sempre um evento esperado. Em primeiro lugar porque este é geralmente considerado um de seus textos mais bonitos e poéticos. Em segundo lugar pelo fato de que raramente é montado. Talvez porque necessite de elenco bastante grande, o que torna por si só a sua produção cara. Mesmo assim é de se estranhar: a obra trata exatamente do declínio da aristocracia rural e de seus hábitos e valores, e apesar de durante a crise de 1929 termos passado pelo mesmo problema e o assunto poder parecer desatualizado, hoje vivemos num tempo em que notícias de gente perdendo tudo, mesmo propriedades tradicionais e aparentemente eficientes, notadamente nas áreas comercial e industrial, são bastante comuns. Nem por isso deixa de ser um drama para os atingidos, aspecto que a ficção russa não ignora e sensibiliza o autor o tempo toda da peça. Não que seja sentimentalóide, apenas leva em conta o ponto de vista dos que caem, mesmo considerando essa queda um fato inexorável.

E por ter essas características acaba comovendo o público, sem, contudo, fazê-lo mergulhar num mar de lágrimas. Infelizmente não é o que ocorre na versão atual. A linha adotada pela direção de Élcio Nogueira Seixas buscou evitar esse tipo de identificação por parte da platéia. Possivelmente para não compactuar com os valores das personagens de classe alta, para quem o jardim simboliza não apenas o sustento que não podem mais garantir, mas também o orgulho e o *status*, como se fosse o brasão de família.

No intuito de desvalorizar as cenas entre Liuba, a dona do cerejal, e seu irmão Gaiev, Élcio controla as presenças em geral carismáticas de Tônia Carreiro e Renato Borghi, que em alguns momentos significativos chegam a falar baixo a ponto de não serem ouvidos nas fileiras do fundo. É evidente que não é uma falha de atores tão tarimbados, ainda mais que em outras cenas estão se apresentando com todo o carisma que têm depois de tantos anos de teatro. É pena, porque o público assiste à maior parte da peça com uma frieza que beira a indiferença.

Recentemente o diretor usou esse mesmo recurso com sucesso em *Tio Vânia*, transferindo a ótica da encenação do protagonista para o médico, que estava incluído entre os papéis importantes. Desta vez parece ter havido a tentativa de privilegiar os jovens, que têm poucas faltas e aparições, e por esse motivo não funcionou. Eles defendem uma mudança social radical, o que levou alguns críticos a considerarem Chekhov profeta da revolução russa. Outros contestam, pois não há evidências de militância do autor de *As Três Irmãs*, que, além disso, morreu em 1904, portanto, antes da revolta setembrista de 1905 e mais ainda da de 1917. De toda maneira, a simpatia pelo cerejal e pela época que simbolizava nunca impediu o espectador de perceber as várias posições políticas de cada um dos circunstantes. Uma riqueza de pontos de vista considerável. E não é à toa que a peça influenciou tantos artistas, como Jorge de Andrade em *A Moratória*, Garcia Lorca em *Dona Rosita, Solteira*, para não falar em filmes como *O Jardim do Finzi Contini* e *Muito Além do Jardim*.

O grande acerto da montagem de Élcio ficou por conta do visual. Principalmente dos belos figurinos de Simone Mina, da eficiente cenografia de Hélio Eichbauer e da luz (talvez com idéias em excesso) surpreendente de Wagner Pinto. Como nos instantes em que parece ser a sombra de uma árvore que se proteja sobre o cenário. Cabe destacar a atuação do elenco – sempre de acordo com as propostas da direção –, que conta com nomes como Abraão Farc, Ana Kutner, Beth Goulart, Milhem Cortaz, Nilton Bicudo e outros. Todos atuando com verismo. Um espetáculo que teria tudo para dar certo não fosse a falha de viés da direção, que ainda poderia ser corrigida.

Dissonância reveladora

26 de janeiro de 2001

Há dez anos, ao receber o prêmio da Associação Internacional de Críticos de Teatro, por estar promovendo o nome do Brasil no exterior com sua competência artística, a mímica paranaense Denise Stoklos, em vez de agradecer, reclamou da imprensa. Provavelmente com alguma razão, pois alegou que no começo da carreira, quando mais precisava do apoio da mídia, não chamaram a atenção para o seu trabalho. A qualidade deste comprova-se pelo fato de que acabou aparecendo assim mesmo, por ser original e elaborado com muito talento. Nem sempre a imprensa capta e assinala as potencialidades de um iniciante, conferindo prêmios revelação, mas não era este o caso. Como sempre, a AICT só estava premiando um artista já consagrado e com renome internacional. Como se vê por sua atitude, Denise não é de contemporizar e gosta de pôr todos os pingos nos is.

Há alguns anos montou um espetáculo sobre Colombo, em que principalmente criticava os organismos de cultura do país. Em 2000, convidada pela organização das comemorações dos 500 anos do Descobrimento, Denise escreveu, dirigiu e interpretou como atriz a peça *Vozes Dissonantes*. Apresentou-a no ano passado por poucos dias em São Paulo e agora está cumprindo temporada. A obra é um monólogo com roteiro inteligente e instigante. Tomando como ponto de partida o Descobrimento, a autora começa questionando a validade da data e das comemorações, destacando o tratamento dado aos índios. Faz um apanhado histórico sucinto, passando por Tiradentes, pela escravatura, sem esquecer episódios menos marcantes, para, finalmente, desembocar na repressão dos governos militares. O percurso acaba por mostrar que, nesses 500 anos, o país tem sufocado a dissidência na base do enforcamento, do tiro e da tortura. Considerações que levam o espectador a se indignar, ou no mínimo a pôr em dúvida nossa auto-imagem de povo pacífico, cordato e bom por natureza; e aventar a hipótese de que seja simplesmente um povo reprimido política e economicamente. Mais que um espetáculo, é também um manifesto.

É possível discordar de idéias tão polêmicas, mas não se pode negar que se trata de um teatro documento, feito com grande habilidade e muita coragem. Mesmo assim, pude notar alguns jovens da platéia comentando que era uma montagem pouco atual. Não sei se baseados no fim da guerra fria, ou se simplesmente como não viveram na época da mais rígida repressão, se cansaram de ouvir relatos do período feitos pela geração mais velha. Quem viveu sente o impacto do carisma de Denise e lembra-se que houve um tempo em que esse tipo de texto era totalmente proibido e tem a sensação que as situações daquele momento apareceram em doses bastantes homeopáticas. Mesmo porque, enquanto os fatos comentados aconteciam seria impensável torná-los públicos, a despeito de uns poucos textos teatrais que conseguiram contornar a censura por meio de metáforas claras, como as de *Abajur Lilás*, de Plínio Marcos, ou mesmo de *Papa Higrith*, sobre o caso Herzog, que furou o cerco bem depois.

Os fãs de Denise que forem assistir à sua mímica terão de se contentar com uma mostra pequena: nas divertidas caricaturas de políticos como o vice-presidente Marco Maciel, nas grades das celas onde ficaram os prisioneiros, na expressão corporal que sugere a tortura de Frei Betto.

A atriz veste-se com malha preta o tempo todo, baseando-se simplesmente em seu corpo, o que, aliás, é sua marca, e se alterna entre personagem narrador e outros baseados na história, durante a maior parte do tempo com emoção contagiante.

Toda franqueza

17 de agosto de 2001

A escritora que mais tem acompanhado as mulheres de classe média, especialmente as jovens dos anos 60, é Leilah Assumpção. No início, era a moça tímida, educada para ser uma recatada donzela, que mostrava sua frustração através de fantasias captadas com brilho em *Fala Baixo, Senão Eu Grito*, premiada dentro e fora do país. Depois, eram mulheres livres de tabus como a virgindade, mas ainda com dificuldade de comunicação e relacionamento, mas peças *Boca Molhada de Paixão Calada* e *Adorável Desgraçada*, que fazem parte de uma longa lista que inclui trabalhos televisivos.

Agora ela se chama Roberta e após 20 anos se separa do marido. Passam a viver em casas diferentes, porém permanecem cúmplices. Uma situação bastante freqüente nos dias de hoje e que Leilah explora com humor. Os diálogos são impecáveis, enfocando principalmente a guerra de sexos, com pontos de vista de uma franqueza total, devido à intimidade de tantos anos, que vai se prolongando mesmo após a separação, dos 50 anos até a velhice.

Ninguém melhor do que Irene Ravache para dar vida a essa senhora, ela que foi a Luiza de *De Braços Abertos*, recebendo os prêmios Mambembe e Molière, a companheira elegantíssima de Regina Braga em *Uma Relação Tão Delicada*, conquistando o prêmio Shell, e que, entre inúmeros trabalhos em teatro, TV e cinema, interpretou mãe de família em *Brasil S.A.*, de autoria do empresário Antônio Emírio de Moraes. É um grande prazer vê-la no palco com o talento de sempre e contracenando com Marcos Caruso.

Um conjunto de acertos fazem de *Intimidade Indecente* um espetáculo imperdível. Mesmo porque a direção de Regina Galdino acerta quando confia nas palavras do texto e em seus atores, sem enxertar grandes novidades, nem nas marcações nem no visual. Os ótimos figurinos e o cenário discreto de Fábio Namatame compõem a moldura adequada para essa linha da diretora.

Outra peça engraçada e bem escrita, também enfocando o relacionamento entre casais veio do Rio: *Mais que Imperfeito*, de Marcelo Rubens Paiva. Neste caso são personagens mais jovens com problemas que refletem as condições sociais do momento atual, como o desemprego de Kito (Antônio Gonzales) e o fato de as duas mulheres, Aline (Clara Garcia) e a ex-namorada de Kito (Ingra Liberato), trabalharem no mesmo hospital.

Aline é médica e está casada, a outra é avulsa. A confusão se estabelece com um jantar para que os dois se conheçam. São os dois rapazes que se juntam para afirmar sua superioridade em relação a elas e vice-versa. Os quatro atores são excelentes e defendem a peça com garra. A eficiente direção (Rafael Ponzi) não deixa cair o ritmo da comédia em nenhum instante. Cenário, luz e figurinos são competentes e de bom gosto. Um espetáculo que tem tudo para agradar quem aprecia uma boa comédia.

É duro ser Vítor

24 de agosto de 2001

Em matéria de musicais, os produzidos nos Estados Unidos são, na maioria, extremamente inconsistentes. Fazem sucesso de bilheteria por lá e muitas vezes no exterior, como é sabido. Mas aqueles que ficam na história são produções que se preocupam em passar alguma mensagem, como *O Homem de La Mancha*, adaptação da obra Cervantes; *Hair*, um protesto contra a guerra do Vietnã; *West Side Story* e *A Chorus Line*, o primeiro sobre as minorias raciais e o segundo enfocando os artistas que não alcançaram a fama e buscam emprego ao menos no coro. São sucessos que permanecem,por causa

de trilhas inesquecíveis. Infelizmente as coisas não tem andado tão bem, pois Gerswin, Cole Porter, Leonard Bernstein e seus demais contemporâneos não têm tido herdeiros à altura.

Embora peças como *My Fair Lady, Um Violonista no Telhado,* entre outras, tenham feito enorme sucesso de bilheteria por aqui, sempre se acreditou que tinham textos mais conseqüentes, da mesma forma que os de nossos musicais. Mesmo um besteirol – como costumavam ser a maioria dos enredos do teatro de revista – sempre continha uma sátira política e mais ainda os musicais de Edu Lobo e Guarnieri, assim como os de Chico Buarque. Talvez porque houve mudança de público, talvez por causa de a competentes tragédias de marketing, que incluem vendas de pacotes para o interior de São

Paulo, há na cidade diversos musicais muitíssimo bem-sucedidos em matéria de bilheteria.

Quem sabe será o caso de *Vítor ou Vitória*, de Blake Edwards, que, depois de transformada em filme, acabou de estrear no teatro, traduzida por Cláudio Botelho. O enredo brinca com a questão das diferenças de sexualidade: Vitória (Marília Pêra) é uma inglesa que não consegue emprego como cantora em Paris e decide, com a ajuda de Caroll Todd (Leo Jaime), fingir que é um travesti de nome Vítor. Isso seria mais aceitável se as mulheres tivessem maiores dificuldades de trabalho do que os transexuais, a classe mais discriminada em todas as sociedades que se tem notícia, inclusive a França. Mas como é tudo apenas simulacro, provavelmente a maioria dos espectadores não está interessada nessas questões. Mesmo assim, a obra necessitaria uma intérprete que em alguns minutos deixasse a impressão de que é homem. Tarefa dificílima para uma mulher e que pessoas como Roberta Close ou Rogéria fariam com facilidade. Mas o papel exigiria também uma cantora, coisa difícil para uma transformista. Marília Pêra dá conta do recado como pode: canta, dança e diz o texto com a precisão e o talento costumeiros, contudo, em nenhum momento se parece com um homem, o que compromete bastante a montagem. Razão pela qual que quem acaba roubando a cena é Drica Moraes, que dá um verdadeiro show, impecável num papel divertido e indiscutivelmente mais simples, o da loura linda e idiota, casada com um gângster. Elas fazem parte de um elenco de 33 atores e bailarinos, conduzidos com competência pelo tarimbado Jorge Takla. Além dos mais citados, representam personagens centrais a contento Daniel Boaventura, Ricardo Graça Mello, Renato Rabelo e Wilson dos Santos.

Na parte visual, os problemas ficam por conta da cenografia e figurinos (Takla e Mira Haar) intencionalmente de mau gosto, e por isso não ajudam na composição dos quadros, ainda que sejam sem dúvida funcionais, competindo com os atores por total falta de discrição. De qualquer maneira, a iluminação é irretocável (Ney Bonfante e Takla). Surpreendentemente, nenhuma das músicas assinadas por nada menos do que Henry Mancini (*Bonequinha de Luxo,Adeus às Ilusões*, entre muitos filmes) provocam paixão à primeira vista. Mesmo assim agradam bastante, graças aos arranjos de Luís Gustavo Petri e de Miguel Briamonte, executados ao vivo. Basta destacar a qualidade da sonoplastia (Loudness), pois os microfones amplificam apenas as vozes, eliminando quaisquer ruídos ambientais. Enfim, como musical americano produzido no Brasil, *Vítor ou Vitória* não está mal.

Aventuras de uma sovina

22 de fevereiro de 2002

Todo mundo diz que Deus escreve certo por linhas tortas, e Jean Baptiste Poquelin, mais conhecido pelo nome artístico Molière, é prova disto. Nascido no século 17, pensou em dedicar-se ao teatro escrevendo e atuando em tragédias, gênero em geral, e principalmente naquele período classicista, considerado maior. Montou uma companhia em Paris que não deu certo e se encheu de dívidas pagas por seu pai, o tapeceiro do rei. Então partiu para o interior e foi viver e trabalhar de modo itinerante, fase em que conviveu com os Comediantes Dell'Arte, sofrendo sua influência. Depois de obter algum sucesso e experiência voltou a Paris para se apresentar diante de Luís XIV. Começou a mostrar o que julgava ter de melhor, uma tragédia. Ao perceber que não estava agradando, emendou uma comédia, com o auxílio de sua trupe treinada para participar dessas mudanças. E foi assim que nasceu o *"Improviso de Versalhes"*, que lhe garantiu a amizade do rei.

Foi por esses meandros que o comediógrafo mais encenado de todos os tempos erigiu sua carreira. Como era comum na época e próprio da comédia italiana, Molière se especializou em um papel, no seu caso, em personagens intimamente ligadas a Pantaleão, ou seja, mais especificamente velhos autoritários e rabugentos, os quais ele mesmo representava. Desta maneira é natural que João Bethencourt o tenha adaptado sem ficar muito preso no original de *O Avarento*, bem como Jorge Dória se encarregue do papel principal, Harpagão. Isso porque Dória, como Molière, é um ator que seleciona personagens de acordo com seu tipo físico, de maneira que possa mostrá-los muito mais baseado em seu próprio carisma.

Contracenam com ele Jacqueline Laurence, Henrique César, Marcio Ricciard e Gustavo Otoni, todos muito eficientes. O mesmo pode ser dito de dois pares de enamorados, Gláucia Rodrigues, Janaína de Prado, Nilvan Santos e Edmundo Lippi; assim como os coadjuvantes, Pietro Mário e Fernando Cardoso. A divertida montagem esteve em cartaz no Rio em 1999 e fez temporada em muitas capitais antes de chegar a São Paulo. Mantém o cenário de bom gosto de José Dias e os ótimos figurinos de Ney Madeira, valorizados pela iluminação correta de Rogério Wiltgen.

O amor não tem sexo

13 de setembro de 2002

É possível concluir que teatro faz bem à saúde. Dercy Gonçalves comemorou 80 anos no palco e já faz muito tempo. Em breve Tônia Carrero vai fazer o mesmo e protagonizará *A Visita da Velha Senhora*, de Frederich Dürrenmatt, no Rio. Um texto suficientemente longo para ser considerado um desafio à memória. Mas tudo indica que deve se dar bem, porque Paulo Autran acabou de comemorar seus 80 anos no último dia 7 com a extraordinária eficiência de sempre. Um show de interpretação de memória e boa forma física. Pode-se dizer que o aniversariante é quem presenteia público e amigos, ao contrário do que é usual. Seu papel é de Abel Zorko, escritor que tendo recebido o Nobel se isolou em uma ilha na Noruega e se transformou em alguém um tanto quanto rabugento, receoso do amor e da paixão.

A princípio não se sabe por que de repente consentiu que Eric Larsen, um jornalista, fosse à sua casa para entrevistá-lo sobre seu livro mais recente; este último é um homem reservado e controlador, a quem Cecil Thiré dá vida com muito brilho. O que se vê em cena são dois europeus bastante educados, numa peça de conversação, que segue os moldes das do dramaturgo sueco August Strindberg, criador deste gênero de drama. Como nas obras do autor de *Senhorita Júlia*, o dialogo de *Variações*

Enigmáticas é instigante e algumas vezes inusitado, visto que os personagens dizem coisas raramente ditas na vida real. No entanto, embora situe a ação na Escandinávia, Eric Emanuel Schmitt tem nacionalidade francesa, o que denota que afinidades não respeitam fronteiras geográficas. E isso faz lembrar o que parece ser a tese do texto, a de que *"o amor não tem sexo"*, amor incontestável.

O público não desgruda os olhos e a atenção do palco em nenhum momento, principalmente devido à qualidade dos atores e da peça que foi traduzida com muita fluência pelo próprio Autran. É claro que a direção de José Possi Neto contribui muito para isso. Especialmente com referencia às marcações precisas e que apresentam naturalidade. Outro grande acerto é a trilha sonora de George Freire, inteiramente baseada nas belíssimas melodias de *"variações enigmáticas"* do compositor inglês Edward Elgar. Não sem razão, Schmitt exigiu inclusão desta música quando cederam os direitos autorais, conforme informou a produção. O mesmo pode ser dito dos elegantes figurinos assinados também pelo encenador, José Possi.

Infelizmente não é o caso do exagerado cenário (Jean Pierre Tortil) que busca chamar a atenção da platéia, tentando competir com atores e texto, por sua falta de discrição. De um lado busca ser realista, a ponto de ter pesquisado construções norueguesas para conceber o visual; e de outro coloca chamativos tapetes vermelhos numa casa à beiramar, alegando que é um recurso simbolista. Dois estilos que, em geral, não caminham bem juntos, o realista e o simbolista. Em todo o caso, o espectador pode fazer um esforço para ignorar tal construção, centrar-se no píer onde os dois homens passam a maior parte do tempo e no deslumbrante mar ao fundo. A sutileza que falta em grande parte do visual está presente, sem dúvida, na iluminação de Wagner Freire, que atua com perfeição a ponto de quase não ser notada, mesmo quando põe em destaque atores ou objetos. Mas como o visual é apenas um detalhe nesta montagem que desata atores e palavras, resta dizer que *Variações Enigmáticas* é imperdível.

A inexorável ação do tempo

11 de outubro de 2002

Considerar o texto como leitura foi uma atitude quase unânime na história desta arte. Contudo, a partir do século 19, a situação se inverteu. Passou-se o conceito de que o texto é incompleto sem estar acompanhado de um espetáculo com atores para interpretá-lo. Por isso há gente que considera até que, às vezes, uma má peça pode render uma ótima montagem. Eu tenho cá minhas dúvidas. Parece-me que quando dois elementos de uma mesma produção estão em desequilíbrio, o resultado não pode ser tão bom. Se uma peça é expressa verbalmente, é imprescindível que esta seja de boa qualidade e atual.

Uma boa prova disso é *A Importância de Ser Fiel*, do irlandês radicado em Londres Oscar Wilde, que acaba de estrear em São Paulo, com tradução e direção de Eduardo Tolentino. Não que eu esteja afirmando que o autor de *Salomé* e da famosa carta *De Profundis* (também em cartaz por aqui) tenha escrito uma obra fraca. Afinal, depois de tantos anos, há momentos em que a platéia ri muito. O que se vê em cena é um retrato carregado nas tintas, inteligente e irônico das pessoas de classe alta na era vitoriana. Foi considerada uma obra-prima na época. Exatamente por exibir esse estrato social caracterizado pela frivolidade e inconseqüência, mas que trata de questões antigas como virgindade e casamento, exibe atitudes que não ficavam bem ou que caíram em desuso. De maneira que a montagem não rende o que poderia se a peça não estivesse tão datada. Talvez se o momento atual fosse um tempo menos cheio de crises e preocupações ficasse mais próximo. Talvez nem assim. Esse desgaste no tempo é comum e mais freqüente no caso das comédias, ainda que o drama não esteja isento.

Mesmo assim, a encenação tem grandes qualidades. A começar pelo tarimbado elenco de convidados com atuação excelente: Nathália Timberg, Dalton Vigh, Etty Fraser e Chico Martins. E inclui-se entre eles a jovem Bárbara Paz, que cria uma Cecília com brilho.

Além deles, há os integrantes do grupo Tapa, que traz na bagagem 28 prêmios, incluindo Molière e Shell, conquistados em muitas categorias. São eles, Brian Penedo, como sempre um inglês impecável; Eloísa Cichowitz, que dá conta da outra mocinha, Gwendolee; e Guilherme Santana, que se apresenta convincente como um mordomo diferente em cada ato. Além deles cabe destacar a discreta cenografia de Renato Scripilliti, a eficiente iluminação de Nelson Pereira e os belos figurinos de Lola Tolentino. O espectador muito exigente fica desejoso de vê-los todos em outra peça que fizesse mais jus ao seu empenho.

O mesmo pode ser dito de *"Perdida"*, de José Sanchis Sinisterra. Concebido para ser visto como comédia, o texto, que trata de um tema atualíssimo, a física quântica, contudo, se mostra confuso. Ficam claras as questões do tempo e do espaço, relativizados inteiramente por essa teoria, mas fica difícil achar graça no patético dos personagens que se encontram, todos perdidos, para fazer parte de um congresso, satirizados de modo grotesco. Isso não impede que o espectador se impressione com a excelente interpretação dos três atores: Oswaldo Mendes, Carlos Palma e Flávia Pucci. Ou goste da direção de Marco Antônio Braz. Mas fica novamente a vontade de vê-los em outra peça.

As peças *A Importância de Ser Fiel* e *Perdida* estão em cartaz no Sesc Vila Mariana e no Teatro Folha, em São Paulo.

Humor íntimo e outonal

22 de novembro de 2002

Tem sido bastante comum a presença de peças sobre a velhice em nossos palcos. Algumas delas se revelam inesquecíveis, como *Quarta Estação*, que esteve em cartaz com Juca de Oliveira e Denise Fraga, ou mesmo *Últimas Luas*, com interpretação brilhante de Antônio Fagundes. Não foram as únicas. Basta lembrar de *Rei Lear* e outras com personagens femininas na terceira idade, menos marcantes. Nenhuma delas, das quais possamos nos lembrar, focalizou as vantagens da idade avançada, optando, em lugar disso, pelo lado dramático da situação.

Quarta-Feira Sem Falta Lá Em Casa encena esta fase da vida com extrema inteligência. Mostra, com algum humor, a sabedoria e o desapego que podem caracterizar esse período da vida. Laura (Myrian Pires) e Alcina (Beatriz Segall) se encontram frequentemente há anos. Têm em comum a geração, a amizade tão antiga, muitos conhecidos, a memória deles morta. Entre as duas, quase não sobram ilusões ou paciência para com as manias da outra. Essas facetas se configuram lentamente para o espectador, através de diálogo de um verismo incrível, arrancando gargalhadas do público em muitos momentos.

O texto impecável de *Quarta-Feira Sem Falta Lá Em Casa*, escrito por Mário Brasini na década de 60 e encenado na mesma época no Rio, permanecia inédito em São Paulo. Naqueles anos, vigoravam os atos institucionais e a repressão, e talvez coubesse uma leitura política deste texto. O autor, como de resto muitos outros artistas e intelectuais conhecidos pelo seu trabalho no teatro, no cinema e na televisão, escapou do momento político migrando para Portugal. Em *Quarta-Feira Sem Falta Lá Em Casa*, tudo transcorre numa sala comum e charmosa, com dois ambientes dentro da residência de Alcina. São poltronas, sofá, cadeiras e mesa que tanto servem para o jantar como para o jogo de cartas. O cenário de Paulo Segall situa os personagens na classe média alta – traços que se notam também nos elegantíssimos figurinos assinados por Elena

Toscano, e na discreta e eficiente iluminação de Wagner Freire. Não menos discreta é a excelente trilha de Raul Teixeira, constituída por belas músicas brasileiras do período sem, contudo, distrair o espectador da cena. A direção de Alexandre Reinecke se centrou no trabalho das atrizes, o que representa um acerto. Mas é difícil concordar com a leitura diversificada que ele permitiu coexistir entre os personagens.

Myriam Pires dá um verdadeiro show de interpretação ao optar por uma impostação natural, tão adequada ao espetáculo que o público sente ter acabado de conhecer Laura, não uma atriz presente no palco (o recurso cria intimidade e cumplicidade). Ao contrário dela, Beatriz Segall criou uma Alcina apoiada no tipo, distanciada. Não há coerência entre as duas interpretações. No caso de Alcina, o que o público vê, e nos parece um equívoco, é uma senhora farsesca em cena, como se a atriz não tivesse aceitado o seu comportamento e a sua postura diante das circunstâncias. É uma pena. A montagem renderia muito mais se ambas concordassem em matéria de estilo. Afinal, trata-se de uma peça de conversação intimista com momentos engraçadíssimos, não exatamente uma comédia ou farsa, a que se assiste com muito prazer.

Capítulo 3

Panorama da cena paulista

Na década de 60, a maioria dos teatros versava sobre política, como era o caso do Arena e do Oficina. Com a censura, era difícil pôr o tema em cartaz de modo direto, ainda que alguns autores conseguissem driblar, ora ficando nas insinuações, ora nas metáforas. Essa situação interrompeu muitas carreiras, por exemplo, Guarnieri e Zé Celso. Circunstância que abriu o espaço para o surgimento da dramaturgia feminina (Maria Adelaide Amaral, Leilah Assumpção, Consuelo de Castro e Isabel Câmara) analisada com brilho em livro de Elza de Vincenzo pela editora Perspectiva. Com isso, a luta pela emancipação da mulher passou a ser um assunto muito explorado, ficando em cima da onda e não apenas no teatro, haja vista os 40% da população economicamente ativa conquistados durante a época que estamos retratando. Também é nesse início dos anos 70 que surgem grupos que fazem teatro de vanguarda – caso do Pessoal do Victor, e liderados pelo encenador Celso Nunes. Surgem também o Pó de Minoga, de Naum Alves de Souza, que passa a olhar para o interior de São Paulo, o Asdrubal Trouxe o Trombone, do Rio, entre outros mais dedicados a assuntos locais e a nosso humor tradicional. Quem quiser estudá-los melhor, recomendo o livro de Sílvia Fernandes Telesi *Grupos dos Anos 70*. Não que os grupos dos anos 70 fossem novidade enquanto grupos, que, afinal, sempre existiram, mas o que havia de novo em termos de Brasil foi o fato de integrarem cooperativas porque a legislação, mais as razões econômicas assim o determinaram. Se não vejamos, quando Juca de Oliveira era presidente do sindicato dos atores, conseguiu aprovar lei que obrigava o pagamento dos ensaios aos atores e também por programas que eram reprisados na TV. Enfim, corrigiu distorções do mercado. Com isso, sobreviveram poucos grupos não cooperativados, a exemplo da Cia Estável de Repertório de Antônio Fagundes, que possuía condições de contratar atores e pagar ensaios. Formaram-se algumas cooperativas grandes – caso da Cooperativa Paulista de Teatro, a qual reúne muitos grupos até hoje, e, ao que tudo indica, vem aumentando o número de associados. A diferença é que em cada grupo todos dividem lucros e prejuízos. E é assim até hoje. Esses grupos, por vezes, incluíam um autor ou autores. Outras vezes faziam dramaturgia coletiva que hoje muitas vezes se confunde com *work in progress*. A primeira criação coletiva que obteve sucesso mundial foi *Oh, Que Delícia de Guerra* de Joan Littlewood, nos anos 60, sucedida por Living e outros grupos. No Brasil foi montada por Ademar Guerra. Além disso, outra novidade mais próxima, mas anterior ao período das críticas, foi o teatro com poucas palavras, ou o circo teatro, ou o teatro físico. Os primeiros espetáculos presenciei foram apresentados por dois grupos, o XPTO e os Clowns, de Cristiane Paoli Quito. Há vários grupos mais recentes analisados em muitas críticas. Esse parece ser um rumo profícuo no teatro futuro, sem prejuízo de outra forma de teatro. Mas, retornando aos temas, além da luta das mulheres vale mencionar a dos homossexuais, assunto explorado até recentemente com caricaturas de homens homossexuais, comuns nos teatros de todo mundo, fazendo galhofa dessas pessoas, o que sempre nos pareceu preconceituoso. No período, que analisamos, esse comportamento mudou inteiramente e hoje se fala do tema com maior respeito, defendendo a incorporação de homens e de mulheres ao mundo dos chamados cidadãos de bem. E o teatro tem acompanhado de perto essa transformação. Até o crítico americano Marvin Carlson, autor de *"Teorias do Teatro"* da editora

da UNESP, menciona esta como uma das tendências do drama moderno. Lutas políticas, pois, defendem os direitos das minorias.

Quanto à política propriamente dita, a despeito de peças corajosas como *Lembrar é Resistir,* de Analy Álvares, e de *Vozes Dissonantes,* de Denise Stoklos pouca coisa de peso tem sido escrita, especialmente sobre a ditadura. Houve tentativas de Isaías Almada e de Gianfrancesco Guarnieri, entre outros, as quais por vezes pecavam pelo machismo. Outras vezes pecam por supor que hoje seriam viáveis peças que parecem acreditar que ainda estamos na década de 60. Como se o muro de Berlin não tivesse caído, a e Rússia e a China não tivessem aberto as portas para o capitalismo.

Falta ao teatro dar mais espaço para os negros que não foram esquecidos por Guarnieri e que começaram a falar pela boca de Abdias do Nascimento, mas pouco tem sido mostrado sobre esse tipo de segregação. O que é um absurdo num país tão mestiço como o nosso.

É preciso destacar que os anos 60 representaram a valorização e o começo do desenvolvimento do trabalho do encenador. A melhoria das qualidades técnicas do teatro brasileiro é surpreendente. Inclusive no teatro amador surgem excelentes iluminações, cenografias ótimas com minguados recursos financeiros e diretores que apresentam leituras claras e precisas. Claro que ainda não é o ideal, mas é um salto fantástico. Enfim, o teatro vai bem, felizmente. Devido às políticas culturais públicas (federais, governamentais e municipais) em apoio às artes, nos parece que na virada do século caracterizou-se efetiva mudança nos grupos. Grande parte deles, a exemplo das ONG's, criou projetos culturais que vão muito além da produção artística: pois oferecem cursos e promovem leituras de texto. Caso típico dos grupos TAPA e Os Satyros, além de O Teatro do Centro da Terra, que até um bom festival nacional de teatro promoveu. Para não falar no SESC e no SESI que já fazem isso há bom tempo. De modo geral, a principal característica ampliada no período a que nos detivemos é a valorização crescente do espetáculo, como já foi dito, de seu sentido, visto como uma linguagem em si, como escreveu Jean Jacques Roubine, entre outros, em *A Linguagem da Encenação Teatral*. Novidades certamente virão por parte de alguns grupos (TUSP e Centro da Terra) que têm feito peças de cunho psicodramático baseadas nas experiências pessoais do próprio elenco.

O teatro das minorias

As mulheres lutam no Brasil e no mundo pelo tratamento igualitário ao dos homens e conseguiram muitas vitórias. Há uma parcela muito grande de homens que compreendem e apóiam a posição da mulher, na busca por realização profissional. Mas o machismo continua a existir. Já estão dando um bom exemplo para os filhos, porque estão traba-

lhando, na minha modesta opinião. De qualquer maneira, a luta da mulher para conseguir seu espaço, para se afirmar como pessoa, é necessária e tenta demover uma injustiça. No caso do Brasil, hoje as mulheres somam 38% da população economicamente ativa. Então elas não podem reclamar muito. Mas de qualquer maneira existe uma mentalidade que precisa ser mudada. Boa parte da população mudou. Mas há uma parte que, talvez, assinasse em baixo de Schopenhauer quando ele diz que a mulher é um ser de cabelos longos e idéias curtas. Então, imaginam que as mulheres são incapazes de compreender certos temas. .

Com o ganho de terreno, de uma maneira geral, várias peças passaram a abordar a questão do lesbianismo. Pela primeira vez, fora uma ou outra coisa raríssima, são abordados os problemas das lésbicas em cena. Todas as vezes que se falava de feministas, a maneira de desqualificar essa luta era dizer que se tratavam de mulheres-machos. Dessa forma sempre foram mais escassos textos teatrais tratando de lésbicas do que de gays.Talvez o fato de que o volume de mulheres trabalhando é quase o mesmo do que o dos homens que atrizes consideradas bonitas, delicadas e femininas representaram esses papéis neste momento. É o caso de Regina Braga com *Um Porto para Elizabeth Bishop* (de Marta Góes, Dir.: José Possi), de Déborah Secco e Denise Weinberg com *As Lágrimas Amargas de Petra von Kant* (de Reiner Werner Fassbinder, dir.: Ticiana Studart). Foi tudo no mesmo ano, parece que, de repente, a homossexualidade feminina entrou em cartaz.

A luta dos homossexuais é mais antiga. Está no teatro a milhares de anos. Eu acho que ela tem caminhado no sentido correto, não mais fazendo essa luta só através da comédia, ridicularizando o homossexual, apresentando-o como bicha cheio de trejeitos. Claro que há homossexuais assim, mas é um modo caricato. Há alguns anos percebi esse diferencial, pela primeira vez, quando fui à montagem de *O Quarteto*, de Gerald Thomas, que trata o homossexual com virilidade e de maneira digna. Daí para frente, pude notar que esse tratamento digno tem sido adotado dentro e fora de São Paulo. Considero essa luta por igualdade como uma luta política.

O espectador tem o direito de não querer ir a uma peça que trate de homossexualismo. Do mesmo jeito que pode não querer ir a uma peça que trate de divórcio. A peça do Cássio Scapin com o Paulo Autran, *Visitando o Sr. Green* houve quem considerasse ultrapassada, na medida em que colocava um heterossexual com preconceito radical. Não me pareceu isso, porque o heterossexual era tão preconceituoso que ele era contra não-judeus, não-heteros, era *"o preconceito"* encarnado. Era um velho ranzinza. E o personagem do Cássio tinha dificuldade em contar a ele que era homossexual. Isso não me parece antigo, há pessoas que ainda conservam esse tipo de preconceito.

Aspectos da política cultural

Quando comecei na crítica, o Juca de Oliveira, como presidente do Sindicato dos atores, conseguiu uma legislação pela qual o empregador era obrigado a pagar INPS, ensaio, todos os direitos trabalhistas para o ator e demais pessoas envolvidas. Na televisão isso era viável e necessário. Mas no teatro esse tipo de legislação inviabilizou a manutenção das companhias. A maioria delas não tinha condições de pagar os direitos dos atores. Desse modo, a solução foi transformarem-se em cooperativas. Nas cooperativas todos são donos e dividem lucros e perdas como sócios. A maior delas é a Cooperativa Paulista de Teatro.

Quando o cruzado estabilizou a moeda, na época do Dílson Funaro, o volume de espectadores no teatro aumentou significativamente. Não sei o porcentual, mas foi uma coisa marcante. Passada essa gestão, quando estourou o Plano Cruzado, aconteceu o oposto, e não só no teatro. Além disso, não havia política cultural e o então presidente Collor acabou com as instituições que tradicionalmente apoiavam as artes.

Passado isso, houve uma crise no teatro muito grande, muito grave. Depois criaram as leis tipo Marcos Mendonça, que sempre favorecem as pessoas que já têm nome. Ciente disso, o governo, na época de Mário Covas, criou Mapa Cultural. Essa é uma idéia brilhante, que tem dado certo. O Mapa Cultural estimula o teatro e outras áreas artísticas. Estimula a criação de teatro, levando gente para dar oficinas e fazendo um concurso, reunindo esses grupos todos do estado. Isso tem levado gente para dar aulas, estimulado a criação de público e formando novos artistas. Porque muitos destes participantes podem acabar fazendo teatro profissional. O projeto ainda estimula o teatro fora de São Paulo capital. Ainda mais que festivais como o São José do Rio Preto, que começou como teatro amador e hoje é internacional, como os do Paraná (Londrina e Curitiba). Há outros com menos fama como o Festivale que se mantêm nacionais.

A prefeitura da cidade de São Paulo criou esse projeto de formação de público, projeto da gestão da

Marta Suplicy com curadoria do Gianni Ratto. Pelo o que eu ouvi de pessoas que estão envolvidas no projeto, ele é muito bom, mas tem um problema: as sessões que caem durante a semana não enchem, só no fim de semana tem bastante público. Talvez seja necessário mantê-lo só nos fins de semana ou anunciar mais para o público em geral. Tenho visto bons espetáculos de uma boa qualidade. Qualidade para formar público mesmo. A questão é que os grupos menos famosos e que não se dedicam à iniciação ao teatro, ou seja, a grande maioria, ficava sem apóio. Então formaram um grupo que se chamava *"arte contra a barbárie"* e conseguiram a promessa da implantação do um projeto intermediário. Quer dizer, é muito complexo ajudar a

cultura. Esse projeto intermediário é para a classe média do teatro. Porque não tem gente com tanto nome e fica sem condição de criar uma grande produção. E nem sempre tem condição de fazer nem uma menotagem tão simples que tenha um custo baixo. Fauzi Arap me informou que essa política está sendo traçada. Com uma boa idéia que na maioria dos casos deu certo, que foi a de ocupar todos os teatros da prefeitura com companhias como Cia do Latão, Razões Inversas e etc. Com isso se ajuda a uma classe média do teatro, média não por competência e arte, que estava sem apóio.

CRITICAS

PARTE 4 - Vozes da cena

Um tributo a Aristófanes

04 de abril de 1997

Um povo que reverencia determinados valores, sejam estes quais forem, são produtores de autores trágicos ou dramáticos, ao passo que uma comunidade que passa por período de descrença é mais afeita à comédia. Isso segundo o crítico Northrop Frye, para quem o drama se consagra ao luto e ao inverno, enquanto a comédia comemora a primavera, mesmo que haja nela morte de forças, caso que estas estão capengas e não vigentes como no drama. Pelo menos é o que parece ter ocorrido na Antiga Grécia, no século 4 a.C., quando ninguém escrevia tragédias competentes, e era Aristófanes quem brilhava. Em suas peças, o pai da comédia – que era um conservador – valoriza um passado remoto e a então religião olímpica, mas principalmente critica de modo corrosivo a realidade que o rodeava.

Assembléia de Mulheres trata da corrupção dos integrantes da assembléia e da conseqüente miséria da população, uma peça que parece jamais ter perdido a atualidade, infelizmente. Apresenta uma solução divertida que é a tomada do poder pelas mulheres, cuja graça e absurdo na época em que foi escrita, felizmente, são irrecuperáveis, naquele contexto as mulheres estavam na classe mais baixa e oprimida, com exceção dos servos que eram escravos.

Essa obra, sob direção do carioca Moacyr Góes em sua primeira montagem paulista, a despeito de tratar de corrupção, teve uma versão muito fiel ao seu autor quando trata sobre a questão sexual, ainda que os personagens não enfatizem a sensualidade. Contudo, foi infiel ao minimizar o escracho que a caracteriza e destaca a corrupção sem grifos. Não que fosse o caso de pretender uma parábase nos mesmos moldes aristofanescos, ou seja, atores sem máscara citando pessoas nominalmente, ao final
 do espetáculo. Naquele tempo ainda não havia processo por calúnia e difamação.Mas podia caber maior ênfase à atualidade do tema. Só que neste caso não seria uma montagem de Moacyr Góes, que tem se caracterizado como um encenador com fortes traços líricos e grande domínio do visual.

Tons

E são essas as principais tônicas desta peça que, menos do que uma nova interpretação, é um tributo a Aristófanes, que poderia ter qualquer de seus textos como pretexto. Isso fica patente em quase tudo o que há na cena e principalmente no praticável redondo que estampa a foto do autor de *Lisístrata*, *As Rãs* e *As Vespas* e que ocupa grande área do palco. Além desse recurso, José Dias utiliza apenas estandartes em cores muito vivas e escadas de corda para compor a cenografia. Tons alegres também estão presentes nos figurinos utilizados pelos dois coros de mulheres, tanto o das velhas quanto o das jovens, concebidos por Samuel Abrantes, acompanhados de perucas e demais apetrechos que tornam as figuras ao mesmo tempo belas e grotescas. É o que convém em uma homenagem ao mestre do grotesco. Uma vez que se optou por essa linha de trabalho, nos pareceu despropositado que as atrizes Helen Helena e Patrícia Gaspar fossem passear pelo meio do público e falar com pessoas, o que era um hábito grego e soa postiço.

A coreografia de Maria Thaís para o coro de mulheres dá a impressão de um brado de guerra, como de fato é no início, e exprime força que contagia a platéia, depois se mistura às marcações do diretor numa amálgama que não permite distinguir onde começa o trabalho de um e termina o do outro, o que é uma qualidade. Mas o ponto alto fica por conta de Lígia Veiga, que toca dez instrumentos ao vivo, alguns com som bastante inusitado. Enfim, é um espetáculo que teve o bom gosto de não cair no clichê popular, além de ser visualmente rico, e que, principalmente por isso e pela música, reúne condições para agradar não apenas ao público do Sesi, a quem se destina, mas a outras parcelas da população.

A inocência perseguida

20 de fevereiro de 1998

Quando escreveu *Seis personagens em Busca de um Autor* Luigi Pirandello declarou que passou algum tempo perseguido por estas figuras, que o atormentavam porque queriam que ele contasse a história delas. Encontrar personagens quase vivas como as dele não é comum, porém, deparar-se com atores e diretores em busca de uma peça é fato corriqueiro. Não importa se é um roteiro, uma adaptação, ou texto teatral propriamente dito, desde que seja uma obra que se define com as características do grupo que vai montá-la. E essa é uma condição que nem sempre é possível satisfazer. Às vezes,

por falta de produção, outras há em que o estilo não se coaduna perfeitamente com a técnica que o elenco domina, etc. Certamente não houve esse tipo de problema com *Vidros Partidos*.

Há um casamento extremamente feliz entre atores e texto e essa união acaba por proporcionar enorme prazer ao público. Isso não se deve apenas ao fato de Mirian Mehler ter ser tornado *expert* em Arthur Miller, já que é a terceira montagem com autoria do homem de *A Morte do Caixeiro Viajante* de que ela participa. Ela faz uma mulher (Silvya Gelburger) que ficou com as pernas paralisadas por problemas de casamento, que se sentia impotente para corrigir, talvez por medo da crueldade com os judeus. Tudo começou na *"Kristallnacht"*, em 1938, quando os nazistas quebraram as vitrines das lojas de propriedade dos judeus, na Alemanha. Mas não se pense que é uma daquelas peças excessivamente ressentidas que, muitas vezes, em vez de criar simpatias, acabam angariando antipatias para com a questão judaica.

O autor de *As Feiticeiras de Salém* faz questão de mostrar que há outros povos, classes e minorias que sofreram injustiças e perseguições inclusive em situação de guerra, como na atualidade. Essa postura conciliatória sábia é colocada em *"Broken Glass"*, na boca do médico (Dr. Harry Wyman), numa interpretação excelente de Luiz Serra que rouba a atenção da platéia sempre que está em cena por sua naturalidade tão convincente. Além deles, Francarlos Reis, no papel principal, compôs o tímido marido de
Silvya de modo verossímil e aparentando sinceridade a despeito do tipo estranho e muito nervoso.

Tanto acerto de elenco, e há ainda três coadjuvantes que dão conta do que é exigido deles, seria muito difícil sem a mão precisa e competente de Iacov Hillel. Além, desta tarefa, assina a luz eficiente que se vê em cena.

Infelizmente, há alguns poréns que, no entanto, não chegam a empanar o brilho do espetáculo. A tradução de Zevi Ghivelder por momentos soa excessivamente literal. *Ela está desesperada por amor*, é um deles. A peça pede várias locações, como a casa e quarto de casal, o consultório do médico, o escritório do chefe do senhor Gellgurg. Os cenários realistas e detalhados de Renato Scripillitti mostram bom gosto, mas são excessivamente pesados e difíceis de mudar, o que quebra o ritmo do espetáculo. Talvez um ciclorama resolvesse.

De um modo ou de outro *Vidros Partidos* agrada tanto àqueles que estão familiarizados com o universo dramático de Miller – mistura de psicológico e sociológico – muitos jovens conhecem esse estilo por meio do cinema. Foi escrita quando o autor tinha 78 anos, mas apresenta o mesmo vigor do artista quando moço. Trata de um modo sutil e ligeiro também da repressão sexual e de seus malefícios, pois os protagonistas casaram-se virgens, o que parece ser uma boa lembrança em tempos de Aids e de alguns exageros em torno do assunto assédio sexual.

Galileu em anos de chumbo

30 de fevereiro de 1998

O futurismo italiano, a partir de seu início em 1909, propunha-se a dar uma bofetada no gosto do público. Passar cola numa cadeira e transformar o espectador que nela se sentasse no centro das atenções era aconselhável. Vender entradas para um concerto que não havia, ou os músicos simplesmente fingiriam tocar, idem. A ordem era incomodar, adotando esse tipo de procedimento que tinha raízes no cabaré. Em 1922, eram os brasileiros que aderiam a este tipo de estripulias sob a influência dos imigrantes que vieram para cá, em conseqüência principalmente do fascismo. Hoje, de vez em quando, a gente se depara com recursos dessa época, como quando o elenco invade a platéia e mexe com os presentes. Ora, quem sai do espaço da ficção tem que estar preparado para assimilar as reações que provoca, igualmente do espaço da ficção. Em *"A Vida de Galileu"*, sob a direção de Cibele Forjaz, o elenco foi treinado para provocar, mas não sabe agüentar o troco.

Além disso, cabe perguntar o que significa esse tipo de recurso num espetáculo que toma por base uma das obras máximas de Bertold Brecht. Afinal, o autor é o homem que lutou pelo império da razão, que desejou e conseguiu fazer um teatro em que a platéia raciocinava sobre a sociedade, as formas de poder, etc. No caso de Galileu, o que se discute é principalmente a questão da autoridade esmagando a verdade e a ciência, o abuso de autoridade em geral. E é essa discussão que a nosso ver ficou ofuscada pelo excesso de invenções que se agregou à peça. Logo no início Galileu – coisa , é claro, inexistente no original – aparece ladeado por duas televisões para indicar que se trata do século 20. Entra na máquina do tempo, como se tratasse de *De Volta Para o Futuro* e é essa imagem que chega a seu habitat, o Renascimento. Esse fato abre a permissão para que se misture os anos 60, principalmente, sem quaisquer divisões numa salada que não tem nada a ver com distanciamento Brechtiano e acaba por tornar-se dispersa. Se a peça tenciona ser um protesto contra a ditadura, que felizmente

já acabou, a crítica é feita de modo pouco conseqüente. Há muita movimentação desnecessária e pouca argumentação. Ainda mais que o respeito ao contexto histórico tão caro ao autor de *Ópera dos Três Vinténs* ficou rompido.

Se a montagem focalizou abusos de autoridade na atualidade para fazer analogias, o que é indiscutivelmente brechtiano, estes não ficaram suficientemente claros, pois as relações com a repressão do regime militar é que se encontra constantemente visível, mesmo porque as telas das TVs estavam muito distantes e não era possível acompanhar o que se exibia nelas.

Apesar de discordarmos da leitura, presente também nos figurinos hippies, mambembes, temos que reconhecer que a montagem tem bons momentos. Destacaríamos a cena em que Galileu (Renato Borghi) explica didaticamente suas teorias para Andréa (Ariel Borghi) e outra em que os mesmos se encontram quando Galileu, prisioneiro da Inquisição, conversa sobre sua vida e idéias. Os dois Borghi, pai e filho, aliás, são o ponto alto do espetáculo, que poderia ter baseado-se mais na interpretação dos atores e no próprio texto, mesmo que muitos deles sejam pouco experientes. Cabe mencionar ainda Nilda Mariah (Dona Sarti, Cardeal e Papa) e Abrão Fark (filósofo).

Por tudo que foi dito, conclui-se que é uma pena utilizar uma obra tão significativa de Brecht numa encenação que acaba por transcorrer em três horas, sem estar à altura da tarefa. Talvez fosse melhor efetuar alguns cortes, em vez de prolongar os episódios.

Três vezes comédia

08 de maio de 1998

Nos noticiários andam constantes as inadimplências das pessoas físicas, a falência das jurídicas, o descrédito do crédito. Nem por isso deixa de haver espaço para o golpe do baú, invenção tão antiga quanto o casamento. Pelo menos é no que acreditam Nelson Baskerville e Michel Fernandes, autores de *Jogo da Velha*, em cartaz no Teatro Maria Della Costa em São Paulo. O texto é extremamente bem urdido com o número ideal de peripécias: não fica monótono por escassez de acontecimentos e nem dispersivo por excesso. A história envolve uma família falida, mas em vias de solucionar problemas financeiros se a mãe de todos os marmanjos (Márcia Real) contrair núpcias com Lafayette (Milton Levy), seu riquíssimo admirador.

Parlapatões

A peça, extremamente divertida, só tem a pretensão do riso, sem ensinamentos, críticas sociais, etc. Mesmo assim é feita com arte. A direção do Atílio Riccó repete os acertos de *Trair e Coçar*. O tempo de comédia é perfeito, sem deixar cair em nenhum segundo. O elenco é experiente e coeso: John Herbert, Aniela Camargo, Malu Pessin, Haidée Figueiredo, Nelson Baskerville e Serafim Gonzalez. Márcia Real é um show à parte e arranca gargalhadas do público.

Houve pouco cuidado com cenário, figurino e luz. Embora tudo o que está em cena seja funcional e adequado ao texto, poderia ser mais colorido.

Por razões diferentes, imitar o teatro elizabetano, o excelente cenário de *ppp@WllmShkspr.br* sugere muitos espaços com poucos objetos. Ainda mais se considerarmos que no palco, se desenvolve uma compilação das obras completas de Shakespeare. Esse condensado é de autoria dos americanos Jess Borgeson, Adam Long e Daniel Singer. Inclui tanto e simples menção da peça *King John* como cenas engraçadíssimas de *Romeu e Julieta*, trechos de *Hamlet* e *Otelo* transformado em *rap*, já que é um assunto que combina com esse tipo de ritmo. O grupo dos Parlapatões Patifes e Trapalhões já chamou a atenção quando há sete anos estreou por aqui com a peça *Sardanápolo*. Costumam se apoiar nas técnicas de circo e teatro popular, só montam besteirol, mas divertem. Entre os atores, Alexandre Roit, Hugo Possolo e Raul Barreto, destaca-se sempre Hugo, com mais técnica e carisma. Nesse espetáculo foram dirigidos por Emílio di Biasi. Com todos esses ingredientes, era de se esperar que o espetáculo fosse a maior comédia do ano, mas infelizmente não é o que ocorre. O público assiste indiferente boa parte do tempo, provavelmente porque nem elenco e nem platéia têm grandes familiaridades com os ingleses e suas tradições, até mesmo com Shakespeare. É uma realidade distante, já que ninguém de nós decora trechos das obras deste autor na escola, a ponto de amá-lo e odiá-lo ao mesmo tempo.

Hipocrisias latentes

12 de maio de 1998

Assuntos de família estão sempre presentes nos consultórios psicanalíticos, conversas entre amigos e também no teatro, na literatura e até mesmo no cinema. A família de Brick, em *Gata em Teto de Zinco Quente,* padece de um mal bastante comum, que é a ausência de diálogos verdadeiros e a vida permeada de hipocrisia, pois todo mundo faz de conta que não percebe.

Tennessee Williams põe o foco num momento específico e mais teatral: na hora em que todo o esquema de proteção explode e as pessoas se revelam, notadamente o Paizão (Ítalo Rossi), a Mãezona (Ivone Hoffmann), Brick (Floriano Peixoto) e sua esposa Maggie (Vera Fischer). O maior motivo que leva todos a se suportarem, muito mal, diga-se de passagem, é uma fazenda gigante que esperam herdar. Surge uma conversa séria entre pai, filho e nora: houve um triângulo e o melhor amigo Brick acabou suicidando-se. A culpa, o álcool, a mulher com quem não tem mais relações a despeito de sua beleza e interesse nisso, o tornam um alcoólatra contumaz. Depois de lavada toda a roupa suja, parece que haverá condições para começar tudo outra vez.

No filme do Richard Brooks, estrelado por Liz Taylor e Paul Newman, as mulheres, Maggie e a Mãezona, são apaixonadas por homens que não as querem mais e a questão do homossexualismo fica muito sutil e secundária, como convinha a um filme de 1958. Liz Taylor cria uma Maggie muito chique e fina, que parece incapaz de grandes aventuras debaixo dos lençóis, porque ainda não foi despertada. Essa leitura não é exatamente a mesma do excelente espetáculo de Moacyr Góes, que apresenta Vera Fischer cobrando seu prazer e vexando um marido, a princípio incapaz de satisfazê-la. Fica claro para a platéia que ela sabe muito bem como. Sua frustração de ter um marido só de fachada não é o bastante para a separação, mais por questões financeiras: entrou com uma mão na frente e outra atrás e não quer sair sem nada. Além disso, talvez sinta algum afeto por ele.

A direção de atores em papéis secundários é baseada em caricaturas, como no filme de 58. Exceção feita às ótimas interpretações de Vera Fischer, Mário Borges e Ítalo Rossi. O espetáculo por sua vez é impecável, com cenário de Hélio Eichbauer, figurinos sempre irretocáveis de Kalma Murtinho e luz de Maneco Quinderé. É um time para ninguém botar defeito, ao qual se reúne a deslumbrante trilha sonora de Marcos Ribas de Faria.

E a gente se pergunta: por que Tennessee? E fica abismada de constatar como quase tudo o que ele escreveu continua vigente. É o que também explica a montagem de *Um Bonde Chamado Desejo*, dirigida por Kiko Jaess no ano passado. O interesse é também de diretores mais jovens. Por exemplo, Niltinho Bicudo escolheu dois textos curtos do grande autor de New Orleans, onde ele morou a maior parte de sua vida, ainda que na juventude ganhasse na escola o apelido de Tenessee graças ao sotaque. Tanto *Fala Comigo Doce Como a Chuva* quanto *Esta Casa Está Condenada* falam de solidão e abandono, no primeiro caso na cidade, e no segundo, ao redor de uma estação de trem.

O espetáculo tem o tom certo graças à direção e aos atores, Helena Albergaria e Sílvio Restife. É de extrema delicadeza, como se a fragilidade das personagens as transformassem em figuras esvoaçantes.

As palavras do curinga Brás Cubas

07 de agosto de 1998

Há inúmeros e curiosos modos de escrever autobiografias, mas dificilmente algum mais original do que o de Machado de Assis para retratar Brás Cubas.

Como é sabido, o escritor preferiu colocá-lo morto, totalmente lúcido, contando suas inúmeras peripécias e mazelas em vida, como que num exame final de consciência, tal qual a maioria das religiões afirma existir inevitavelmente. Era um *"bon-vivant"* que passou a vida sem trabalho e às expensas de sua rica família. Bom humor não lhe faltava, divertia-se a importunar os outros e colocá-los em situação constrangedora, como um casal cujo encontro furtivo é denunciado por ele, alto e bom som, durante uma festa. Marcela, a prostituta que foi sua maior paixão na juventude, amou-o *"durante 15 meses e 11 contos de réis"*, dinheiro que ele angariou a princípio de doações do pai, depois da mãe e, em seguida, penhorando partes da futura herança. A adaptação de Cássio Scapin para o romance optou por não detalhar muitas das ações engraçadas de Brás Cubas para dedicar-se a mostrar criticamente a personagem central, ou seja, como irresponsável e amoral e não como herói a ser desculpado, já que se trata de um arquétipo nacional como Macunaíma, cujos atributos e falta de carácter não deveriam ser imitados. É uma adaptação politicamente correta, que mantém o estilo e as prováveis intenções de Machado. A prostituta, por exemplo, já caracteriza a obra como realista, visto que ela nem se arrepende e nem se transforma. É o que é, diferentemente da concepção romântica em que na primeira oportunidade esqueceria esse tipo de vida para voltar a ser moça ingênua.

A grande vantagem da encenação é a fantástica interpretação de Cássio Scapin, que também assina a direção. O ator apresenta uma composição impecável da personagem: um morto cheio de vida, com muitas nuances e ritmo acelerado. A caracterização é extremamente interessante e adequada, pois o ator traja branco da cabeça aos pés; mesmo o rosto

está maquiado de branco. A roupa um tanto rota se soma para dar à figura um ar leviano e brincalhão de um curinga de baralho, descolorido porque já pertence a outro mundo. Estes acertos do visual são de responsabilidade de Carlos Moreno e Fábio Namatame, bem como da iluminação de Ney Bonfanti. A atenção não se dispersa em nenhum minuto, o público como que hipnotizado pelas palavras de Machado pronunciadas por Cássio Scapin.

O bordel das segregadas

11 de agosto de 1998

Transformar depoimentos verídicos em obras teatrais é uma arte difícil. Para testar isso estão em cartaz *As Domésticas*, de Renata Melo e *Doces Lembranças*, de Ecléia Bosi. Ambos são espetáculos com boas direções. A dança-teatro de Renata Melo apresenta uma coreografia extremamente criativa e variada: as atrizes usam vassouras, panos de limpeza e rodos. A direção de Beth Lopez para a peça de Ecléia faz com que os velhos do asilo, que são os personagens, se coloquem em marcações que lembram álbum de retrato. Nem por isso conseguem manter vivo o interesse do espectador, devido à ausência de conflito dramático, ou de aprofunda-
mento de pelo menos uma delas.

Aparentemente peças como *O Interrogatório*, de Peter Weiss, seriam só depoimentos. Mas não é bem assim. Os carrascos e o campo de concentração nazista estão presentes o tempo todo, pois se trata da reprodução das declarações das vítimas de Auschwitz no tribunal de Nuremberg. Um material altamente explosivo e assustador. Bastante difícil, também, e não somente pelas razões estéticas expostas, é transformar os depoimentos das prostitutas, conhecidas como *"polacas"*, devido ao risco de produzir uma obra anti-semita. Coisa que não era da intenção nem da autora Analy Pinto, e muito menos do diretor Iacov Hillel, que pertence à colônia em questão. A montagem mostra simplesmente que é uma comunidade que também tem preconceito social, como a maioria das comunidades, e produz vilões a despeito de inegavelmente terem sido as grandes vítimas do Holocausto. A história está baseada principalmente no livro *Jovens Polacas*, de Esther Largman, e em outras fontes como a tese de Beatriz Kushinir, *Mulheres Judias e Prostituição – As Polacas e as Associações de Ajuda Mútua*. Trata do comércio de escravas brancas, que teve início em 1867, exercido por judeus que muitas vezes se casavam, mas sempre prometiam uma vida de conforto a belas moças polonesas, também judias,que, no Brasil e na Argentina, eram obrigadas a prostituir-se.

O texto teatral propriamente dito tem a inteligência de centrar-se em Sarah (Lúcia Romano), a quem acompanha do casamento até a velhice. Não exibe cenas de crueldade desnecessárias. Mostra um bordel com sutileza, diferentemente de um Plínio Marcos ou um Nelson Rodrigues. Muito do que ocorre é retratado através da ótima música (Wanderley Martins e conjunto). O diretor conduz elenco e marcações com a habitual competência. Carmem (Valéria Alencar), a chefe do lupanar, está totalmente solta: as outras, Sarah, Raquel (Lara Córdula) e Clara (Mila Ribeiro), estão mais contidas, dando a impressão de inadequar-se ao modo de vida. A cenografia, fruto da pesquisa de Hillel, consta de vários ambientes, e a troca de cena fica imperceptível pelo uso de recursos pela entrada da música na parte da frente do palco. A luz que o diretor assina com Caetano Villela é lindíssima.

O espetáculo, enfim, tem tudo para agradar a espectadores exigentes. Trata de um assunto difícil com delicadeza e sem sensacionalismo.

À margem feminina da vida

04 de setembro de 1998

Arrimo da família, Tom estava cansado de carregar esse peso nas costas. Não parece haver condições de melhorar a situação. Sua irmã é deficiente. Sua mãe, além de neurótica, desesperada para a vida. Foi educada para casar com um marido que a sustentasse, provavelmente um fazendeiro, mas se casou com um funcionário da telefônica que a abandonou com os filhos sem deixar rastros. Por quê?

Tradicionalmente costuma-se apresentar a mãe de *À Margem da Vida*, de Tennessee Williams, como grande responsável pela situação, uma pessoa com quem seria impossível conviver, devido à sua compulsão para falar a respeito de suas frustrações e de suas regras de comportamento. É como foi apresentada em filme e, em teatro, por Beatriz Segall, em direção de Flávio Rangel há aproximadamente de dez anos.

Na atual versão, adaptada pela jornalista e dramaturga Marta Góes, dirigida por Beth Lopes e produzida pela atriz Regina Braga, parece ter havido um artifício feminino e feminista para atenuar os defeitos de Amanda, a personagem, pois muitas de suas falas redundantes foram eliminadas, outras disfarçadas pela interpretação, numa leitura discutível, porém, coerente.

O autor a descreveu com *"uma mulherzinha de grande, mas confusa vitalidade, que se apega freneticamente a épocas e lugares passados. Sua caracterização deve ser criada cuidadosamente e não copiada de um modelo típico. Embora ela não seja paranóica, sua vida é uma paranóia. Amanda merece nossa admiração em muitos pontos, mas em outros nos desperta amor, piedade e, com a mesma freqüência, o riso. Sem dúvida ela possui fibra e uma espécie de heroísmo e, apesar de sua tolice torná-la muitas vezes inconscientemente cruel, sua figura franzina encerra muita ternura"*.

O fato é que a tragicidade da personagem fica bastante comprometida com a opção adotada. Em contrapartida, o espectador certamente se sentirá diante de uma família comum e semelhante à sua. E é sempre um prazer assistir essa peça, a preferida nas escolas de teatro dentro e fora dos Estados Unidos.

Quem coloca o público dentro da dimensão do trágico, da impossibilidade de realizar os sonhos mais simples, é Laura, a irmã de Tom, com sua timidez aliada aos resquícios de uma paralisia infantil. Ela sabe que dificilmente se casará como a mãe sonha, nem concorrerá com as pessoas mais habilidosas para ter sucesso profissional. Luah Guimarães a interpreta com brilho incomum em seu segundo trabalho fora do grupo Razões Inversas. Sua atuação é tocante e nem por isso se choca com as de Regina Braga (dentro e fora da cena). Gabriel

Braga Nunes se coloca mais como alguém que se cansou daquela família do que como personagem com muitos conflitos. André Boll, que faz Jim, é, ao mesmo tempo, cerimonioso e divertido, com seus sonhos de campeão.

A direção de arte é de Daniela Thomas. O cenário, funcional e frio, é de Felipe Tassara. Os figurinos maravilhosos, que transportam o espectador para a pré-crise de 29, são de Verônica Julian e Flávia Ribeiro. A iluminação, como sempre impecável, é de Wagner Pinto. Todos colaboram para um espetáculo que vale a pena assistir.

Curiosa mistura com a dança

04 de dezembro de 1998

Num tempo que a pintura sai da tela e invade o espaço antes reservado à escultura, nada mais natural que o teatro adote recursos da dança. Não chegamos à obra de arte total como previa Wagner, mas não é de estranhar a mistura de várias delas em grande parte dos espetáculos. Nesta linha há duas montagens curiosas: *Èonóe*, assinada pelo conhecido diretor de teatro Francisco Medeiros, quase não tem palavras, de vez que o poema de José Rubens Siqueira acabou por servir quase exclusivamente como inspiração. *Voltaire, Deus me Livre e Guarde*, de Oswaldo Mendes, tem direção da bailarina e coreógrafa Márika Gidali, mas apresenta elementos muito simples de danças em coro, e um teatro onde predomina o texto, com enredo completo, começo meio e fim.

Èonoé recria a história de Noé, utilizando a manipulação de objetos, técnica que tornou o grupo conhecido, e expressão corporal com recursos de circo. Para o PiaFraus, *"ao recriar a humanidade Noé torna-se um homem capaz do ato mais importante de todos: a criação. Nós somos todos Noés, e como Noé é Deus...*

O espectador que não leu notará que os assuntos são Noé e a criação do mundo, mas se encantará muito mais com o domínio corporal dos atores, além da técnica de manipulação de objetos e uma energia enorme. Essas mesmas qualidades lhes deram com *Flor de Obsessão* o prêmio de melhor espetáculo estrangeiro do Festival de Edimburgo em 1997.

A edição musical (Teo Ponciano) e a iluminação (Marcos Carreira) contribuem para que o espetáculo seja muito agradável.

Iluminação (Edgard Duprat) e música (Paulo Herculano) também são pontos altos em *Voltaire...* em cartaz no porão do centro Cultural São Paulo que há um bom tempo é um espaço teatral bastante cobiçado, principalmente para peças que não cabem no palco italiano. Mas desta vez a luz invade quase todos os cantos do recinto dando uma bela visão de profundidade. Neste caso, o elenco de 13 atores, entre os quais Marcília Rosário, Márcio Tadeu e George Passos, ocupa quase todos os cantos. O autor e ator Oswaldo Mendes partiu do *Dicionário Filosófico* do iluminista francês e mais especificamente do diálogo inicial para discutir religião e religiosidade. A idéia é conscientizar o público para que não permita que sua fé seja manipulada por pessoas que se dizem capazes de falar diretamente com Deus, ou mesmo se declarem possuídas por ele. Não é um espetáculo ateu, mas afirma, como Voltaire, a fé na razão como defesa contra os fanatismos que vivem seduzindo muita gente. Quem imaginar que por conter o nome do filósofo no título há uma discussão num tom intelectualizado se enganará. A montagem segue a linha popular, lembrando, por exemplo, *Na Carreira do Divino,* de Soffredini. É muito alegre e rica em cores e cantos. Porém almeja que tudo o que se vê em cena pudesse se passar em qualquer lugar, o que a nosso ver não ocorre; sente-se que tudo está ficando no interior de São Paulo: sotaque, figurinos (Márcio Tadeu) e jeito das personagens. Nem por isso estaria fadado a se comunicar simplesmente com público local. Basta lembrar que *Pérola,* de Mauro Rasi, fez sucesso em Buenos Aires. Isso para citar um exemplo recente.

Mulheres com destinos ignorados

01 de maio de 1999

"As pessoas jantam, simplesmente jantam, enquanto seus destinos estão traçados em outro local." Foi desse modo que o escritor russo Anton Tchecov apresentou sua noção de real, diferente da de seus contemporâneos e mais ainda da dos seus antepassados. Desde Aristóteles o teatro era visto como uma *"imitação de uma ação importante e completa"*, portanto, não como imitações de ações secundárias e muito menos de inação. A peça em que Tchecov cumpriu essas idéias de forma mais cabal é indiscutivelmente *As Três Irmãs*, considerada sua obra-prima.

Irina (Claudia Abreu), Masha (Marília Padilha) e Olga (Júlia Lemmertz) têm o desejo de voltar a Moscou, onde foram felizes quando meninas e quando ainda não eram órfãs. Não mexem um dedo para tentar realizar esse sonho. Agem e reagem, mas de modo excessivamente morno. Masha, embora seja casada, arruma um namorado entre os oficiais que passam algum tempo em sua cidade. Mas isso não é lá muito significativo, pois é enfocado como detalhe no enredo, já que o próprio marido aceita a situação, e não se trata exatamente de uma paixão avassaladora.

Será que Tchecov resolveu se dedicar a anti-heróis e antienredos porque isso foi o que encontrou nas províncias onde trabalhou por alguns anos como médico? Outros preferem acreditar que o teatro do autor de *O Jardim das Cerejeiras* e *A Gaivota* examina pessoas acomodadas, por retratar a inércia da pequena burguesia rural às vésperas da Revolução Russa. Seu interesse em personagens entediadas em todas as suas peças é vista ainda como niilismo, falta de amor à vida, mas também como niilismo de alguém que se ocupa em revelar ao público sua própria alienação, a fim de que ele reaja. São todas explicações aceitáveis e interessantes.

Seja como for *As Três Irmãs* é sua peça mais difícil de encenar. É aquela onde ele realizou plenamente o seu ideal de painel com gente comum e sem grandes opções. Isso, mesmo considerando Natasha (Débora Duboc), a cunhada, consegue expulsá-las de sua própria casa e conquistar Andrei (André Barros), o irmão das três. Tudo sob a alegação de que elas têm uma pensão e ele, só a casa. Ela que julga estar dona da situação, ignora que seu marido já hipotecou a casa para pagar dívidas de jogo.

Percebe-se na montagem de Enrique Diaz a intenção de tornar o texto mais leve, incluindo músicas (algumas totalmente absurdas, caso de *Stranger in Paradise*) e muita cor. É provavelmente como Tchecov gostaria de ver seu texto, já que se julgava mais um autor de comédias do que de dramas. Os figurinos de Marcelo Olinto são deslumbrantes. E o que dizer do cenário de Hélio Eichbauer, com portas beges que deslizam levemente para tocar o ambiente, ora na sala da frente, ora no fundo? A iluminação de Maneco Quinderé compõe com todo esse visual lírico. As atrizes – Claudia Abreu, Maria Padilha e Julia Lemmertz – interpretam bem, dentro da leitura adotada, e o mesmo pode-se dizer dos homens, notadamente Celso Frateschi. A despeito de todo esforço, a montagem (que vem do Rio com sucesso) é um tanto monótona. Mesmo assim as qualidades destacadas e a singularidade do texto valem a ida ao teatro.

Em paz com a brasilidade

07 de maio de 1999

Tudo começou quando a atriz Regina Braga sugeriu à dramaturga e jornalista Marta Góes que escrevesse um texto sobre o Brasil. A obra foi sendo gestada lentamente até que a autora encontrou o caminho de ver nosso país através dos olhos da poeta Elizabeth Bishop (1911-1979), uma das mais conceituadas da literatura americana e que passou 15 anos morando no Rio.

Se a peça tivesse estreado na época dos 500 anos, seria apenas mais uma homenagem. Agora, durante a ameaça de um apagão, tem outra conotação, com alguns momentos que tocam a platéia – cuja estima pelo país e seus dirigentes anda fortemente abalada – de uma maneira que restabelece, pelo menos momentaneamente, a paz com o sentimento de brasilidade. Isso na medida em que o público é lembrado das qualidades afetivas que reinam por aqui, com a admiração de alguém de fora, e com a perspicácia e o lirismo de uma artista, transformada em personagem por outra.

Ou seria melhor dizer outras duas, já que Regina interpreta o monólogo com a competência de sempre, com naturalidade e delicadeza. Ela e a direção (de José Possi Neto) optaram com sabedoria por não adotar um sotaque constante para a personagem, mostrada quase o tempo todo num português claro, que a aproxima em vez de distanciá-la dos presentes. Mas nem tudo são acertos. A cenografia (de Jean-Pierre Tortil) é pesada e não combina nem um pouco com a leveza com que o assunto é tratado, consistindo de uma plataforma com teto que está fixa no palco e que é muito inadequada para muitas das locações que o texto pede. Dá saudade das malas em movimento que eram o único elemento cenográfico de *Uma Relação Tão Delicada*, o maior sucesso da carreira da atriz. A iluminação (de Wagner Freire) é no geral convencional, mas em alguns momentos consegue disfarçar o equívoco do visual por meio do emprego de *slides* que projetam imagens ao fundo, sugerindo belas paisagens.

Embora *Um Porto para Elizabeth Bishop* seja mais uma apresentação da poeta para um público que não a conhece, é também uma obra engajada na luta contra o preconceito, já que ela viveu quase toda a vida maritalmente com a arquiteta e paisagista Lota Macedo Soares e ambas foram mulheres que brilharam em suas profissões: a primeira com um prêmio Pulitzer e Lota responsável pela construção do parque do Flamengo e com atuação política, ocupando cargos, inclusive no governo de Carlos Lacerda.

É o terceiro espetáculo em cartaz neste semestre a enfocar o homossexualismo feminino, mostrado com muita classe, elegância e atrizes famosas. Basta ver as intérpretes dos outros dois, que se somam a Regina. Déborah Secco interpretou a namorada de Denise Weinberg em *As Lágrimas Amargas de Petra von Kant* e Adriane Galisteu emprestou seu charme à figura central de *Dia das Mães*, na qual contracenava com Patrícia Gaspar. Isso sem falar de *A Mancha Roxa*, que se passa numa prisão, onde não cabe lá muita elegância, e de *Retrato do Amor Quando Jovem*, com poesias de Goethe recitadas como declarações de amor pelas duas jovens atrizes, Amazyles de Almeida e Marta Meola. Há muitos anos que esse tema vem sendo enfocado ocasionalmente pelas artes em geral, mas esta freqüência no teatro é extraordinária. O espectador fica intrigado e se pergunta se o fato de a mão-de-obra feminina representar atualmente 40% da população economicamente ativa abriu maior possibilidade de se discutir homossexualismo, sem receio de prejudicar a luta pela emancipação feminina e pela igualdade social, que nos seus inícios era desqualificada sob a alegação de que as feministas eram masculinizadas. No momento há apenas pequenos indícios. Só o tempo dirá.

Pedro Cardoso e sua caixa de mágicas

09 de maio de 1999

Como dizem Chico Buarque e Edu Lobo, *"mesmo que os poetas sejam falsos, não importa, são bonitas as canções"*. Essa falsidade do *"macaco velho"*, que sabe como encantar o público, ou do grande amante, que domina a arte de iludir os parceiros, ou do histrião, como Pedro Cardoso, cheio de manhas e truques e capaz de fazer qualquer um gargalhar por mais de uma hora, tornam todas estas espécies de *"gênios abençoados"*.

A presença marcante de Pedro Cardoso em *Os Ignorantes* não é exceção. Como em outros espetáculos desde *C de Canastra* e *Alto-Falante*, apresenta cenas urbanas reais (porque têm como referência cenas passíveis de ocorrerem em cidades grandes) e surreais ou inverossímeis (porque exageradas até o absurdo). Podemos dizer que o texto, assinado pelo ator, pretende ser socialmente engajado, já que *"ignorantes somos todos"*, que não sabemos nosso futuro, nem agimos no sentido de resolver as circunstâncias que nos cercam. São figuras muitas vezes sem eira nem beira.

A primeira delas achava graça em complicar a vida dos outros, cometendo homicídio só pela necessidade anárquica de subverter, mas sua marginalidade é tão alienada que acaba provocando risos. Principalmente devido ao talento de comediante de Pedro. Ainda mais hilariante é a história do cidadão que entra num motel cheio de espelhos com um cachorro.

Para ligar as histórias utiliza-se música ao vivo muito bem executada e acompanhada de algumas cenas cantadas. O cantor não é lá essas, mas o repertório é ótimo: *Sorrir*, de Charles Chaplin, *Trem das onze*, de Adoniran Barbosa, e *Acontece*, de Cartola. Do grupo musical participam Teresa Madeira (piano), Luciano Vaz (cello), Rui Alvim (clarineta) e Oscar Bolão (percussão), com arranjos de Carlos Cardoso.

O ator assina também a direção, mas com a supervisão de Amir Haddad. É uma montagem simplíssima com cenografia da qual constam mais fotos projetadas em telão do que cenários propriamente ditos. Nada que possa dividir o brilho do protagonista. Quem assina a programação Visual é ninguém menos que Gringo Cardia. Mas trata-se apenas de telões que exibem fotos das personagens imaginárias. Tudo iluminado com perícia do próprio ator.

Se você se diverte com *Vida ao Vivo Show*, que teve lá suas graças no começo, não tome o programa da TV como referência básica. *Os Ignorantes* é ótima comédia, muito bem conduzida e teatral.

Esse tipo de humor parece típico do Brasil, especialmente depois do *Asdrúbal Trouxe o Trombone*, grupo da década de 70, de onde saíram nomes como Regina Casé e Hamilton Vaz Pereira. É quase uma tendência na produção dos jovens na faixa dos 30 anos. Puxando um pouco para o romance *noir* americano está o grupo paranaense de Mário Bortolotto. Só que a dramaturgia de *Medusa de Rayban* e *Postcards de Atacama* é mais radical em seus cortes, e, por vezes, beira o incompreensível. Há outro autor jovem que promete, Pedro Vicente. Neste semestre acabaram de sair de cartaz duas peças curtas apresentadas na mesma montagem.

Triálogo focaliza um triângulo amoroso entre um casal (Regina França e Francisco Campos) e o analista (Nilton Bicudo), num relacionamento extremamente tenso, de vida ou morte. Mesmoassim, há momentos de riso verdadeiro diante do cinismo das personagens. O mesmo humor negro está presente em *Disk Ofensa*. Um casal (Leona Cavalli e Mário Bortolotto) tem a idéia de empregar todo o dinheiro que possui numa linha 0900, a fim de faturar alto. Como todo mundo está cansado da crise, acham ótima idéia de em sua própria linha telefônica poder convidar o interlocutor para xingar. Como não conseguem, decidem *"arrastar"* uma mendiga (Regina França), que sabe ofender com fé, e sem elegância. Além do enredo curioso, a interpretação dos atores foi extremamente convincente, notadamente a de Regina França, que por si só valia uma ida ao Centro Cultural São Paulo.

Como diretor, Nilton Bicudo conseguiu um excelente resultado. É gente que já tem carreira sólida, embora não seja tão conhecido do grande público. Reconhecimento público é o que não falta a Pedro Cardoso.

Status da realidade

04 de junho de 1999

Que uma personagem é criação de escritor, é indiscutível. Mas até que ponto, depois de pronta, a personagem pode adquirir estatuto de uma pessoa de carne e osso? Uma grande personagem acaba por interferir na realidade. E aos que duvidam pergunto se acham que o mundo foi o mesmo depois de *Hamlet*, com seu destino traçado pelos outros circunstantes e marcado pela dúvida. Será que ninguém mais passou a suspeitar que havia *"algo de podre no reino da Dinamarca"* e sob o reino de outras *"Dinamarcas"*?

Luigi Pirandello não discute a obra do bardo de Stratfor-apon-Avon e sua influência, mas suas *Seis Personagens em Busca de um Autor* querem ser tratadas com toda a consideração; como toda personagem, são imortais, e têm uma existência mais verdadeira do que nós, simples mortais; pois seu destino foi vivido, ao passado do nosso destino sofrerá mudanças. São compostas em diversos estilos como é o caso da Mãe (Tracey Atkins), totalmente emoção e sensibilidade, ou da enteada (Elise Stone) e do Pai (Harris Berlinsky), protagonista e antagonista que querem impor seu ponto de vista. Além deles, há um grupo composto por onze atores em papel coadjuvante, exceto o diretor-personagem (Charles Parnell), que fala por toda Companhia.

A encenação a cargo de Jean Cocteau Repertory, que está apresentando este espetáculo em inglês – com legenda –, se mostra competente no trato com o texto e mais difícil do autor de *Esta Noite Improvisa*. Enfatiza o conflito entre os personagens e a trupe teatral em que novamente o tema é a questão do ponto de vista. É o tema principal da peça em que o tema é interrompido pela invasão de seis personagens que se recusam retirar-se enquanto usa história não seja escrita. Os atores querem montar a historinha da família como lhes parece conveniente, a família não é retratada segundo seus próprios parâmetros e se recusa a aceitar. Mas essa luta tem como árbitro o diretor interpretado com brilho por Parnell, acompanhado pela família.

A diretora do espetáculo e fundadora da Jean Cocteau Repertory acerta principalmente no ritmo e na levez com que conduz todos os elementos cênicos. Afinal, essas personagens têm um autor que as recusou porque não quis contar seu melodrama dramático e acabou por aceitá-los na função de discutir o que para ele era a grande tragicomédia humana. A incomunicabilidade advinda do fato de cada pessoa ter muitos eus. Aquele que ela julga ser, aqueles que os outros pensam que ela seja. Em outras palavras, somos diferentes em nossos relacionamentos se gostamos ou não de nossos interlocutores, se estamos bem ou mal, ricos ou pobres, e tendemos a julgar que somos uma única e mesma pessoa coerente, e a pensar que nossas opiniões são os sensos comuns. E é para desmistificar essas coisas que o dramaturgo italiano de todos os tempos escreveu esta e outras obras. Depois dela, fica difícil achar verossímil aquela personagem com caráter claro e imutável do começo ao fim.

A produção de Jean Cocteau, ao contrario do que se poderia esperar de uma companhia americana, é simples e singela, quase pobre; os figurinos são elaborados. Tudo na exata medida, destacando o principal, o texto e o trabalho dos atores.

Luzes da velha comédia

04 de julho de 1999

O que mais impressiona nas comemorações do centenário de Procópio Ferreira é a dedicação e a veneração da filha Bibi. Ela, que fez bem-sucedida carreira como atriz e atua com precisão como encenadora, diz que, ao se perguntar como seu pai resolveria determinada questão, opta sempre pela solução com maior probabilidade de ter sido aceita por ele. Há quem considere Procópio uma quase unanimidade como o melhor ator nacional de seu tempo e há os que o acham insuperável em todos os tempos. Da crítica, o ator nunca recebeu um prêmio, talvez pelo caráter individualista, que, segundo Macksen Luiz, caracterizava-o (não admitia o teatro de equipe, considerado desculpa para a falta de talento). Outros responsabilizam esse destaque excessivo de sua atuação à má qualidade dos atores do período.

Procópio interpretava em diversos gêneros, mas a comédia foi seu forte. Tanto que, depois de vê-lo no palco, um famoso diretor francês, Louis Jouvet, o convidou para ser o criado em *Don Juan*, de Molière. Não deu certo, mas valeu como louro. A carreira de Procópio deslanchou. Em 1924, fundou sua própria companhia em São Paulo. Fez sucesso pela primeira vez com um papel secundário em *"Juriti"*, de Viriato Corrêa, mas o reconhecimento maior veio em 1932, ano de estréia de *Deus lhe Pague*, de Joracy Camargo.

Como o título sugere, a peça trata de um mendigo de porta de igreja, nos idos tempos em que se conheciam os desabrigados pelo nome e havia quem os adotasse como agregados. A maior parte da peça se passa junto à escada da igreja na saída da missa. Esse mendigo profissional, a quem Procópio deu vida, garantiu-lhe muitos anos de êxito. O ator montou o texto mais de uma vez e chegou à marca das 3.600 apresentações, um sucesso retumbante para qualquer época. Apresentou-se no Brasil, na Argentina e em Portugal.

A carreira de Procópio atravessou seis décadas. Nos anos 60, interpretou com brilho *A Infidelidade ao Alcance de Todos*, de Lauro César Muniz, sob direção de Walter Avancini, no TBC, e *O Avarento*,
de Molière, sob direção do francês Henri Doublin, na Aliança Francesa. Depois disso, já com 60 anos, prosseguiu popularizando o teatro, um de seus grandes objetivos, e se apresentou nas casas de espetáculo de bairro, num monólogo escrito por ele mesmo, intitulado *Como se Faz Rir*. Isso dois anos antes de falecer, em 1979. Foram ao todo 427 textos, por meio dos quais lançou mais de 30 autores, entre eles Dias Gomes. Participou de 14 filmes, peças radiofônicas e de televisão, nada comparáveis, em resposta de público, a *Deus lhe Pague*.

Para comemorar seu centenário de nascimento, nada melhor, portanto, do que a encenação deste texto. Ainda mais que seu autor, Joracy Camargo, também completaria cem anos. A encenação acompanha o cunho comemorativo. Quem compara o cenário da igreja com a foto exibida no programa da peça, na qual Bibi interpretava a personagem jovem casada com o mendigo, fica com a sensação de que houve a intenção de se basear na cenografia de então, ou talvez no original de Henrique Manzo, tal a semelhança. Mas não é só neste cenário que Alexandre Muricci mais impressiona, pois as duas casas do protagonista, presentes em estágios diferentes de sua vida, são impecáveis. Valorizado pela luz sempre eficiente de Paulo César Medeiros, o visual agrada muito. O mesmo pode ser dito dos figurinos de Luis Cláudio Julianelli, que servem a doze atores. Todos, à exceção de Luiz Amorim, interpretam com muito menor competência do que Bemvindo Sequeira, que dá um show. Mesmo Adriane Galisteu, que faz sua estréia como atriz de teatro, não fica muito aquém de todo o elenco de apoio, bastante frágil. O espetáculo, com direção de Paulo Afonso de Lima, tem supervisão geral de Bibi Ferreira.

Comédias impertinentes

05 de setembro de 1999

Como sempre as comédias ganham dos dramas com larga margem de preferência. Prova disso é a atual programação dos teatros, em que o riso tem muito mais espaço. Em São Paulo, no momento, além das peças de Juca de Oliveira, *Caixa 2* e *Qualquer Gato Vira-latas Tem Uma Vida Sexual Mais Saudável do que a Nossa*, que estão em cartaz há mais de um ano, outro *"hits"* eternos como *Vacalhau e Binho*, de Carlos Alberto Soffredini, ou mesmo *Trair e Coçar... É Só Começar* (cerca de dez anos em cartaz), de Marcos Caruso, e *5 X Comédia*, de Mauro Rasi, que voltou para curta temporada.

Entre as estréias do mês de julho destaca-se *Gato por Lebre*, de Georges Feydeau, consagrado autor francês (1862-1921), precursor do teatro do absurdo. Esta intriga gira em torno da chegada do filho de um amigo (João Vitti), tomada pelo dono da casa (Francarlos Reis) como sendo a chegada de um cantor e a confusão que daí se estabelece até o final. Embora a graça de Feydeau seja muito batida e antiquada, talvez ainda tenha público. Tenha ou não, o espetáculo traz elenco impecável e ótima direção de Jandira Martini, que também se encarregou da adaptação. Cabe ressaltar ainda o visual de excelente qualidade e bom gosto assinado por Fábio Namatame.

Menos tradicional e mais atual é *O Que O Mordomo Viu?*, em que o dramaturgo inglês Joe Orton se engaja de modo sutil na *"causa gay"*. Datada de 1967, a peça brinca com as semelhanças entre homens e mulheres e a confusão que é possível estabelecer com uma simples troca de roupa. Figurinos elegantes e adequados como os de Elena Toscano e o cenário composto principalmente por tecidos leves de Anníbal Montaldi e Alfredo Aguiar contribuem para o clima da peça. É um tal de esconde amante, surge esposa, entra investigador e assim por diante. Uma situação puxa a outra até a exaustão. O texto merecia uns cortes para imprimir maior leveza e jogo lúdico. A direção de Alfredo Aguiar acerta mais na condução do elenco do que no ritmo do espetáculo.

Mas, felizmente, as comédias que mais acertam são aquelas escritas por nossos dramaturgos, como em *A volta Por Cima* e *Till Eulenspiegel*. Diferentemente, a peça de Marcelo Rubens Paiva, *Da Boca Pra Fora*, pode até provocar algum riso, mas de baixíssimo calão.

Till é o resultado altamente positivo da pesquisa que o autor Luís Alberto Abreu e o diretor Ednaldo Freire vêm desenvolvendo sob patrocínio da Siemens há quatro anos. A empresa utiliza a lei de incentivo para investir em teatro elaborado, feito por um elenco composto por seus próprios funcionários.

Já no ano passado, *Iepe* – texto de Luís Abreu com toques de *A Vida é Sonho*, de Calderon de la Barca – foi indicada melhor peça pelo Prêmio Shell. A deste ano deverá seguir o mesmo caminho: conta uma história baseada em tradição oral alemã, numa disputa entre Deus e o Diabo como no *Fausto* de Goethe. Deus acaba cedendo e permitindo que nasça uma pessoa totalmente sem ética, que é o herói ou anti-herói da cena. Menos que um marginal, o protagonista é um embusteiro, um trapalhão divertido.

Não é exatamente um espetáculo para morrer de rir, mas uma distração artisticamente bem realizada, que merecia uns cortes, especialmente no excesso de cenas em que a mãe do protagonista o procura.

A Volta Por Cima, de Edson Werneck, tradução e adaptação de *Rosa de Dos Aromas*, de Emilio Carballido, é engraçadíssima. Marca a estréia de Nívea Maria nos palcos paulistas. Conta a história de duas mulheres que se descobrem rivais; Nívea é Marlene, manicure muito simples, mas muito solta; Helena Werneck é Gabriela, médica e formal. Após o primeiro choque de se descobrirem traídas, transformam-se em aliadas na tarefa de salvar o bem-amado.

Há situações ótimas e as duas atrizes dão conta do recado. Cabe reparos à direção de Herval Ros-sano que, com muitos blecautes e inserção de painéis, acaba por retardar o tempo da comédia, prejudicando o espetáculo.

Ainda underground

03 de outubro de 1999

Em meados dos anos 50, a estréia de *Disque M Para Matar*, obra de suspense que Alfred Hitchcock eternizou em filme, causou incômodo. O crítico Miroel Silveira, por exemplo, considerou o argumento de marido que tenta assassinar sua mulher imoral e uma afronta à família. A reação ilustra a mentalidade da elite paulistana de então. Plínio Marcos surgiu nessa época, quando os movimentos do Teatro de Arena e do Oficina não haviam sido consolidados. *"Barrela"*, a peça do jovem autor, foi imediatamente censurada.

O texto do dramaturgo, baseado em fato real, conta a história de um estupro numa cela de prisão. Hoje, perto de completar 40 anos, e depois de tantas obras enfocarem o mesmo assunto, o espetáculo, vítima preferencial da censura mesmo antes do golpe militar de 1964, continua underground e choca. O público do teatro identifica-se com o garoto de classe média Garoto (Kaio Cezar), vítima do estupro, que se distancia de seus colegas, prisioneiros bem mais perigosos.

Falar da perfeição da linguagem e da criação de personagem em se tratando de Plínio Marcos é chover no molhado, mesmo se considerarmos que esta é sua primeira peça. Na presente encenação (Sérgio Ferrara) é a direção que surpreende: tudo segue um realismo estilizado, no qual, através da luz e de marcações extremamente gráficas, pode-se encontrar beleza até em colchonetes velhos e retalhos, segundo a concepção de Beti Antunes. Esse contraste entre o belo da cena e o grotesco da situação não tira a violência das relações, mas a atenua. Ou seja, o espectador não se sente ameaçado como em um espetáculo de José Celso Martinez Corrêa. Mas a mensagem é captada.

No comando do elenco, Sérgio Ferrara também acerta em cheio. Há coesão no estilo de interpretação tanto nas cenas de grupo como nas de conflito entre pares. Quem mais impressiona é Antonio Petrin (Portuga), que deveria perder do líder (Bereco). Mas tal não acontece sempre, porque o carisma de Petrin e sua estatura acabam por se impor em algumas cenas. Elcio Nogueira, Eric Nowinski e Adão Filho se saem também com atuações muito convincentes e sinceras, enquanto Antônio de Andrade, que não fica atrás, está num dos melhores momentos de sua carreira.

Concebido num espaço em forma de arena, o teatro permite que o espectador se veja colocado na intimidade da cena, transcorrida no pequeno palco italiano ao fundo. Por esse palco, transitam os guardas e prisioneiros que estão sendo libertados ou encarcerados. Uma grade divide o palco do espaço teatral ocupado pela maioria dos atores/detentos. O excelente e simples cenário é obra do curso de cenografia da Escola de J.C. Serroni, um trabalho coletivo de alunos e professores.

Todo o visual apresenta-se sincronizado com a luz impecável de Caetano Vilela. Cabe citar ainda Ariela Goldmann, responsável pela preparação corporal, notadamente a perfeita simulação de lutas cênicas. Não é um espetáculo que agrade a todos, como de resto nenhum costuma ser. Mas merece ser visto por sua qualidade artística e inteligência.

Homens todos iguais

17 de outubro de 1999

Há quem considere que em todas as relações afetivas, passados os primeiros instantes, existe sempre algo de idêntico nas aspirações de homens e mulheres. Como se de fato fossem apaixonados por um arquétipo misterioso e inacessível, presente nos parceiros. Destacar esse aspecto da vida parece ter sido o intuito de Leilah Assunção e Luiz Arthur Nunes, responsáveis pela autoria e direção de *O Momento de Mariana Martins*. A protagonista Mariana Martins (Claudia Alencar) contracena com Oscar Magrini, este como Roberto, Luis e Rubens, sem nenhuma tentativa de disfarce, deixando claro que, embora ela mude de companheiro, está sempre com o mesmo homem.

Não fosse por esta *"clareza"*, a obra seria bem mais comum. No entanto, Leilah explora muito bem os casos amorosos, destacando a evolução do feminismo no Brasil desde os anos 60. Não se trata de aula de sociologia e nem mesmo há recuos até Chiquinha Gonzaga.

O espetáculo vem do Rio de Janeiro, segundo Leilah, com elenco mais afinado e coeso. *"Talvez fosse melhor estrear longe dos grandes centros como o eixo Rio-São Paulo para ir aparando as arestas"*, disse ela. É assim nos Estados Unidos, por exemplo: só depois da apresentação em centros menores é que o espetáculo abre temporada no *"off"* ou *"on"* Broadway.

No elenco de *O Momento...*, Claudia Alencar se destaca, mas Oscar Magrini, Stela Freitas, Aracy Cardoso, Ivo Fernandes, Mário Frias e Juliana Baroni também se saem muito bem.

A direção de Luiz Arthur acerta na condução do elenco, mas é menos feliz na montagem. O cenário de Lídia Kosovski é pesado e grande. Acaba roubando espaço num enredo cheio de mudanças de localização. Há algumas cenas que se passam nos cantos do palco, mas a maior parte delas num praticável duro, com três degraus, em que apenas alguns móveis sugestivos dariam muito maior chance para a eficiência visual. Já os figurinos de Biza Vianna agradam por sua simplicidade, conveniente às situações da peça e aos seus personagens.

Paulo César Medeiros trabalhou como iluminador para realçar os aspectos eficientes do visual e para delimitar espaços na arquibancada, que é o cenário central.

A trilha sonora (Isadora Medella) apresenta um trabalho original. Não há Roberto Carlos e Caetano Veloso, como de costume em cenas de amor. Há músicas incidentais líricas para embalar os romances.

Uma montagem que tem tudo para agradar a quem gosta do estilo da autora, que avisou que vai escrever sobre homens. Uma novidade para uma dramaturga tão feminista. Escolher bem os colaboradores faz parte das qualidades de Leilah.

Dolores para apaixonados

07 de novembro de 1999

No século passado, com o advento do realismo, começa a virar hábito utilizar pesquisas como base para a realização de obras de arte. As encenações passam a adotar vestuário de época e muitos diretores, como Stanislavski chegam à perfeição de fazer pesquisas de campo. Para interpretar uma peça num sanatório, por exemplo, o elenco deveria ir conviver com os loucos; para atuar como operário, era necessário estudar o modo de vida. Depois desse tempo, filósofos como Henri Bergson nos deram a consciência de que uma obra de arte não pode retratar fielmente a vida em constante mutação. Mas depois das vanguardas que se seguiram e se desgastaram, impera o vale-tudo.

É o que tem acontecido com freqüência na temporada teatral. Os ídolos da música popular, principalmente, são a grande inspiração. O público teve acesso à vida e às canções de Vicente Celestino em *Acordes Celestinos*. Linda e Dircinha Batista foram revisitadas na imperdível *Somos Irmãs*. Agora é a vez de Dolores Duran. Ela está de volta aos palcos na peça *Dolores*, de Douglas Dwight e Fátima Valença. O espectador é transportado para a década de 50 através da música, dos *"reclames"* e mesmo das séries cariocas. O texto é bem construído sem ser linear. Relata com clareza a biografia da cantora e compositora, com flashes da intelectualidade e da boemia carioca, em que não faltam Antonio Maria e Ari Barroso. Foi num concurso de calouros, num programa radiofônico de Ari, incluindo gongos para os reprovados, que Dolores pôs o pé na profissão. Aí também surgiram o sucesso, os desenganos amorosos, o álcool, o coração. Destino talvez injusto para uma mulher que quis dar ao amado *"a alegria de um barco voltando e a ternura de mãos se encontrando"* em *A noite do meu bem*, em que era capaz de esperar o amor perdido com tanta poesia em *Por causa de você*, em parceria com Tom Jobim.

Apresentam-se ainda composições de Billy Blanco, Ribamar e Dunga, entre outros. Os autores acertam no texto e na escolha das músicas e de Soraya Ravenler para interpretar Dolores. A aparência física e vozeirão se assemelham às características da personagem. A direção de Antonio de Bonis não deixa cair o ritmo. Para manter a dinâmica, duas outras atrizes, Lenita Ribeiro e Ana Velloso, fazem Dolores cantando em alguns momentos. Solange Badin aparece como Mariza Gata Mansa, grande amiga da compositora. Os atores contracenam em papéis, mais curtos. Mas o conjunto tocando no centro do palco restringe o espaço teatral, e o som estoura para quem está sentado na frente da platéia.

Saudades de um bom musical brasileiro

14 de janeiro de 2000

O enorme sucesso dos textos musicais brasileiros que estiveram em cartaz nos últimos dois anos (*Somos Irmãs, Dolores, A Cor de Rosa, Acordes Celestinos*) deve ter contribuído decisivamente para duas conseqüências: o novo *"Festival de Música Brasileira"* organizado pela Rede Globo, nos mesmos moldes de seu antecessor e mais famoso festival, o da TV Record, naquela altura comandada pela família Carvalho; e musicais atuais que apresentam repertório estrangeiro, caso de *Kabarett, Surubaya Johnny* e *Rent.*

Uma passarela ladeada por mesinhas e uma cortina tendo luzes como moldura, além de três fotos branco-e-preto da época (Beto Gomes), mostraram ser elementos suficientes para criar um clima de cabaré alemão, com canções de compositores como Spoliansky e outros. São apenas três atores em cena, muitíssimos afinados também na palavra. Cleber Montanheiro é um transexual cujo lado feminino é Ieda Cândido, uma dupla com competência para interpretar seus papéis e animar a platéia. Cris Belluomini faz uma corista super-exibida, sem sair do tom dos colegas. O toque político, imprescindível no expressionismo da época retratada, fica por conta da guerra que se processa em volta do *"Kabarett"* e, aos poucos, vai envolvendo os artistas, que nada mais fazem do que transmitir sensualidade e alegria ao público. (O único senão do programa fica por conta dos bancos do teatro, excessivamente rústicos, onde se senta com desconforto.)

Também inspirado na Alemanha, o texto de Reinaldo Maia para *Surubaya Johnny* se dedica exclusivamente a Bertolt Brecht e Kurt Weil, autores de musicais muito conhecidos como *A Ópera dos Três Vinténs* e *Happy End*, entre tantos outros. As canções, na maioria traduzidas (Lilian Blanc), vão traçando a história germânica até a ascensão de Hitler em 1933, quando o país era um centro de irradiação cultural no plano mundial. Ao final, agradece Hitler por ter estimulado o exílio de tantos intelectuais de alta categoria que vieram, inclusive ao Brasil, abrilhantar as inteligências de vários locais. (O próprio Brecht foi para os Estados Unidos.)

O espetáculo conta com participação de doze atores-cantores. Todos atuam a contento, com destaque para os protagonistas, Bruno Perilo (Bill Cracker) e Renata Zhaneta (Lilly Holiday). São ajudados pelas belas marcações do diretor, Marco Antônio Rodrigues, que por vezes mais parecem uma coreografia. Compõem ainda os acertos a direção musical de Dagoberto Feliz e os figurinos de Lola Tolentino. Tudo num clima alemão estilizado, com grande variação de trajes e de cores, cujo conjunto permanece harmônico e agradável. Quem gosta de música de cabaré alemão vai apreciar.

Quem prefere rock'n'roll pode arriscar *Rent*, do americano Jonathan Larson, que assina texto e composições. Inspirado em *La Bohème*, utiliza da ópera de Pucini mais o caso de amor entre Mimi e Roger e o fato de todas as personagens serem jovens e terem pouco dinheiro, insuficiente para pagar o aluguel (rent). Os figurinos exóticos – eles se vestem como punks e tribos similares – são atraentes e interessantes, muito coloridos e seguindo uma mesma linha. Na versão de Larson, são vinte atores que contracenam, dançam e cantam com eficiência. Há duas baladas muito bonitas, mas, no geral, são fracas.

Os três espetáculos agradam, mas também dão saudades da música brasileira.

Desejo de Poder

11 de fevereiro de 2000

Contemporâneo de Sigmund Freud, Alfred Adler (1870-1937) acabou por ser expulso da Sociedade de Psicanálise da Áustria, onde ambos nasceram, porque discordava de algumas de suas idéias. Diferentemente do homem do complexo de Édipo, Adler julgava que o ser humano se movia principalmente pela vontade de poder e não pela libido. Essa posição tem pontos comuns com a do filósofo alemão Friedrich Nietzsche, e é a mesma abraçada por Lee Blessing na peça *Um Passeio no Bosque*, que acaba de estrear em curta temporada (até dia 27). Primeira peça deste autor, recebeu em 1987 prêmio de dramaturgia conferido pela crítica americana e não foi à toa.

O texto prima pela inteligência, enfocando a luta pelo poder entre as duas grandes potências nucleares, através de duas personagens. São dois diplomatas comprometidos com a discussão de uma acordo para o desarmamento. O desejo de poder também é um sentimento comum a ambos, que gostariam de ser um pouco responsáveis pelo sucesso de sua tarefa maior. Missão quase impossível, já que as nações que representam estão interessadas em manter o poderio intacto. Andrei (Emílio di Biasi) e John (Beto Bellini) estão extremamente bem-caracterizados pela interpretação irretocável dos dois atores, com destaque para Emílio. O russo vê a situação com grande pragmatismo, olhar cansado e desiludido. Em contrapartida, John, o americano, apresenta um físico de atleta, aparência de saúde e beleza, de acordo com o princípio de excelência em tudo. Atitude de vencedor para a realização de seu idealismo tenaz. Não falta humor cáustico no diálogo entre os diplomatas.

Tudo se passa num banco no bosque de Genebra, onde a dupla mantém quatro encontros, cada qual numa estação do ano. Como aponta o programa do espetáculo, uma situação que remete a *Esperando Godot*, de Samuel Beckett. No entanto está próxima de *Zoo Story*, de Edward Albee. *Um Passeio no Bosque* apresenta o conflito de dois interlocutores divididos ideologicamente pela Guerra Fria, enquanto Jerry e Peter do enredo de Albee estão divididos ideologicamente pela classe social.

A princípio pareceria questionável, depois da queda do muro de Berlim, a atualidade da obra. Afinal, teoricamente, acabou a Guerra Fria. Só que infelizmente a realidade tem mostrado que não é bem assim, pois as duas potências parecem continuar se enfrentando em países menores, ou, como diria o alemão Herbert Marcuse, nos quintais do mundo.

Cenários (Colmar Diniz) e figurinos (Di Biasi e Erika Barbosa) são bastante adequados e valorizados pela discreta iluminação de Maneco Quinderé. A direção, também de Di Biasi, apresenta uma leitura clara do texto e dos personagens. São qualidades reunidas que fazem de *Um Passeio no Bosque* uma encenação imperdível.

Diálogos Cerrados

17 de março de 2000

Normalmente, quando algum ator produz um espetáculo, o faz para ele próprio ser o protagonista. Quem paga a orquestra costuma mandar na música e, por isso mesmo, dificilmente um produtor que é também artista se contenta com um papel que não é o mais importante. Exceção é o caso de Selton Mello (Mick) na montagem de *O Zelador* (*The Caretaker*), ao que tudo indica idealizada pelo prazer de apresentar uma obra de Harold Pinter pela segunda vez.

O grande dramaturgo – considerado o expoente maior de sua geração, a dos *"angry young men"*, os primeiros a colocar no palco personagens marginais na Inglaterra – é autor de obras conhecidas como *A Volta ao Lar* e *Old Times*, ou mesmo de outras como *Accident*, transformadas em filmes de razoável sucesso. Teve a carreira dividida em três fases: sempre um inimigo vindo ora de dentro dos habitats das personagens, como em sua primeira peça, *O Quarto*, ora de fora, como em *A Festa de Aniversário*, ou agregando os dois modos. Posteriormente, sua principal temática foi o tempo, até que ingressou na Comissão de Direitos Humanos e passou a se dedicar a assuntos mais sociais e políticos, como em *A Língua da Montanha*. Isso até sua morte, no final dos anos 90.

A primeira fase de sua obra, à qual pertence *O Zelador*, escrita em 1957 e encenada pela primeira vez em 1960, está em perfeita consonância com a dramaturgia do pós-guerra na Europa, apelidada de Teatro do Absurdo pelo crítico Martin Esslin. Trata da impossibilidade de comunicação verdadeira entre os homens, já que cada qual é prisioneiro de si mesmo e tem poucas possibilidades de se colocar de fato no lugar do outro, cujo histórico e características são diferentes e um tanto inacessíveis. Essa situação trágica, comum a toda a Humanidade, conduz à circunstância de que todo diálogo teria um cunho monológico, já que cada um dos envolvidos só fala de si próprio e, mais, espera o interlocutor concluir para falar de seus próprios interesses.

É de um conjunto desse tipo de solilóquios que se compõe a peça. São dois irmãos, Mick e Aston (Leonardo Medeiros), que contracenam entre si e com Davies (Marcos Oliveira), o zelador. A interpretação de Oliveira, natural e de aparente espontaneidade, é irretocável. Mas o tom da leitura dada aos outros dois é equivocado. Com o intuito de apresentar figuras *sui generis*, como as de revistas em quadrinhos, eles carregam na caricatura, criando tipos exóticos. Tudo isso talvez tenha origem na direção de Michel Bercovitch, no mais, cheia de acertos.

Essa opção diminui o âmbito da peça, que, de uma farsa trágica – gênero já descrito, trágico porque retrata um aspecto universal –, reduz-se a uma farsa comum. Mesmo assim, o espetáculo agrada, pois todos interpretam com garra, exploram muito bem o humor inglês e acertam com excelência no visual. O cenário e os figurinos (Márcia Andrade e Eduardo Felipe) são ingleses, com terno, gravata e cachecol, mas bastante rotos e mal-ajambrados, como convém à gente sem eira nem beira. À luz de Paulo César Medeiros é impecável, discreta e eficiente. A trilha sonora (Marcelo Vindicatto, Bercovitch e Selton), muito bem-achada, une o clima de *thriller* e o de humor.

O brilho do inusitado

31 de março de 2000

Era início de outono, século V a.C. Toda Atenas mobilizava-se para o grande acontecimento. Como em todos os anos, era a época da procissão de Dionísio, o deus do vinho e da fertilidade, celebrado também na cidade, apesar de sua origem rural. Aconteceu, no entento, uma novidade, o corifeu resolveu se fantasiar e conversar com o coro como se fosse o próprio deus. Tespis, com essa sua invenção, nunca poderia imaginar que inaugurava uma prática que persiste até hoje. Nem seria possível que concebesse as inúmeras formas que se criaram através dos tempos: vários estilos de diálogos, monólogos, solilóquios, duas personagens fazendo o papel de uma, muita e pouca gente em cena. Há ainda as diversas maneiras de um ator dirigir-se ao público, ora diretamente, ora fingindo que está comprometido com outro assunto. E existem até aqueles que conversam entre si, mas dirigem-se diretamente para a platéia, recurso que se chama triangulação. Pois bem, Brian Friel, um premiado – até nos Estados Unidos – dramaturgo irlandês, criou uma técnica que ao que se saiba é inusitada: três personagens envolvidas num mesmo enredo conversam sobre ele sem nunca se dirigirem uma às outras. São três narradores, cada qual com seu ponto de vista, apresentando uma mesma história vivenciada por todos eles, cada um a seu modo. Molly (Miriam Mehler) é uma senhora cega perfeitamente habituada a essa condição, pois deixou de enxergar aos dez meses e tem dúvidas sobre se deseja uma cirurgia que a cure. É estimulada pelo marido, Frank (Francarlos Reis), que só vê os prós da tentativa médica, disposto a ajudá-la em tudo. Ambos estão nas mãos de Dr. Rice (Oswaldo Mendes), um brilhante oftalmologista, cuja carreira sofreu um forte abalo quando sua família se desfez e que tem esperança de recuperar o tempo e o prestígio, coisa bastante acessível se for bem sucedido na operação dessa cliente. Assim, cada qual por seus motivos se posiciona ante o destino da protagonista.

Difícil dizer quem atua melhor, o elenco é muito experiente e todos defendem seus papéis com brilho. Dirigidos com a habilidade de um veterano José Renato, que tanto provou competência encenando dramas a exemplo deste, como em comédias do tempo áureo do Teatro Itália, todos estão perfeitamente afinados. Até a maravilhosa luz (Jorge Takla), o cenário (Renato Scripilliti), os figurinos (Leda Senise) e a trilha sonora (Tunica) estão coesos e irretocáveis. Bom, com esse time de profissionais era para julgar impossível esperar outra coisa. Mas não é bem assim. Todos trabalham com singeleza como a peça e a direção pedem, renunciando a aparecer, a tornar muito visíveis suas assinaturas. Por exemplo, o cenário se compõe simplesmente de três cadeiras e uma discreta armação de ferro. Os figurinos são de extremo bom gosto na sua simplicidade elegante. A trilha sonora contenta-se com poucas e boas intervenções. Há uma doação ao teatro com renúncia às vaidades e a exibir tudo o que se sabe. É assim, *A Visão Cega*, singela e tocante, enche ao mesmo tempo o coração e a cabeça, e pela qualidade do texto e pelos acertos da montagem, nos parece imperdível.

Muito riso, pouco nexo

07 de maio de 2000

No final dos anos 60, quando o diretor francês Claude Lelouch apresentou seu *Viver por Viver* (*Vivre pour Vivre*), um amigo disse que a obra deveria chamar-se *"filmer pour filmer"*. Esta história tão antiga retorna depois de uma sessão da peça *Na Bagunça do Teu Coração*, que, a nosso ver, poderia chamar-se *"fazer teatro por fazer teatro"*. Não porque tenha como único propósito o de divertir, mas porque o roteiro (João Máximo e Luiz Fernando Vianna) traz um pouco de tudo, mas muito pouco nexo.

Na bagunça do Teu Coração é um musical com composições de Chico Buarque de Holanda. Na seleção das canções, destacam-se obras como *O Que Será*, *Olhos nos Olhos*, *Eu Te Amo* (música de Tom Jobim), *Choro Bandido* (parceria com Edu Lobo) e muitas outras, que não obtiveram sucesso por serem menores. No subtítulo, está dito que se trata de *"Uma História de amor contada pelas canções de Chico"*, mas não se conta uma história.

Na peça, seguem-se vários esquetes de cenas amorosas, unidos pelo tema e pela apresentação dos atores/cantores Claudia Netto e Cláudio Botelho. Deve-se acentuar que esse caminho possibilitou à dupla fazer incursões pela interpretação de comédias com muito êxito. Cabem muitos risos na cena em que Cláudia apresenta uma moça da Paraíba, em outra na qual Cláudio interpreta um intelectual, ou mesmo naquela em que ele encarna um maníaco. Mas são momentos teatrais totalmente divorciados da música do autor de *Quem te viu, quem te vê*. O programa do espetáculo também sugere que se trata de uma modernização do trabalho de Fred Astaire e Ginger Rogers, a dupla de atores-dançarinos americanos que se tornou mitológica na história do cinema. Difícil concordar com o texto do programa. O duo local não dança, nem sapateia, embora cante com extrema afinação e boas vozes.

Excetuadas essa considerações, só há acertos em *Na Bagunça do Teu Coração*. Em matéria de ritmo, a montagem caminha com precisão sob a batuta eficiente de Bibi Ferreira, que, além de dirigir bem os atores, cuida do primoroso visual. Os cenários e figurinos de Charles Moeller são excelentes, pelo bom gosto e adequação: cortinas transparentes bem curtas, que se intercalam nos momentos mais líricos, encantam o público e acentuam o romantismo. A luz de Jorge Takla é, como sempre, impecável, valorizando o trabalho dos atores e os objetos cênicos. Soma-se a isso o conjunto musical que acompanha os dois cantores e os arranjos (Lincoln Antônio) que executam, irretocáveis. Destaca-se Clara Bastos, que se encarrega do contrabaixo com habilidade rara. Ao piano brilha Theo Cancello. Ao violão, Chico Saraiva e Jardel Caetano. À clarineta, Daniel Cornejo e Isabel Latorre.

Embora com falhas de roteiro já apontadas e seleção de músicas muito discutível, a montagem agrada a uma gama bastante variada de público. Há uma leveza bem-humorada em tudo. Provavelmente, isso explica o ano e meio de sucesso no Rio de Janeiro. É um efeito de duração pequena. Não se trata de *Somos Irmãs*, *Dolores* e *Noel – Feitiço da Vila*, inesquecíveis.

Os quase deficientes e os palhaços

05 de julho de 2000

Tradicionalmente, o teatro costumava enfocar personagens cheios de vontade, capazes de lutar por seus ideais, de dizer o que sentem e pensam por palavras e ações. É um dos aspectos que o diferenciam do teatro moderno, que passou a tirar do silêncio personagens tímidas, as quais não sabem direito o que querem, têm dificuldade de expressão e apresentam poucas ações. Foi o que observou pela primeira vez Peter Szondi, um famoso crítico alemão já morto. É um modelo semelhante ao que serviu de forma a Miriam (Denise Weinberg) e Mário (Genésio de Barros) em *O Acidente* de Bosco Brasil. Eles encontram-se na casa do rapaz, no dia de seu aniversário e de uma pretensa festa que não é do agrado de ambos com figuras altamente neuróticas e insociáveis à conversação é quase impossível de agir, agem só aos trancos, como que movidos por impulsos irreprimíveis e pouco domesticados. São colegas de trabalho e é quase inconcebível que, num mundo competitivo como o atual, mantenham um emprego. Ele beira a debilidade mental e ela, o autismo. São criações absurdas num universo realista, se considerarmos o cenário de Gianni Ratto como referência do estilo, uma sala comum, mas adornada como para uma festa de criança. Além disso, Miriam e Mário são quase deficientes. Por essa razão sua estranheza fica oriunda exclusivamente de sua psique, deles como indivíduos e não de pessoas normais num mundo hostil, e nestes termos passíveis de uma universalização, como acontece no Teatro do Absurdo. São, como já dissemos, criaturas que se situam entre o realismo e o surrealismo, mas mesmo assim funcionam, pois estão magnificamente interpretadas.

O Acidente: *criaturas entre o realismo e o surrealismo;* Replay: *visual impressionante*

O espetáculo marca a estréia de Denise Weinberg fora do grupo Tapa, que ajudou a fundar, e a de Ariela Goldmann como diretora, ela que já é conhecida como preparadora de lutas cênicas. Se tem cenário, a nosso ver discutível, a luz, também de Gianni, é impecável. O mesmo pode ser dito dos figurinos (Kleber Montanheiro), da trilha sonora e da sonoplastia, assinados pela direção. A produção (Leopoldo de Leo Jr.) tratou bem os espectadores, oferecendo poltronas bem confortáveis.

Também se senta com bem-estar na platéia do TBC Assobradado para assistir a *"Replay"* de Max Miller, com direção de Gabriel Villela. Como um primeiro texto a peça agrada e o autor, mais versado em romances infantis, mostra que tem condições de arriscar outro gênero. A estrutura compõe-se de oito esquetes curtos de memórias de casos amorosos divertidos. Não chega a ser hilariante como a presença de dezesseis atores com nariz de palhaço poderia fazer crer, mas é um bom exercício de *"clown"*. Os oito personagens principais são interpretados por Raul Gazolla, Cláudio Fontana, Vera Zimmermann, Leopoldo Pacheco, Maria do Carmo Soares, Marcello Boffa, Fernando Neves e Mateus Carrieri. Mas, a nosso ver, o que, mais impressiona é o visual, principalmente os vídeos que permitem que um ator contracene consigo próprio. A preparação corporal (Maria Thaís) e as marcações de Villela contribuem decisivamente para tornar o elenco coeso e alegre.

Humor afinado no inventário nacional

23 de junho de 2000

Um fantástico inventário dos últimos 35 anos de nossa história, temperado com muito humor, pode ser visto em *Coração Brasileiro*, de Flávio Marinho. Na peça, o autor relembra parte do governo João Goulart até FHC, a cassação de 110 deputados federais e 22 prefeitos, a prisão de Carlos Lacerda, de Juscelino Kubitschek e do marechal Lott, cinco diferentes planos econômicos em apenas oito anos.

O humor fala mais alto. Ouvir o pronunciamento da então ministra Zélia Cardoso de Mello explicando como fazer a conversão dos cruzeiros para os cruzados é de matar de rir. Isso porque é coisa do passado, e a gente esqueceu das pessoas que tiveram todas as suas economias confiscadas, dos que tinham acabado de vender imóveis e até dos vencedores do prêmio Shell de teatro – os mais abandonados viram seus cheques entrarem no banco para curta permanência, passando aos cofres públicos quase que imediatamente. Será que foi esse mesmo o seu destino?

Todo o rebuliço que foi o país até agora é apenas o pano de fundo por onde transitam os aturdidos personagens que compõem a obra. No começo são quatro garotos de 9 anos que contracenam com os pais e entre si, todos interpretados pelos ótimos e tarimbados atores Daniel Dantas, Luciana Braga, Luiz Carlos Tourinho e Catarina Abdalla. Daniel é o galã assediado pelas duas adolescentes. Depois casa, tem filhos e descasa. Luciana faz uma recatada e casadoira moça de família, enquanto Luiz Carlos é apaixonado por ela e Catarina. Esta, por se considerar muito atraente, vive fazendo um jogo de sedução rasgada.

Aparecem em cena tipos como um encenador vindo dos Estados Unidos acompanhado da mulher. Qualquer semelhança com Gerald e Daniela Thomas não parece ser mera coincidência, pois o rapaz acha o nível do teatro brasileiro lamentável e sua missão é colocá-lo nos padrões internacionais. Não falta

também a apresentadora da MTV.

Flávio Marinho, além do texto, assina a competente direção. Seu trabalho é criativo, com marcações precisas e muito humor. A trilha sonora traz sucessos como *Deus Lhe Pague*, de Chico Buarque.

Cenografia, figurinos e adereços (Cica Modesto e Celestino Sobral) são um capítulo à parte e, ao que tudo indica, sérios candidatos a prêmios. No palco, muitas persianas com imagens pintadas fazem referência a fatos marcantes, como a morte de John Lennon. Num outro recurso, uma simples poltrona traz estampada a foto que situa historicamente todos os momentos. À medida que muda o panorama político, a foto é trocada, sucedendo-se retratos de presidentes como João Goulart, Castelo Branco,

Costa e Silva, Médici. Um recurso original e extremamente inteligente.

Os figurinos excelentes compõem as caricaturas dos tipos já descritos. Outras vezes os personagens usam aventais com imagens variadas, notadamente quando representam crianças. O único senão da peça é que no começo ela é demasiadamente semelhante a *Bailei na Curva*, texto gaúcho em que pela primeira vez apareceu o período da repressão visto pelos olhos de personagens acompanhados da infância à idade adulta. Mas *Coração Brasileiro* transcende o modelo e vai até o Plano Real. Situa-se no Rio e não no Sul. De toda maneira, ambas são hilariantes. Pelas qualidades técnicas e pelo humor afinadíssimo, o texto de Flávio Marinho é um espetáculo imperdível.

A vida é bela

10 de julho de 2000

Dizem que é nos pequenos frascos que se encontram os melhores perfumes. Nem sempre é assim, mas às vezes é inegável. A estréia do mestre do teatro do absurdo, o romeno Eugène Ionesco, foi num pequeno teatro, menos de cem lugares, em Paris, onde *A Cantora Careca* ficou cerca de 20 anos em cartaz.

Se tanto tempo no Brasil é impensável, o lançamento de artistas que se tornaram famosos em pequenos teatros não é tão raro. Haja vista Marisa Orth, Ângela Dip e Grace Gianoukas, que estrearam como atrizes no antigo Espaço Off, teatrinho que lançou ainda Márcia Abujamra como diretora e mesmo Vera Holtz em sua primeira aparição em São Paulo, no premiado espetáculo *Ópera Joyce*. Infelizmente o Off teve de mudar para novo endereço, coisa que prejudicou o projeto. Até que o Off virou guia de teatro muito consultado, distribuído gratuitamente. O grupo sempre teve como líder o produtor artístico Celso Curi, que reuniu sua experiência e talento ao do dramaturgo Antônio Rocco para fundar o N.Ex.T (Núcleo Experimental de Teatro), que há um ano vem apresentando espetáculos de bastante qualidade, às vezes simples estudos, para um público restrito a 60 poltronas.

Houve algumas reestréias que vieram de outras casas e mesmo peças inéditas, como *O Diário de*

Lory Lamb, de Hilda Hilst. Atualmente o cartaz é *Cândido*, de Voltaire (1694-1778), o filósofo francês, que como é sabido, foi o maior defensor da liberdade de pensamento e expressão, inclusive entre os outros iluministas. Não é a primeira vez que se monta uma adaptação de *Cândido, ou o Otimismo*, originalmente escrito em forma de novela. Na versão dirigida por Celso Nunes, o título era *Cândido ou a Capacidade de Afirmar que Tudo Vai Bem Quando Tudo Vai Mal.*

Como se vê, Nunes privilegiava a crítica à ingenuidade do personagem central. Na interessante leitura de Paulo Simões agrega-se a esse sentido uma ao filósofo alemão Gottfried Leibniz. Sendo biólogo, o diretor, que também se encarregou da adaptação, percebeu logo que o autor põe na boca do personagem Pangloss, o sábio da peça, uma frase célebre do cientista: *Este é o melhor dos mundos.*

A descoberta estimulou a introduzir outras falas, tanto de Leibniz como de Thomas Hobbes (*O homem é inimigo do homem*), e a transformar Pangloss numa figura tragicômica. Ele é interpretado com brilho por Linneu Dias, exibindo uma veia histriônica que não tem tido chance de mostrar. O público ri muito ao vê-lo na pele de uma velha engraçadíssima. Mas não é só ele que agrada. Marcos Daud (Cândido), Martha Meola (Cunegundes), bem como José Pando e Marcos Trinchinato (várias figuras secundárias), dão conta do recado. A peça é embalada por ótima trilha sonora (Edilson

Lima), que confere um tom aristocrático adequado aos castelos e aventuras a que o personagem tem acesso. Os acertos de Simões não se restringem à adaptação, que flui tanto no conjunto como em cada diálogo, e à orientação dos atores, mas estendem-se à direção.

No pequeno palco do N.Ex.T. ocorreu diversas mudanças de cena, todas sem perder o ritmo. Há poucos elementos de cenário (Vera Oliveira), dando a indicação de cada espaço, sempre com auxílio da iluminação (Cizo de Souza) precisa. Por vezes a luz utiliza apenas metade do palco, enquanto a outra está sendo preparada, de modo imperceptível para a platéia. Outras vezes troca-se a locação, ocupando o fundo, onde há um biombo negro com muitos orifícios por onde surgem os que vão contracenar em seguida – uma solução criativa e funcional.

O único senão fica por conta dos figurinos (Elena Toscano). Por concepção do diretor, os trajes deveriam ser semelhantes aos de bonecos, caminho equivocado que não foi inteiramente seguido, felizmente, nem totalmente ignorado, infelizmente. Mesmo assim, se assiste à encenação com prazer.

Copião de vários escritos

24 de setembro de 2000

O Brasil é considerado um país sem preconceitos devido à mistura de povos que por aqui vivem. Como é sabido, preconceitos temos sim, não só de raças, mas principalmente entre classes sociais. Além disso, há um bairrismo generalizado, felizmente sem dialetos diferentes. Basta lembrar dos baianos sempre juntos, um ajudando o outro, os paulistas que já fizeram um movimento separatista, para citar poucos exemplos. Dentre estes últimos, nos parece que os santistas são os mais unidos. Na estréia de Ney Latorraca, os conterrâneos estavam lá para prestigiá-lo.

Outros filhos de Santos juntaram-se para apresentar *O Homem do Caminho*. Trata-se de Plínio Marcos, autor da obra falecido no ano passado, de Cláudio Mamberti, único ator em cena, e de Sérgio Mamberti, responsável pela direção. A montagem homenageia o mais conceituado dramaturgo paulista, para continuarmos regionalistas, o único brasileiro, exceto Nelson Rodrigues, a ser objeto de tese acadêmica em universidades americanas como Yale. Comemoram-se também os 40 anos de teatro dos irmãos Mamberti, trazendo a público um texto inédito do autor de *Dois Perdidos Numa Noite Suja*.

É com emoção que se escuta a voz de Plínio exaltando os que ele chama de homens do caminho, que se rebelam contra a ideologia do sucesso e a corrida pelo dinheiro, seguindo em frente sem rumo fixo. E que se reconhece sua radicalidade suprema, devolvendo à classe média, considerada como homens-prego que não saem do lugar, a desaprovação que sofreu por ter decidido abandonar os valores de sua família para defender os de todos os marginalizados. O que se escuta e vê, a nosso ver, não é um testamento poético de um homem maduro que se despede, mas o Plínio de sempre. Rebelde, polêmico, desbocado e com visões de mundo cristalizadas, adquiridas no tempo em que era camelô e de circo. Atitudes que nunca sofreram grandes transformações, a despeito de sua fama, ou mesmo de sua adesão ao misticismo. Misticismo que tanto influenciou suas criações e chegou a ser rotulado de religiosidade subversiva, classificação que muito lhe agradou, a ponto de tê-la adotado como título de um de seus livros.

Menos do que uma peça teatral, *O Homem do Caminho* parece um copião que poderia originar vários escritos. Isso num monólogo em que há momentos nos quais a inteligência do autor surge de modo cristalina e inquestionável. Por exemplo, quando constata que *"os direitos humanos nunca existiram"* e o espectador se dá conta de que a história só comprovou isto. Outros há em que seu talento de contador de histórias brilha como sempre. É o caso da fábula dos ciganos que teriam participado dos instantes que antecederam a crucificação de Cristo.

Criando polêmica como sempre, desta vez Plínio chega a se exceder quando compara a peregrinação da personagem Iur, muito semelhante à dele próprio, com a de Cristo. Talvez uma razão para que parte da platéia desaprove o texto porque é bastante irregular. Colocado em cena pelos irmãos Mamberti de modo aparentemente muito singelo, é mostrado com acertos e valorizado ao máximo. Os elementos de cenografia e figurinos (Gabriel Vilela) contribuem para conferir um caráter ficcional, iluminados com correção por Hugo Peake.

Os belos retratos de Vânia Toledo tendo como tema quadros de Georgia O'Keeffe e de Arthur Omar conferem arte à grosseira e crua discussão sobre sexo. O mesmo pode ser dito da trilha sonora de Tunika e Aline Meyer. Mesmo assim, não é obra que os fãs deste inquieto escritor sonhavam que tivesse sobrado no baú. Contudo conserva, como já foi dito, muitas marcas de seu talento que agradam muito.

Um Shakespeare muito machista

08 de outubro de 2000

A platéia se divide para valer. É um coro principalmente feminino que vaia com fé e é interrompido por aplausos entusiásticos dos homens presentes. Isso porque, destacando a fala final de Catarina, aparentemente feliz por estar totalmente dominada pelo marido, o diretor Mauro Mendonça Filho conseguiu incendiar o público numa animada guerra de sexos, tão acirrada como a que se vê no palco e que há muito tempo não se via no auditório. Ainda mais que normalmente costuma-se disfarçar tal discurso, considerado ultrapassado, ao contrário do que está mostrando Mendonça. São nada mais nem nada menos do que palavras do próprio William Shakespeare, na mais machista de suas peças.

Afinal, ninguém é perfeito, muito menos ele que, além dessa posição muito clara em *A Megera Domada*, se mostra anti-semita num texto, precisamente em *O Mercador de Veneza*. Mesmo assim, como é sabido, é dos maiores gênios de todos os tempos, notadamente por suas tragédias e dramas históricos. Nem tanto por suas comédias, embora este esteja entre as consideradas melhores, com *A Tempestade* e *Sonho de uma Noite de Verão*. Especialmente nessa versão deslumbrante que acabou de estrear.

São quatro planos no palco, que vão se sucedendo verticalmente (Daniela Thomas e André Cortez), um dos quais uma rede com alguma transparência, onde ocorrem as mais românticas cenas de amor. Uma grande roda vazada dentro da qual se anda, fazendo com que a mesma se movimente, não é o único elemento circense: há alguns momentos em que o elenco de apoio desce do teto, seja utilizando cintos de metal que os mantêm no ar, seja descendo e subindo com ajuda de compridíssimos tecidos brancos. Um visual que indiscutivelmente confere muita magia e dinamismo a todo o espetáculo, ao qual se assiste com grande fascínio.

Tudo para contar a história de Catarina (Marisa Orth), uma mulher intratável, e de sua irmã Bianca (Betty Gofman), a preferida do pai (Luís Damasceno) por ser dócil e delicada. As coisas ficam difíceis porque a mais velha, por lei de usos e costumes, teria de se casar primeiro e ninguém se candidata, até que Hortêncio (Ary França) – um dos pretendentes da mais jovem – encontra Petruchio (Otávio Muller), a quem convence de se unir à megera a troco de um dote considerável. Todos se ajeitam, incluindo os dois, unidos contra a vontade da irritada noiva e, de um modo ou de outro, acabam se entendendo como convém às obras cômicas. Os personagens são apresentados de forma enriquecida por um conjunto de atores que interpreta de modo impecável.

Soma-se à direção da montagem e condução do elenco, já descritas, uma leitura original, na medida em que Bianca não é a dama dos sonhos de qualquer cavalheiro, modo como é costumeiro mostrá-la, mas um tipo farsesco por sua simploriedade e fala estridente. Bem risível. Também há novidades bem-sucedidas relativas à excelente adaptação, a cargo de Geraldo Carneiro, a partir da tradução de Millôr Fernandes, que introduz um prólogo e um epílogo. Deram muito certo, pois são ditos com muita graça por Pascoal da Conceição (Trikster), que, além deste papel se desdobra em outros, em geral ótimos, um dos quais feminino, realmente hilariante.

Uma estrutura com as dimensões mencionadas, sem dúvida, significa trabalho complexo para um iluminador. Apesar disso, Telma Fernandes dá conta do recado, como uma expert. Nota-se mais quando a encenação precisa dar realce a cenas simultâneas, o que acontece aqui e ali. Outro aspecto que chama a atenção é a discreta produção musical e, mais do que o som, a preparação corporal assinada por Renata Melo e Lúcia Merlino, na condução dos artistas que pouco param de se movimentar no palco, sendo portanto quase uma coreografia. Vale reafirmar os cuidados com o trabalho de Marisa Orth, Otávio Muller e Pascoal, que contribuem decisivamente para o sucesso que certamente será tanto de público como de crítica, além da imponência e beleza da cenografia, bem como do humor dos figurinos. Todas essas qualidades fazem de *A Megera Domada* um espetáculo imperdível, que tem tudo para agradar e divertir adultos de qualquer idade, inclusive os mais exigentes. Não perca.

Árias bandidas

15 de outubro de 2000

Talvez tenha sido Madame Satã – famoso bandido carioca – quem começou a discutir sobre as mudanças na condição de vida dos criminosos. No livro *Memórias de Madame Satã*, declarou que em sua época era duro ser contraventor, mas posteriormente, ao redor dos anos 70, tinham introduzido a psicologia e a situação dos colegas mais jovens estava incomparavelmente mais fácil.

Depois dele foi a vez de Hugo Carvana lançar o filme *Vai Trabalhar, Vagabundo*, em que advoga que o malandro está em extinção. Quem fez a música, como se sabe, foi Chico Buarque, que depois criou uma leitura dessa questão em *Ópera do Malandro*. Segundo declarou na estréia de 1978, era um projeto antigo e escreveu-a tomando por base a *Ópera do Mendigo*, do inglês John Gay, de 1728, e a *Ópera dos Três Vinténs*, do alemão Bertolt Brecht, do início do século.

Mais do que só tratar do mito da malandragem, a peça se dedica aos temas da corrupção e da impunidade. E, se não acaba em pizza, acaba numa miscelânea de árias de ópera muito alegre e bem cantada pelos 23 componentes da recém-criada. Companhia Estável de Repertório do TBC. Guardando fidelidade ao original, a montagem conta a história de Fernandes de Duran (Gustavo Trestini), dono de uma cadeia de bordéis, que a administra com o auxílio da mulher (Vera Mancini), deixando fora de toda essa promiscuidade a filha (Naomy Schölling). Até que o outro escroque menos rico, Max Overseas (Marcelo Varzea), conquista a moça e tenta dar o golpe no baú. Ele se dá mal, por ser um peixinho comparado à pretensa vítima.

A única coisa que não se entende é o motivo que levou o diretor Gabriel Villela ou o dramaturgista Márcio Aurélio, a colocar o mesmo ator que interpreta Duran no papel de Max no segundo ato. Fora este detalhe, é um espetáculo impecável, ainda que pudesse ser encurtado. Mas quem tem coragem de excluir alguma das 18 lindas músicas de Chico sem hesitar? Se o elenco, com destaque também para Sérgio Rufino (Geni) e Luciana Carnielli (Fichinha), dá conta do recado com competência, o mesmo pode ser dito do visual: os fundos e laterais do palco (J.C.Serroni) são cobertos com enorme estrutura de madeira, imitando um interior de cabaré.

Toda a riqueza se faz presente nos figurinos (Villela e Leopoldo Pacheco), que se constituem no único elemento cênico a situar a obra nos anos 40, como foi concebida. Soma-se a isto perfeita iluminação de Guilherme Bonfanti. Não é uma unanimidade, mas é uma encenação imperdível na opinião de grande parte do público. Excetuam-se os patrulheiros contra as produções caras, assim como alguns dos que assistiram à primeira montagem, com Marieta Severo e Maria Alice Vergueiro, e que preferiram a esta.

Possessão poética

05 de movembro de 2000

Como consideram que o mundo é uma ilusão e que ficar ligado a essa ilusão dificulta o acesso ao divino, o qual está presente em todas as coisas e sensível apenas por meio da intuição, os hinduístas julgam sábio o alienado. Isso porque essa condição o tornaria capaz de subtrair a realidade comum e atingir outros estados de consciência, estabelecendo um contato com a espiritualidade. De modo semelhante, os espíritas percebem numa pessoa, com aparentes perturbação mentais, dons mediúnicos passíveis de desenvolvimento e valorizados. Já para a Medicina, gente com a percepção conturbada sofre de psicose.

Sem contraditar inteiramente a Psiquiatria, os psicólogos e psicanalistas têm convicção de que este tipo de fenômeno surge quando o inconsciente invade o consciente. E é exatamente porque não se tem certeza de nada a esse respeito, exceto de que os remédios psiquiátricos funcionam em muitos casos, é que surgem estas várias interpretações.

Deus e os Outros Eus, de Tereza Monteiro, não tem a pretensão de esgotar o assunto. Simplesmente coloca essas questões de modo poético e delicado: no chão do palco está desenhado um grande círculo, delimitando o espaço da protagonista (Renata Artigas) com suas possessões. Fora de suas bordas duas personagens (Tereza Monteiro e Otávio Filho) fazem as vozes que a atormentam com frases em alguns momentos diretivas, noutros filosóficas, mas sempre de alguma maneira em conflito, pois não chegam a dialogar entre si.

Tudo ocorre num clima cerimonial, de modo que não se sabe exatamente se o centro da cena é um local onde se passa um rito ou onde se apresenta uma moça em surto psicótico. Porque não há, pelo menos no início, nenhuma atitude em defesa destas leituras. Só no final aceita-se uma transcendência desse estado além da razão, através da consciência racional. A peça é interessante e difere de Samuel Beckett, que trata o mesmo assunto em *A Boca*.

Neste texto, coloca-se diante do espectador uma atriz cuja boca é iluminada e o corpo em blecaute, falando compulsivamente do início ao fim, ladeada por uma criatura muda, visível de corpo inteiro, mas completamente arqueada pelo desespero da presença daquela voz constante, cheia de regras e ordens. O presente espetáculo pôe o espectador, de maneira muito delicada e lírica, diante da dúvida da personagem sobre a origem de sua vivência e o sentido da vida.

Deus e os Outros Eus marca a estréia da autora como tal, do elenco e da diretora. É de não acreditar. Tereza Monteiro apresenta um texto sem as falhas comuns dos iniciantes e, como atriz, está bem em papel coadjuvante, assim como Otávio Filho.

Renata Artigas interpreta a protagonista com convicção. Aby Cohen e Lee Dawkins se encarregam do excelente figurino e da brilhante cenografia, onde, de maneira singela, se constrói até um pequeno lago e, desta forma, emprestam profissionalismo à montagem, devido ao toque artístico constante. Cabe ainda destacar a iluminação precisa de Carmine D'Amore, bem como a sonoplastia que busca envolver a platéia na compulsividade da ação.

Em síntese, o espectador sai bem impressionado e surpreso. Especialmente pelo fato de um espetáculo com tantos estreantes ter chegado a tão bom termo, com um tema tão difícil.

Beijo antológico

03 de dezembro de 2000

Tem gente que não gosta de ver seus romances preferidos transformados em balé, teatro ou cinema. Evita fazê-lo para não se decepcionar com as diferenças entre a sua imaginação e a dos adaptadores, ou ainda para não se aborrecer em razão do poucos recursos que a nova linguagem adotada possui para suprir a liberdade da literatura. Não é o meu caso. Inúmeras vezes apreciei a perícia do novo autor e da transformação.

Mas, apesar disso, não fui assistir nem ao filme que consagrou William Hurt e Sônia Braga nem à montagem que teve como protagonista o saudoso Rubens Correia, todos em *O Beijo da Mulher Aranha*. Não parecia que o livro fantástico do falecido Manuel Puig pudesse encontrar a mesma excelência num meio que necessitasse de atores de carne e osso.

Isso porque as histórias que Molina – preso por pedofilia – conta para seu companheiro de cela, o militante Valentim, pareceriam narrações cansativas e enormes no teatro. Se fossem transformadas em ação com imagens, julgava eu que não teriam o clima de sonho de que precisavam. Deste modo, é fácil avaliar com quantos pés atrás fui assistir ao presente espetáculo, que pelas mãos de John Kander e Fred Ebb traveste a obra de Puig em musical, no Brasil elaborado com a soma impressionante de US$ 1 milhão. Verba que inclui importação das máquinas postas abaixo do chão, equipamentos de iluminação e cenários. Tanta parafernália para emoldurar uma relação de duas pessoas parecia excessiva.

Ledo engano, para ver como preconceito acaba se mostrando quase sempre tolice. *O Beijo* é simplesmente imperdível! Tão antológico como os musicais mais conceituados da Brodway. Como *Hair*, *Homem de La Mancha* ou *West Side Story*. E é por estar nesses píncaros que recebeu sete prêmios Tony e não porque a temporada estivesse fraca.

Na nossa versão, o elenco atua, dança e canta com muita competência. Tanto nos papéis principais quanto nos secundários. Tuca Andrada (Valentim) e Claudia Raia (Aurora) dão conta do recado com talento, e Miguel Falabella e Carlos Capelletti dão um verdadeiro show. Falabella interpreta Molina, o homossexual, com extrema naturalidade. Capelletti, por seu turno, faz o diretor da prisão com um verismo assombroso.

Isso a despeito das danças e cantos fantásticos, que se passam na fantasia de Molina, materializados na encenação. Mas com o auxílio das compridíssimas grades que tomam conta do cenário (foi necessário reformar o teatro para aumentar seis metros no urdimento). Além delas há a cela, que em muitos momentos está no centro do palco, noutros recua até o fundo e desaparece, sempre deslizando sem nenhum ruído.

Outro aspecto que impressiona é a parte musical assinada pelo maestro Fábio Oliveira, que rege o playback por dois televisores acima da platéia, marcando o tempo das danças e cantando a entrada das canções. Uma estratégia que deu certo, pois ninguém erra nenhum tempo, e todos os movimentos estão em total coordenação. Não há nenhum grande sucesso internacional que tenha estourado nas paradas, mas as melodias agradam muito, com letras traduzidas por Cláudio Botelho. Vale destacar o trabalho de Vera do Canto e Mello, que consistiu em treinar o canto do elenco e se apresentar como atriz em papel coadjuvante, a mãe de Molina.

Todos esses acertos se devem também à direção de Wolf Maia, que se dedicou principalmente ao elenco. Por tudo o que foi dito, é um espetáculo que certamente será presenciado com prazer por jovens, até mesmo os de 80 anos. Não deixe de ver.

Vânia eficiente

08 de dezembro de 2000

Ultimamente os dramaturgos estrangeiros mais encenados por aqui são sem sombra de dúvida William Shakespeare (1564-1616) e Anton Chekhov (1860-1904). Entre eles há mais de 200 anos, mas ambos têm em comum o fato de terem representado uma verdadeira revolução teatral. O inglês por retratar o trágico como oriundo das relações entre as pessoas, sem muita metafísica, cada qual defendendo seu interesse, mesmo acima de qualquer ética. O russo, também sem metafísica, por considerar trágica a vida do homem comum, com seu cotidiano medíocre e tedioso, sem grandes acontecimentos ou mudanças de destino, sem muitos sucessos e alegrias.

Contemporâneo do naturalismo, o autor de *As Três Irmãs* acabou por realizar os ideais desse movimento com muito maior precisão do que os próprios naturalistas – especialmente na medida em que mostra uma fatia de vida, com imparcialidade, pois não defende uma tese pela boca de um personagem e nem mesmo pelos acontecimentos do enredo.

Chekhov não é um artista engajado politicamente, a despeito de seu interesse pelos perdedores e apesar de se preocupar com a ecologia em várias de suas peças – especialmente em *O Jardim das Cerejeiras* que estréia em São Paulo ainda este mês.

Em outras obras ele aborda com menor ênfase essa questão, que se destaca também em *Tio Vânia*, por meio do personagem Astrov (Mário Augelli), o médico fascinado pela natureza. Contudo, não é esse o assunto central. O foco principal gira em torno de uma família que habita uma fazenda administrada por Sônia (Nádia de Lion) e por seu tio Vânia (Fábio Herford), os quais, com seu trabalho, garantem o sustento de todos, até mesmo de Serebriakov, viúvo da mãe da moça, professor aposentado que mora em Moscou e chega de repente com Helena (Daniela Carmona), sua segunda mulher.

O texto de Chekhov ilustra sua noção de que *"as pessoas jantam, simplesmente jantam, enquanto suas vidas são decididas em outro cômodo"*. A presente montagem apresenta uma leitura clara, coerente e fiel ao autor de *A Gaivota*, com uma direção, de Celso Frateschi, extremamente equilibrada e eficiente, como é raro termos o prazer de ver em se tratando de Chekhov. Fábio Herford criou um Vânia com perfeição e verismo.

Os cenários e figurinos de Sylvia Moreira são adequados e de bom gosto. Ela utiliza três planos com a decoração necessária e sem excessos para abrigar as locações que se dão em vários cômodos da casa. Os trajes são condizentes com a Rússia do período. Mesmo na sua simplicidade, agradam muito aos olhos do público. Tudo isso é emoldurado pela luz competente de Roberto Lage, que reforça a empatia das cenas. Pois há um respeito pela estética da época, inclusive no ilusionismo das interpretações dos atores, que seguem moldes preconizados por Stanislavski. Afinal, foi esse famoso diretor quem descobriu o método para apresentar as obras de Chekov, repletas de personagens presos à própria subjetividade.

Mas nem tudo são flores. Infelizmente o elenco fica aquém do esperado, excetuando-se Herford e Nádia de Lion. Além desse problema, nota-se a falta de uma maquiagem que envelheça o professor e o médico, o mesmo acontecendo com as figuras coadjuvantes Marina (Cinthia Zaccariotto) e Teleguine (Augusto Juncal).

Apesar desses percalços, *Tio Vânia* é um espetáculo que merece ser visto por suas inúmeras qualidades, às quais se agrega a bela trilha sonora de Aline Meyer, que reforça as emoções do texto, como é próprio desse estilo de teatro.

Temporada de risadas

02 de fevereiro de 2001

Trazendo na bagagem o prêmio Governador do Estado, o Qualidade Brasil e a indicação para o Shell, todos por seu trabalho como ator na peça *Tango, Bolero e Cha Cha Cha*, Edwin Luisi vem do Rio de Janeiro com enorme sucesso e chega a São Paulo dando um show de atuação. Ele é Daniel, um transexual que abandonou mulher e filho para se submeter a uma cirurgia que o transformou em Lana Lee. Muitos anos se passaram e a família nem sonha com uma história dessas que o personagem vai tentando contar. Além de interpretar Lana com perfeição que inclui mudança de voz, Edwin não

pára um minuto de perambular pela cena, vestindo uma sandália com salto de 12 centímetros, com a maior naturalidade, como se sempre tivesse usado esse tipo de calçado. Não contente com isso, salta do chão do proscênio para cima da mesa como quem estivesse descalço. É de ficar boquiaberto, ainda mais que o ator quase não sai de cena. Sua apresentação vale por si só a ida ao teatro.

Não que os demais componentes do elenco (Maria Helena Dias, Jorge Neves, Paulo Cesar Grande e Ivone Hoffman) deixem a desejar. Ao contrário, são atores experientes, com tempo de comédia e extremamente precisos. É que o texto de Eloy Araújo se apóia principalmente em Lana Lee, a quem os demais personagens apenas reagem, ainda que com intervenções significativas. A história é muito engraçada, ainda que um pouco preconceituosa, como é próprio das comédias de costume, em que quase sempre a maioria das figuras é conservadora, como se pressupõe seja a platéia. Sem ligar para esse detalhe, é muito divertida. Tudo nos trinques, como costumam ser as direções de Bibi Ferreira, tradicionais e muito eficientes. Não só no comando do elenco, mas também dos demais elementos, a cargo de alguns dos profissionais mais premiados do país. A cenografia de José Dias, por exemplo, é o interior da casa da família de Daniel, bem elegante e de bom gosto. O mesmo acontece com os figurinos de Kalma Murtinho, impecáveis, notadamente os trajes de Lana Lee. A iluminação de Paulo Cesar Medeiros é discreta e funcional, no tom de toda a montagem.

Quem gosta de comédias, com certeza, vai se divertir com esta e com outras que estão em cartaz no momento: *Caixa Dois* depois de quatro anos em cartaz voltou com Mauro Mendonça substituindo Fúlvio Stefanini, *Trair e Coçar*, depois de 15 anos de sucesso, voltou com Carla Fioroni no papel que celebrizou Denise Fraga. Remontagens e montagens do primeiro semestre, como *Camas Redondas, Casais Qaudrados* ou *Letti e Lotte* enchem as platéias da cidade.

Soma-se a *Tango, Bolero e Cha Cha Cha* a estréia do engraçadíssimo *Aluga-se um Namorado*. A peça de James Scherman adaptada por Flávio Marinho, ao contrário do que parece, não trata exatamente de sexo. Enfoca uma família judia que tem como exigência a filha (Bianca Rinaldi) casar-se com um judeu. Isso a leva a contratar um namorado de aluguel com sobrenome judaico (Eri Johnson). Minutos antes do jantar em que ia apresentá-lo aos pais, descobre que é só o nome. Alex Schneider não sabe nada sobre costumes judaicos. A peça caminha cheia de quiproquós até o final, feliz como convém às comédias. Tem momentos de dobrar de rir, em razão da competência do elenco, que conta também com Gilberto Marmoros, Lugui Palhares, Tete Vasconcelos e Mara Manzan, dirigidos com eficiência pelo próprio Eri. A produção também é de

bom gosto e adequada. Tudo se passa no luxuoso apartamento da filha, cenários e figurinos provavelmente adaptados do original, sem assinatura. A iluminação de Wagner Pinto compõe o visual com adequação precisa.

Os espectadores de comédias inconseqüentes têm na programação do momento muitas opções. Estas são as sugestões de algumas.

Confinamento bem-humorado

09 de fevereiro de 2001

A literatura moderna, como se sabe, tem-se caracterizado por personagens que são condenados, apesar de inocentes. Em geral são vistos como retratos do homem em nosso mundo, vivendo em sociedades pouco humanizadas e com a certeza de que ninguém tem a mínima condição de mudar nada sozinho. São concepções que atestam nossa auto-imagem mais diminuta, pois não nos vemos mais como heróis. Na arte européia esse gênero de figura é normalmente posto em situação absurda e sem saída, com acento nitidamente trágico, como em Samuel Beckett, Albert Camus ou Franz Kafka, entre tantos outros. Por aqui o teatro costuma ter um pé no realismo, de modo que, mesmo em contexto aparentemente absurdo, em geral tudo se passa em ambiente urbano e surge como crítica à metrópole. É o caso, por exemplo, de Fernando Bonassi. Em *Preso entre Ferragens*, ele apresenta como personagem um cidadão que, depois de sofrer um acidente de carro, espera em vão por socorro, a despeito de estar parado em estrada movimentadíssima, onde deveria haver policiamento e solidariedade.

Mas parece que há outro jeito de lidar com essa temática, talvez ainda mais brasileiro. É conferindo-lhe um tratamento extremamente bem-humorado, um caminho interessante e profícuo que vem sendo trilhado pelo grupo XPTO, sem palavras, principalmente em *A Infeção Sentimental Contra-ataca*. No ano que passou, a forma parece ter se consolidado como texto, ou melhor, como monólogo, na peça *Metrô* de Maria Cecília Carelli. O enredo, sob direção de Maria Lúcia Pereira e com ótima atuação de Magali Biff, criava uma obra interativa com a platéia, estimulada a descrever suas próprias experiências metroviárias, muitas delas risíveis. O espetáculo certamente seria retomado, não fosse pelo fato de a atriz estar comprometida com outro projeto: apresentar-se em *Abajur Lilás*, de Plínio Marcos, com direção de Sérgio Ferrara.

Nessa mesma linha, mas agora como um teatro em que a situação parece insolúvel, é possível assistir a *Futilidades Públicas*, com atuação e autoria de Patrícia Gaspar. Tudo se passa no interior de um banheiro (eficiente cenário de Carlos Moreno, onde a protagonista foi trancada por assaltantes num estabelecimento comercial. Apenas os apetrechos imprescindíveis, em branco, compõem o ambiente. No começo imperam o medo, os barulhos externos ameaçadores, a tensão. Em seguida, a indignação e as lembranças de momentos em que a personagem pôde se defender mesmo de seu chefe. Aos poucos, a consciência do descaso, a sensação de abandono, rapidamente substituída por outras lembranças, sempre cômicas e tirando gargalhadas do público – como no caso do sentimento de impotência acompanhado pela idéia de que *"pelo menos vou poder utilizar o plástico distribuído pela Jovem Pan com os dizeres: eu já fui assaltado"*. Depois vem o tédio, preenchido com mais recordações e cantos com linda voz para distrair e fazer passar o tempo.

Todos sabem que estão constantemente expostos a experiências como essa, aliadas à mesma impossibilidade de reagir, ou mesmo de se defendido com presteza. A atualidade e a ironia fazem de Patrícia Gaspar uma escritora que promete um futuro auspicioso. Além disso, ela, que é mais conhecida por seus trabalhos na televisão, se mostra uma intérprete de muito talento também no teatro. Não é à toa que foi escolhida para o elenco de *Dia das Mães*, texto de Jeff Baron já em ensaios sob o comando de Paulo Autran.

Futilidades Públicas conta ainda com traje adequado e de bom gosto assinado pelo premiado Fábio Namatame e com iluminação competente de Hernandes de Oliveira. Tudo dirigido com a precisão costumeira de Elias Andreato, que, pelo visto, vem se especializando em encenar monólogos. E isso ele faz bem, indiscutivelmente.

Família, em versão revista

23 de março de 2001

Com a popularização das idéias de Freud, a instituição familiar sofreu forte abalo. Considerados até então como aqueles que educavam os filhos em padrões sociais regrados por valores então nada discutíveis, os pais passaram a ser vistos como castradores e responsáveis pela grande maioria dos problemas de seus rebentos, como é sabido. As famílias e suas relações ficaram viradas do avesso e a guerra de gerações foi decretada de modo que parece irreversível. Essa situação, como não poderia deixar de ser, influenciou profundamente as artes, incluindo o teatro, em que textos como *Longa Jornada Noite Adentro*, de Eugene O'Neill, que enfoca uma família na qual imperam o alcoolismo e o autoritarismo paterno eram moda.

Sinal de mudanças no ar têm aparecido inclusive nos palcos. Há poucos anos Jack Lemmon montou na Brodway a peça de O'Neill fazendo da figura do pai um personagem simpático, e não o vilão de costume. No Brasil, Maria Adelaide Amaral, entre outros, escreve o belíssimo *Intensa Magia*, em que a filha é capaz de compreender e desculpar um pai divertido, mas brutalmente egoísta e irresponsável. Seria uma revisão dessas questões? É o que parece, pois depois de algumas décadas de *"abaixo a família"* não se encontrou nada de melhor para substituí-la.

Assim também, o recém-estreado *Dia das Mães*, de Jeff Baron, caminha por esse trilho. Sem deixar de apontar os conflitos do clã de uma viúva, Stelle (Karin Rodrigues), acaba adotando posições conciliatórias. É claro que sempre haverá gente que considerará tais retratos razoavelmente harmônicos da vida como ingênuos, mas a maior parte gosta e aplaude, mesmo a aceitação, com poucos obstáculos, de um homossexualismo confesso por um de seus membros.

Será que na realidade pode ser assim tão simples? Na cena pode. No mínimo por licença poética, ou devido ao *"discreto charme da burguesia"*. Razões que deveriam pedir um clima quase de sonho, num cenário muito leve. Mas não foi esse tipo de leitura que a direção de Paulo Autran adotou. Pelo menos em matéria de cenografia (J.C.Serroni): o primeiro ato transcorre no interior da casa da mãe, construído com paredes sólidas, apresentando inclusive um teto bastante pesado, tudo dividido em quatro ambientes onde as cenas vão se intercalando da maneira mais óbvia possível. Começa uma, acaba a outra.

Fica claro que houve uma opção por soluções funcionais, ainda que antiquadas. Também só porque Paulo Autran é o ator que é, não significa que tenha de ser um exímio diretor de espetáculo. Significa que ele tem de ser ótimo diretor de elenco. E isto sem dúvida é. Tira excelente proveito do talento dos atores, entre os quais de destacam Petrônio

Gontijo, Patrícia Gaspar e Sônia Guedes. Em seu segundo trabalho como atriz, Adriane Galisteu apresenta progressos.

Em *Esperando Beckett*, quem está no palco é Marília Gabriela. Um desafio mais arriscado, pois é um monólogo, proposto por Gerald Thomas. Ela representa a si mesma, esperando pelo escritor irlandês que só comparece por meio do sonho. Isto num estilo ópera seca (dublagem), que poderia ter se dado melhor não fosse a verborragia do texto. Se você é fã das entrevistas dela, arrisque.

Retorno às raízes ibéricas

01 de abril de 2001

Muito se tem comentado a respeito do sangue negro que corre nas veias do povo brasileiro. Por outro lado, pouco se tem lembrado de que quase não há ninguém por aqui que não tenha algum português como ancestral. Talvez porque não nos esquecemos de nosso passado como colônia.

O fato é que, afora o deboche das piadas, fazemos de conta que não temos raízes ibéricas. Para citar exemplos, basta olhar para a cultura e verificar até mesmo no teatro, onde brilham Maria Adelaide Amaral, Ruth Escobar ou ainda *Hamlet, o filho do padeiro*, nada menos do que Augusto Boal, o mais celebrado discípulo de Brecht, inclusive por críticos internacionais, nascido aqui mas de clã totalmente ibérico.

Talvez pensando nisso, mas a princípio devido aos 500 anos, Ruth tomou a si a tarefa de produzir uma nova montagem – há 31 anos ela administrou o premiadíssimo *A Viagem* com adaptação de Carlos Queiroz Telles e direção de Celso Nunes – que também tomasse Camões e, mais especificamente, *Os Lusíadas* como ponto de partida, agora com título homônimo. Convidou alguns diretores e por alegações diversas o projeto foi adiado e se concretizou apenas um ano depois.

Quem vai assistir ao espetáculo fica com a certeza de que foi realizado na hora certa. No ano passado, o assunto descobrimento chegou a cansar, e agora aparece como uma glorificação de nossas origens, conseguindo emocionar o público. Ao conhecer o histórico dos principais implicados, tem-se a sensação de que mãos de fada teceram os fios que garantiram o seu sucesso: Iacov Hillel está entre nossos mais talentosos encenadores, mas de uns tempos para cá tem-se dedicado a óperas, o que o capacitou a cumprir a complexa tarefa de organizar em cena mais de 50 pessoas entre atores, bailarinos e cantores.

O mesmo pode ser dito de José Rubens Siqueira, o homem que assina a adaptação. Conhecido como autor da obra premiada *Artaud, o Espírito do Teatro* entre tantas outras, optou por manter as falas do poeta, simplesmente invertendo a ordem dos relatos em favor da cronologia, o que permite ao espectador compreender o assunto de todo o poema com maior clareza. Além disso, Zé Rubens, que, como é sabido, já se apresentou como ator e diretor, estréia como figurinista em alto estilo. São trajes e danças típicos (coreografias de João Wlamir) de todos os lugares por onde passou Vasco da Gama, que incluem Índia e outros países da Ásia, África e América do sul. Tudo simplesmente deslumbrante! Resultado de mais de dez seminários dos quais participaram os principais comprometidos, estudando as culturas islâmica, indiana, africana e outras.

A encenação transcorre na antiga entrada da desativada Estação Júlio Prestes, ao lado da Sala São Paulo. Um grande salão onde foram postas arquibancadas laterais, que imitam o primitivo teatro grego. O altíssimo pé-direito é um desafio para qualquer cenógrafo. Talvez por isso trouxeram um cenógrafo carioca, Renato Theobaldo, que preencheu a passarela com caravela e outras espécies de carros alegóricos, sempre completamente integrados ao enredo. Na parte superior das paredes projetam-se vídeos nos quais atores famosos (Raul Cortez, Juca de Oliveira, Fúlvio Stefanini, Riccelli e Caco Ciocler) dizem os trechos do texto que não são apresentados pelos ótimos atores que interpretam no chão, em um tipo de trapézio redondo, galgando tecidos amarrados no teto. É de lá que saem maravilhosos panos brancos que fazem as vezes de velas do barco e outros panos brancos que compõem a parte superior, dando enorme amplitude à cenografia.

Iluminar um espaço tão disperso é trabalho para experts e Iacov Hillel provou inúmeras vezes que é um. De maneira que fez bem de não delegar o encargo para outros. O elenco dança, interpreta e canta com competência e se destacam os que assumem os papéis mais centrais: Marat Descartes (Camões), Daniel Faleiros (Vasco da Gama) e Nilson Muniz (Baco). Como se trata de um musical, é preciso salientar a bela trilha original de Magda Pucci, bem como os efeitos sonoros de Tunica. O único senão é que algumas vezes se perdem palavras num palco tão difuso. Mas não nos pareceu tão importante, pois o espírito do discurso que trata das conquistas de Vasco da Gama e do espírito aventureiro de Portugal foi transferido com vantagens para o imponente visual.

Por tudo o que foi dito, dá para perceber que se trata de uma super produção lindíssima, coisa rara em nossos palcos, e por isso mesmo imperdível. Arriscaríamo-nos a afirmar que a epopéia de nossa língua está mais bem homenageada do que o *Mahabarata* de Peter Brook. Pelo menos no que foi possível observar através do filme.

Além da história

06 de abril de 2001

Depois de 43 anos, *Eles Não Usam Black-Tie* continua ótimo. O texto de Gianfresco Guarnieri marcou a história do teatro brasileiro e está em seus anais, como a primeira obra a pôr um operário como protagonista. E talvez por essa circunstância não tem sido montado, como se seu valor fosse só histórico. Mesmo na época, houve quem considerasse que a peça trata de proletários de classe baixa de modo idealizado. De fato, há termos que parecem excludentes, como salário mínimo e desejo de tomar champanhe para comemorar. Afinal essa bebida é tida como supérflua até por pessoas de classe média, que dirá para quem não tem nem o indispensável.

Mas são minúcias. Mais do que abordar a questão de trabalhadores malpagos, que é um de seus assuntos centrais, o enredo apresenta uma imagem tocante de qualquer família com seus afetos e conflitos e, principalmente, com sua humanidade. Otávio (Sebastião Vasconcelos) e Tião, seu filho, são funcionários de uma indústria e recebem pagamentos que mal lhes permitem sobreviver. O pai, um líder, comanda uma greve com entusiasmo e eficiência. O filho (Eduardo Moscovis), que não foi criado por ele, só quer saber de progredir na vida, ganhar dinheiro a qualquer preço. Ambos acabam num embate. Que termina implicando outros membros da família, como a fantasticamente bem traçada

Romana (Ana Lúcia Torres), uma mãe típica que procura agir o tempo todo para conseguir manter todos unidos, com sucessos e insucessos. Seu outro filho (Vinícius Oliveira) é um garoto mais jovem (o mesmo ator que fazia o menino de *Central do Brasil*, mais interessado na namorada (Priscila Hassum). A mulher de Tião, Maria (Vanessa Gerbelli), é um dos elementos decisivos que exprimem também a posição do autor e faz isso sempre sem bandeiras desfraldadas, mas como se viesse de seu interior, de sua vivência.

O elenco, a quem o diretor (Marcus Vinicius Faustini) acertando em cheio delegou a responsabilidade pela montagem, que não tem grandes truques de encenação, é impecável. Notadamente, Sebastião Vasconcelos e Ana Lúcia Torres. Numa época em que proliferam os teatros físicos e outros congêneres é bom ver uma peça nacional tão bem escrita. São palavras de um poeta como Guarnieri, que sempre brilhou inclusive com as letras das melodias dos memoráveis musicais que escreveu, principalmente em parceria com Edu Lobo (*Zumbi* e *Marta Saré*) ou ainda com Toquinho (*Castro Alves Pede Passagem*). Tudo com cenografia adequada (Colmar Diniz), mostrando o interior de uma casa de madeira numa favela. Não ficam atrás os figurinos discretos de João Gomes nem a iluminação competente de Aurélio de Simone e Paulo Neném. O único senão do espetáculo é a fusão de vários atos em um único ato, com duração maior de duas horas, que chega a cansar boa parte do público. Apesar disso, é uma remontagem que vale a pena. Há outras em cartaz, como *Bonifácio Bilhões*, de João Bethencourt, e mesmo *As lágrimas Amargas de Petra Von Kant*, encenada de modo muito feliz por Celso Nunes, lá pela década de 80.

Um texto do falecido cineasta e dramaturgo alemão Rainer Werner Fassbinder que fez enorme sucesso, tendo Fernanda Montenegro no papel título. Personagem atualmente interpretada primorosamente por Denise Weinberg. Petra se apaixonou por Karin (Débora Secco) e, a nosso ver, um dos equívocos da direção de Ticiana Studart foi prolongar por meio de uma projeção de vídeo o beijo das duas, como se a peça fizesse uma apologia das relações entre mulheres, quando seu assunto central é a paixão e seus estragos na vida daquele que continua preso a uma ligação terminada. Um tema bastante mais universal e que inclui também as uniões entre mulheres, mas não só. Além disso, a montagem traz figurinos (Samuel Abrantes) na sua maioria bastantes vulgares e que não conferem dignidade às atrizes. Mesmo iluminação é bastante irregular. O trabalho do elenco faz jus a uma ida ao teatro. Principalmente para quem não assistiu à montagem anterior, em que Juliana Carneiro da Cunha – atualmente trabalhando com Ariane Mnouchkine em Paris – foi premiadíssima no papel da empregada muda, no presente vivida de modo simples por Miwa Yanagizawa.

O dramaturgo que esteve ladrão

04 de maio de 2001

Por volta de 1910, foi abandonada por seus pais uma criança, então recolhida das ruas de Paris e criada numa instituição. Anos mais tarde, esse menino foi apanhado roubando uma fruta. Freud explica? Mas não explica como uma pessoa com esse histórico, de resto um pouco parecido com o de Chaplin, se transformou num dos mais respeitados dramaturgos do século 20. Diz Jean Genet que o fato de o terem rotulado como ladrão a partir desse incidente significou que lhe conferiram uma identidade, a qual ele tinha de assumir. Isso porque todos temos uma tendência a fixar momentos como se fossem definitivos. Ninguém costuma achar que alguém está ou esteve como ladrão, e sim que é ou não é.

Como é sabido, os existencialistas refutam afirmações tão radicais, alegando que não há uma essência, uma maneira de ser permanente, e sim que a vida vai transformando cada um de acordo com as circunstâncias vivenciadas. Portanto a gente sempre está e não exatamente é de um determinado jeito. Genet, que acabou furtando outras vezes, julga que essa pecha condicionou seu comportamento. E foi com o intuito de denunciar a falsidade dessas imagens acabadas que funcionam como um espelho para quem é enfocado que fez sua sólida carreira artística, principalmente a partir de *O Balcão*. Idéias semelhantes às de Jean-Paul Sartre, que o ajudou a se livrar da prisão e escreveu em sua homenagem *Saint Genet, Comedien et Marthyr*, em 1952.

Se o filósofo foi a grande influencia pelo escritor, ou se se juntaram por afinidades intelectuais preexistentes, é difícil saber. Em todo o caso, na primeira peça, *As Criadas*, essa preocupação com o espelho e a imagem está presente. Escrita em 1948, abordando também esse tema, *Esplêndidos*, que permanecia inédita no Brasil, vem de sucesso no Rio, trazendo um prêmio Shell de cenografia (Ronald Teixeira) muito merecido: todas as cenas transcorrem num hotel de luxo onde alguns homens se juntaram para seqüestrar a filha de um milionário. Paredes com grande pé-direito que imitam granito verde-escuro, cheias de vidros altos, conferem elegância ao recinto. Lá se encontram nove homens unidos pelo projeto de arrancar dinheiro do pai da moça. São apresentados pela mídia como um bando perigoso, cujo nome é Rajada. Tanto personagens como o público tomam ciência da quadrilha e de seu nome através de uma rádio que transmite falas na voz de Selton Mello. Em outras obras como *Ela*, encenada por José Celso Martinez, o fotógrafo se encarrega de eternizar o papa. Agora é a rádio que apresenta um seqüestro como um acontecimento extraordinário, digno de horas de narrativa, que mostra os envolvidos como heróis, ainda que às avessas, mitificando-os substancialmente. E é inclusive por isso que a direção de Daniel Herz acertadamente optou por enfatizar as mensagens do texto, em vez de criar um clima de suspense. De maneira que o espectador não deve esperar muita ação, como num policial, apesar de estar diante de muitos homens com metralhadora. Tudo de extremo bom gosto, inclusive as marcações iluminadas com precisão por Aurélio de Simoni. Além disso, o ótimo elenco conta com nomes como Oberdan Júnior e Rodrigo Penna. Isso sem falar em Nelson Xavier, que comemora 45 anos de carreira. São qualidades que valem uma ida ao teatro.

Retrato fiel banhado em tom de lilás

11 de maio de 2001

Engana-se quem julgar que *O Abajur Lilás*, de Plínio Marcos, está ultrapassado porque foi escrito como retrato de um Brasil onde imperava a tortura. Primeiro porque a tortura ainda é praticada até nas Febens e por marginais, traficantes ou não. Segundo, se hoje o País é outro, especialmente para a classe média, com uma liberdade política incontestável, nem por isso deixaram de existir situações de extrema exploração.

A mão-de-obra infantil é um dos muitos exemplos. E violência e abuso fazem notar, como sempre se fizeram, no contexto enfocado: a relação entre prostitutas e cafetões. Apenas o travesti, que na peça é o cafetão, de modo geral é tratado pela sociedade como um pária, à margem de direitos, tanto ou mas do que as meretrizes. De todo modo, é perfeitamente crível que um travesti razoavelmente bem-sucedido financeiramente consiga comprar um quarto, como o mostrado no excelente cenário (J.C. Serroni), e o utilize para explorar o meretrício. De todo modo, é o tipo de situação que o autor conhecia bem de perto, de suas andanças pelo cais do porto de Santos, onde chegou a trabalhar, inclusive na estiva. Mesmo assim, sensível à mudança dos tempos, a direção de Sérgio Ferrara cortou com acerto uma cena de crueldade excessiva e gratuita, necessária, no auge da ditadura, para mostrar que, além de realista, a peça, escrita e censurada em 1969, apresentava uma denúncia dos desvarios e maus-tratos da repressão da época, que indignavam platéia e cidadãos.

Outro aspecto que impressiona é a precisão verbal, tão perfeita como em *Navalha na Carne*. É impressionante a fluência e veracidade dos diálogos, sejam os mais agressivos, sejam os que pedem clemência ou expressam medo, sempre em alta tensão. As personagens são extremamente bem-traçadas. Ester Goes faz Dilma, a prostituta que é mãe e quer livrar o filho dos males do mundo. Magali Biff é Célia, que gostaria de matar o cafetão, e Lavínia Pannunzio veste Leninha, a jovem recém-chegada que ainda não sabe bem onde está pisando. Seu desempenho é notável. Cabe destacar principalmente Francarlos Reis, que dá um show em sua versão de Gino, o cafetão.

Mas nem tudo são flores. Ferrara optou por uma leitura de cunho expressionista na medida em que tudo é levado em alto diapasão. Não se entende por que uma atriz talentosa como Magali Biff adotou um tom mais delicado, que desafina dos outros. Não que não seja uma leitura viável, se em consonância com a dos demais. Mas não é o caso. Merecem menção os criativos figurinos de Elena Toscano, a trilha sonora assinada pelo diretor e os adereços, entre os quais o abajur lilás. Tudo iluminado com precisão sob as ordens de Caetano Vilela e Sueli Matsuzaki.

Nacional e importado

18 de maio de 2001

Os fãs de Edu Lobo e Chico Buarque que forem assistir a *Cambaio*, de Adriana e João Falcão, não podem esperar nada de parecido com *O Grande Circo Místico*, porque certamente vão se decepcionar. As oito músicas inéditas compostas pela dupla talvez sejam lançadas em breve por alguma gravadora, provavelmente com arranjos mais completos e cantores mais experientes, já que são apresentadas quase que só com acompanhamento de violão e por atores jovens. É um mérito de Lenine, responsável pela direção musical e que com muita sensibilidade deixou os dois compositores com o próprio som característico e não ousou fazer orquestrações que desfigurassem seu estilo. Ocasionalmente, o som da percussão toma conta da cena, pontuando com eficiência a unidade quase tribal do elenco de 18 rapazes e moças, que dançam de modo coeso, com a mesma garra e concentração com que interpretam as falas.

Os atores atestam a liderança do diretor, o próprio Falcão, e de Tânia Nardini, que, com Juliana Medella, se encarregou do trabalho corporal. O resultado se assemelha a uma coreografia, ainda que pela repetição lembre as seqüências de exercícios de algumas lutas, como kung fu ou capoeira. Essa movimentação via-se em *A Máquina*, também do casal Falcão. O problema é que para fazer dança-teatro, como parece ser a intenção do encenador, conforme texto do programa da peça, é preciso não esquecer de que teatro é linguagem portanto se deve estabelecer um tipo de semelhança, mesmo que corporal – como o fazem, por exemplo, os grupos de teatro físico como o Circo Mínimo, para não falar da alemã Pina Bausch, a criadora da dança-teatro. E quando há peça escrita, supõe-se que haja relação entre o que é dito e o que é expresso corporalmente. Isso, embora estivesse ausente em *A Máquina*, existe neste espetáculo, cujo traço mais marcante é a repetição tanto de palavras como de gestos, ou seja, da idéia de que não sabemos se existimos de fato, ou se sonhamos nossa existência.

O tema mostra-se atual, tendo em vista a física quântica, mas remonta a mais de 5 mil anos, nos *Upanishades*, os escritos que formaram a base do hinduísmo e do budismo. Também é conhecido do teatro em obras como *A Vida É Sonho*, de Calderón de La Barca. Trata-se de assunto difícil de ser exposto teatralmente, ou seja, vivido por personagens, para que o público o perceba, não sendo simplesmente exposto e ilustrado como numa aula.

A tarefa requer mais experiência que uma quase estréia em dramaturgia. Apesar desses problemas fatais, *Cambaio* é de bom gosto visual, qualidade que João Falcão exibiu em montagens como *A Dona da História* e *Uma Noite na Lua*. Neste espetáculo, é auxiliado pelo fundo azul-celeste e pela iluminação competente de Ney Bonfanti. Além disso, há a vantagem de ser uma busca por um musical brasileiro.

Não é o caso de *Company*, que conseguiu com sucesso e competência reproduzir um musical a-mericano. O problema com a montagem de Cláudio Botelho certamente não é o elenco, que deu um grande salto na parte corporal desde *Cole Porter*, muito menos a excelente orquestra que toca ao vivo, coisa rara em nossos palcos. É a peça do americano George Furth. Datada dos anos 70, é ingênua demais e acaba por desinteressar boa parte do público ao tratar do assunto casar ou não casar, sem nenhuma acuidade. Talvez fosse preferível musicar *O Juiz de Divórcio*, conhecido entremês de Cervantes, que, apesar de renascentista, é mais divertido.

Ingênuos Qüiproquós

25 de maio de 2001

Escrita no início dos anos 60, a primeira peça de Osman Lins (1924/1978), *Lisbela e o Prisioneiro*, se guia por valores um tanto antigos para os dias atuais. A personagem central defende a virgindade com unha e dentes, tem um pai excessivamente zeloso que quer decidir os amores da filha e coisas assim. Por se tratar de comédia, essas características, que poderiam torná-la obsoleta realçam uma graça ingênua. Ainda mais que a peça é falada em *"pernambucano"*, como na terra do autor, ou mesmo em *"maranhense"*, onde parece se situar a história. São muitos qüiproquós envolvendo Lisbela (Virgínea Cavendish), seu noivo (Marcos de Oliveira), o outro (Bruno Garcia), o delegado tenente que é seu pai (Emiliano Queiroz) e um ajudante, o cabo (Lúcio Mauro Filho).

Para complicar mais as coisas há um matador (Aramis Trindade) e sua esposa (Lívia Falcão). Interpretados por um elenco competente e coeso, que com seus tipos ingênuos de nordestinos dá conta do recado, provocando boas risadas. Destaque para a cena em que pai e filha tentam conversar de um assunto tabu, sexo. Os acertos de Guel Arraes como encenador chegam a surpreender não só pela facilidade com que estabeleceu marcações precisas, mas também pela qualidade do espetáculo, mostrando seu domínio da linguagem teatral em que, pelo menos em São Paulo, é estreante. É claro que tanta experiência em TV e alguma em cinema ajuda. Especialmente porque esse texto guarda semelhanças com *O Auto da Compadecida*, de Ariano Suassuna, obra que dirigiu para o cinema.

Trechos de filmes românticos de Hollywood anos 40 e 50 não faltam, reunidos em colagens exibidas no fundo do palco. Sempre que Lisbela beija, uma máquina projeta suas fantasias de outros beijos, no caso americanas, porque anteriores à invenção da televisão e do sonho com um sucesso global que acomete muitos jovens na atualidade. Além disso, a cenografia (Lia Renha) é simples, precisa e criativa o tempo todo. Por exemplo na composição da entrada do cinema, que é feita com dois cartazes grandes, entre os quais as personagens transitam, ou ainda as grades da cela da prisão que entram e saem, abrem e fecham, tão precárias como o cabo que tem de mantê-las controladas. Noutros lances o cenário fica a cargo da iluminação de Marcelo Brasil, que confere um tom um tanto brega a quase tudo. Nessa mesma linha os excelentes figurinos de Cao Albuquerque são até risíveis, notadamente os de Inaura, a mulher do matador. Em síntese é uma boa montagem com música bem-humorada, composta por José Almino e Caetano Veloso.

Também com bastante qualidade e situado na era do jazz, *Antes do Café*, um texto curto e memorável de Eugéne O'Neill, traz Jerusa Franco e Geraldo Tozzi como o casal da peça. É um quase monólogo, pois o marido permanece praticamente mudo a despeito de suas reações ao discurso da mulher. Habitualmente, nas encenações era costume mostrá-la como compulsiva infernal, de certo modo culpando-a pelas desavenças conjugais. Na direção de Celso Frateschi há um tom mais pausado e suave que apresenta a situação com maior imparcialidade. Os atores estão muito convincentes e o público assiste a suas rixas sem grande comprometimento emocional, mas interesse constante.

Sentimentalismo Monocórdio

01 de junho de 2001

É a primeira vez que uma multinacional vem se instalar no Brasil para produzir peças de teatro. A companhia Interamericana de Entretenimento (CIE), até hoje, tem se responsabilizado por musicais. E, dentro desta área, levou ao cartaz *Rent*, *Aí Vem O Dilúvio*, *O Beijo da Mulher Aranha* e, agora, *Les Misérables*. Vem repetindo o esquema que já deu certo em várias capitais do mundo, inclusive Buenos Aires: sempre com elenco e assistência de direção locais, espetáculos criados fora do país e que trazem os mesmos desenhos de cenários, figurinos, iluminação e música, montados pelo mesmo encenador do original.

No futuro estão previstos outros, entre os quais os mais famosos são *O Fantasma da Ópera* e *A Bela e a Fera*. É um empreendimento que tem dado trabalho para muitos de nossos atores jovens, selecionados em teste, por diversos técnicos, que tem ensejado reformas de alguns teatros para adequá-los a grandes produções, aproveitando as leis de incentivo à cultura. No caso de *Les Misérables* o teatro Paramount foi praticamente reconstruído pela Editora Abril, com excelentes resultados – inclusive poltronas extremamente confortáveis – exceto com relação à bilheteria. É uma casa que comporta pouco mais de 1.500 espectadores e não conseguiu resolver bem o problema das filas para retirar e comprar ingressos, como o fez com eficiência inegável o Teatro Alfa.

No caso do romance de Victor Hugo, é preciso dizer que foi considerado excessivamente sentimental na época em que foi escrito, e teve enorme sucesso de público, a despeito dessas críticas. Uma situação que esse musical de autoria francesa (Alain Boublil e Claude-Michel Schönberg) e encenação inglesa (Ken Caswell) repete. São 16 anos em cartaz no West End e 14 anos na Brodway.

E a obra continua sentimental demais, tendo como proposta a caridade e apresentando um herói romântico. Na peça, a miséria não é vista como questão de administração pública e há o pressuposto de que possa ser solucionada com a bondade. É um viés do começo do século 19, já questionado por volta de 1850. De toda a maneira, sua transposição para a cena é feita com grande eficiência quanto à síntese das ações postas em pouco mais de duas horas, a partir de um livro tão extenso.

Mas o que mais me impressiona é a cenografia e a técnica de mudanças de cena. Num palco giratório se alternam com rapidez e sem ruídos as inúmeras locações do texto cantado. O problema é que há músicas demais, quase nenhuma palavra simplesmente dita, falta de variação que torna a obra repetitiva, a ponto de às vezes dispersar a atenção do espectador. Além disso, os belos figurinos pecam por excesso de fidelidade a um estilo e, se têm a vantagem de apresentar perfeita unida-de, acabam por não se destacar uns dos outros, parecendo até os mesmos. São a indumentária de quase 30 atores, na versão brasileira. Entre eles os que se encarregam dos personagens centrais: Marcos Tamura (Jean Valjean), Saulo Vasconcelos (Javert), Alessandra Maestrini (Fantine). Todo o elenco canta impecavelmente bem, sob direção musical de Marconi Araújo, que também mostra muita competência como regente da ótima orquestra de 16 músicos brasileiros que se apresenta ao vivo. Vale lembrar que a tradução das músicas é assinada por Cláudio Botelho e tudo flui com clareza.

Sob a coordenação do diretor inglês, respondem pela montagem um diretor associado argentino (Mariano Detry) e um diretor residente, Helzer de Abreu, que participou de versões brasileiras de *Rent* e *O Violinista no Telhado*.

Em paz com a brasilidade

15 de junho de 2001

Tudo começou quando a atriz Regina Braga sugeriu à dramaturga e jornalista Marta Goes que escrevesse um texto sobre o Brasil. A obra foi sendo gestada lentamente até que a autora encontrou o caminho de ver nosso país através dos olhos da poeta Elizabeth Bishop (1911-1979), uma das mais conceituadas da literatura americana passou 15 anos morando no Rio.

Se a peça tivesse estreado na época dos 500 anos, seria apenas mais uma homenagem. Agora, durante a ameaça de um apagão, tem outra conotação, com alguns momentos que tocam a platéia – cuja estima pelo país e seus dirigentes anda fortemente abalada – de uma maneira que restabelece, pelo menos momentaneamente, a paz com o sentimento de brasilidade. Isso na medida em que o público é lembrado das qualidades afetivas que reinam por aqui, com a admiração de alguém de fora e com a perspicácia e o lirismo de uma artista, transformada em personagem por outra.

Ou seria melhor dizer outras duas, já que Regina interpreta o monólogo com a competência de sempre, com naturalidade e delicadeza. Ela e a direção (de José Possi Neto) optaram com sabedoria por não adotar um sotaque constante para a personagem, mostrada quase o tempo todo num português claro, que a aproxima ao invés de distanciá-la dos presentes. Mas nem tudo são acertos. A cenografia (de Jean-Pierre Tortil) é pesada e não combina nem um pouco com a leveza com que o assunto é tratado, consistindo de uma plataforma com teto que está fixa no palco e que é muito inadequada para muitas das locações que o texto pede. Dá saudade das malas em movimento que eram o único elemento cenográfico de *Uma Relação Tão Delicada*, o maior sucesso da carreira da atriz. A iluminação (de Wagner Freire) é no geral convencional, mas em alguns momentos consegue disfarçar o equívoco do visual por meio do emprego de slides que projetam paisagens ao fundo, sugerindo belos panoramas.

Embora *Um Porto para Elizabeth Bishop* seja mais uma apresentação da poeta para um público que não a conhece, é também uma obra engajada na luta contra o preconceito, já que ela viveu quase toda a vida maritalmente com a arquiteta e paisagista Lota Macedo Soares e ambas foram mulheres que brilharam em suas profissões: a primeira com um prêmio Pulitzer e Lota responsável pela construção do parque do Flamengo e com atuação política, ocupando cargos, inclusive no governo de Carlos Lacerda.

É o terceiro espetáculo em cartaz neste semestre a enfocar o homessexualismo feminino, mostrado com muita classe, elegância e por atrizes famosas. Basta ver as intérpretes dos outros dois, que se somam a Regina. Déborah Secco interpretou a namorada de Denise Weinberg em *As Lágrimas Amargas de Petra von Kant* e Adriane Galisteu emprestou seu charme à figura central de *Dia das Mães*, na qual contracenava com Patrícia Gaspar. Isso sem falar de *A Mancha Roxa*, que se passa numa prisão, onde não cabe lá muita elegância, e de *Retrato do Amor Quando Jovem*, com poesias de Goethe recitadas como declarações de amor pelas duas jovens atrizes, Amazyles de Almeida e Marta Meola. Há muitos anos que esse tema vem sendo enfocado ocasionalmente pelas artes em geral, mas esta freqüência no teatro é extraordinária. E o espectador fica intrigado e se pergunta se o fato de a mão-de-obra feminina representar atualmente

40% da população economicamente ativa abriu maior possibilidade de discutir homossexualismo, sem receio de prejudicar a luta pela emancipação feminina e pela igualdade social, que nos seus inícios era desqualificada sob a alegação de que as feministas eram masculinizadas. No momento há apenas pequenos indícios. Só o tempo dirá.

Hora da saudade

22 de junho de 2001

A polêmica sobre a paternidade de Gonzaguinha, discussão de que tanto participaram os seus fãs, como o público admirador de Luiz Gonzaga, não foi o aspecto que mais interessou Deolindo Ceccuci, autor da peça *O Vôo da Asa Branca*. Preocupou-se ele em mostrar a trajetória do menino nascido no interior de Pernambuco – filho de uma lavadora e de um sanfoneiro que contava com algum prestígio –, o qual começou a vida na enxada, até adotar a profissão do pai. E, mesmo saindo de uma condição tão simples, conseguiu compor uma obra, incomparável, incluindo *Asa Branca*.

Dentre as muitas curiosidades do texto, estruturado em linguagem de cordel, chama a atenção a admiração que o garoto nutria por Lampião, o *"rei do cangaço"*, a quem dedicou uma música e homenageou com o chapéu que usou durante tantos anos. Ele, que era o *"rei do baião"*, se sentia irmanado àquela figura controvertida. Segundo a versão da peça, houve um encontro entre eles. Sendo ou não verdade, é um detalhe apenas curioso, já que a ficção não tem obrigação de total fidelidade histórica.

O que mais encanta a platéia é o contato com o que parece ser um autêntico pedaço do sertão, essa parte do Brasil tão cheia de talentos artísticos e que por vezes sentimos tão distantes. E não é para menos. O grupo não é pernambucano, e sim formado de baianos legítimos e vem com alguns prêmios na bagagem: Prêmio Nacional de Dramaturgia Lourdes Ramalho, da Paraíba, e Prêmio Copene de Teatro, de melhor espetáculo em Salvador.

O espetáculo tem percorrido várias cidades, incluindo o Rio. É o próprio dramaturgo quem assina a direção, com marcações muito precisas e bons atores-cantores. Os diretores da música propriamente dita, Amadeus Alves e Deolindo, tiveram a sabedoria de não pôr um ator cantando no lugar do homem do *"Assum Preto"*, cuja voz ficou marcada na memória de todos, não havendo como substituí-la.

Todas as canções são interpretadas pelo conjunto

do elenco (Cristiane Amorim, Daniel Becker, Heraldo de Souza, Isabela Malta, Marcelo Praddo e Mônica Gedioni), com afinação impecável. Além deles, apresenta-se um quarteto fazendo o acompanhamento ao vivo, com predominância, é claro, do acordeão. Cabe ressaltar também os excelentes figurinos, assinados por Euro Pires, que também se responsabiliza pela cenografia leve e adequada. O mesmo pode ser dito da iluminação de Luciano Reis, que destaca com competência os elementos visuais. Em síntese, é uma montagem que reúne todas as condições de agradar a velhos e moços que admiram a arte nordestina. É ótima oportunidade para fazer uma hora da saudade.

Outra boa surpresa foi encontrar o Teatro João Caetano, um dos muitos da prefeitura de São Paulo, bastante restaurado, pintado e com poltronas estofadas e revestidas de tecido, não se sabe ao certo por mérito de quem. Mais uma razão para recomendar o espetáculo.

Centelhas de Esperança

09 e 10 de junho de 2001

Alguns colchonetes, sete atrizes, nenhum cenário e um figurino simplíssimo bastaram para fazer um excelente espetáculo. É claro que isso se deve principalmente ao brilhante texto de Plínio Marcos, um autor voltado para as pessoas marginalizadas e que nunca fez teatro para grandes produções. No caso de *A Mancha Roxa*, a economia de elementos se justifica, mais ainda, porque tudo se passa dentro de um presídio feminino, numa cela especial.

Vera Artaxo (viúva do escritor) relata no programa que a peça foi escrita em uma noite e gestada por algum tempo, enquanto Plínio fez uma pesquisa *in loco*, contratado por publicitários que buscavam caminhos para fazer uma campanha eficiente de prevenção da Aids nas prisões. Ao contrário do que se possa supor, o que se desvenda para o público não é a marcha da doença, o contágio e coisas assim. É a própria vida dentro do presídio, que, como todo agrupamento humano, exibe disputa e abuso de poder e corrupção, entre outras mazelas que às vezes fazem suspeitar que o homem é um animal que não deu certo.

Só que as personagens não pensam assim. Encontram uma centelha de fé em todas as circunstâncias. E é isso o que a peça é. Uma lição de fé. Não dada como uma aula, mas por meio da ação das criaturas ficcionais, como convém ao teatro. A peça se mostra uma síntese, por assim dizer, das duas fases da carreira do autor. Plínio alternou a fase da denúncia das injustiças sociais com outra, até certo ponto mística.

Mesmo com uma dramaturgia tão eficiente, toda montagem se alicerça no trabalho do ator e esta não é exceção. As figuras mais poderosas, como a carcereira (Mara Helleno), a enfermeira que por sua experiência manda nas outras (Soraya Aguillera) e a professora (Silmara Deon), apesar de autoritárias, não são mostradas de modo similar. Ao contrário, há um cuidado minucioso na composição de cada uma. O mesmo pode ser dito das demais, como Tita (Malu Rocha), Linda (Maira Galvão) e a frágil Isa (Silvana Pimpinato), tipos mais femininos, ainda que diferentes entre si. Uma é coquete, outra desprotegida e a terceira carente. Além delas há a Santa, cheia de culpas e arrependimentos, interpretada com talento por Isadora Ferrite.

É claro que tanto acerto remete à impecável direção de Roberto Lage, não só na condução do elenco mas também do espetáculo, como opção por uma encenação sem artifícios, limpa, direta e clara. As qualidades se estendem à iluminação assinada por ele mesmo. Soma-se à discreta direção musical de Dagoberto Feliz.

Por tudo o que foi dito, *A Mancha Roxa* vale uma ida ao Centro Cultural, mesmo tendo que descer alguns lances de escada na entrada, para depois subi-los na saída, já que o espetáculo transcorre numa das salas de ensaio, situada no porão.

Riso realista

31 de agosto de 2001

Será que tudo vai acabar em pizza? Todos os crimes de colarinho branco? O dramaturgo e jornalista Mário Prata (*Besame Mucho, Fábrica de Chocolate*) acredita que a impunidade permanecerá e que continuará difícil provar delitos e cobrar apropriações indébitas. Pelo menos é o que se deduz de sua nova peça, *Eu Falo O Que Elas Querem Ouvir*. No enredo, o deputado Dagoberto (Javert Monteiro), candidato ao governo de Tocantins, tem um problema: seu irmão caçula (Ângelo Paes Leme) é um maníaco não do parque, mas da Cantareira, e ameaça suas ambições políticas. A solução é tropicalista, para não dizer macabra: contratar o famoso diretor teatral Camilo (Paulo Gorgulho) para que ensine Mário Alberto a se fingir de psicopata e possibilite sua fuga, mesmo que o manicômio judiciário seja inevitável. É nesse ponto que a peça vira comédia, ao se concentrar nas lições de teatro. Camilo funciona como terapeuta no estilo de Moreno, o diretor teatral que inventou o psicodrama, e percorre as neuroses do personagem. Tudo com exageros divertidos do mérito criado por Stanislavisky, principal representante do teatro ilusionista e catártico, e que defendeu a criação do papel por meio da memória emotiva. É durante um processo desse gênero que, invocada pela fantasia do rapaz, aparece a tia Davi (Maria Clara Fernandes), seu sonho de mulher.

O que mais agrada no espetáculo é a interpretação de todos os atores, com destaque para Paulo Gorgulho, que dá um *show* como Camilo em sua loucura artística e para Ângelo Paes Leme, que interpreta com brilho o maníaco, papel bastante complexo. Todos conduzidos pela direção segura e experiente de Roberto Lage, que opta com acerto por um estilo realista convencional, para que as situações absurdas sejam vistas como tais. Isso também se observa em relação à eficiente cenografia de Ulisses Cohn, uma sala de visitas, cuja veneziana esconde um quarto, como se fosse um mezanino. A ótima trilha sonora de Aline Meyer convida o espectador a viajar no que se vê em cena. Infelizmente o mesmo não se pode dizer dos figurinos de Marcos Botassi. Concebidos, ao que parece, para ridicularizar os personagens, mostram-se de mau gosto e inadequados, não chegando a se constituir em objetos risíveis.

Fidelidade de clown ao desejo de Beckett

16 de novembro de 2001

Como em *Os Lusíadas*, uma nova versão de *Fim de Jogo*, de Samuel Beckett, suscita comparações inevitáveis. Em primeiro lugar, porque o diretor Francisco Medeiros apresentou no ano passado uma montagem maravilhosa de *A última gravação de Krapp*, peça radiofônica do mesmo autor, transpostas para o palco, e que, entre muitos méritos, tinha o de dinamizar a obra. Dinamizar a ponto dela falar da vida como tediosa e insípida, sem ser do modo tedioso e insípido irlandês. Em segundo lugar, porque este mesmo texto teve montagem recente sob a batuta de Rubens Rusche, que transformou seus personagens em quase fantasmas, com visual, movimentação e mesmos recursos vocais exóticos, e lhes conferiu uma nova dimensão.

Nenhum desses recursos foi repetido por Medeiros, que preferiu ser fiel às declarações de Beckett, para quem suas criações deveriam ser interpretadas como *clowns*. *Fim de Jogo* retrata a velhice, a decrepitude. Nagg (Lafayette Galvão) e Nell (Malú Pessin), pais do protagonista, estão acabados e sem pernas, de maneira que moram em duas latas de lixo contíguas e não podem nem sequer trocar um afago. O filho, Hamm (Cacá Carvalho), é idoso o bastante para estar cego e paraplégico. Suas únicas distrações são dar ordens e discutir com Clóvis (Edson Celulari), de quem todos dependem fisicamente e cujas únicas atividades consistem em atendê-los com um ar superior, deslocar uma escada e olhar através das janelas.

São personagens que aguardam a morte e não vêem sentido para a vida. Nem sequer recordação de um passado alegre, como em *Dias Felizes*, nem tampouco a espera de Deus – conforme interpretam alguns críticos – ou de quem quer que seja, em *Esperando Godot*. É um teatro estático, apresentado como tal e sem concessões no que toca à excelente interpretação dos quatro atores, e ao ritmo mantido pela direção. Mas nem tudo é seco, como pode ser constatado pelo visual lírico. Márcio Medina (cenário e figurinos) mostra a casa de Hamm como uma prisão constituída de paredes que simulam rochas, além de conceber figurinos e adereços de estremo bom gosto e adequação, como é o caso da colcha vermelha com a qual se cobre.

Sendo uma peça com pouca ação, dificilmente agrada ao grande público. Quem sabe tenha sido esse um dos motivos de sua escolha para inaugurar o Teatro da Folha, um espaço simpático e pequeno, próprio para eventos experimentais, situado no Shopping Higienópolis, em São Paulo. O único senão fica por conta do espaço entre as poltronas, tão estreito que lembra a classe econômica de aviões recentes. Em todo caso, o espectador exigente tem a possibilidade de se sentar em cadeiras mais isoladas, que fazem às vezes de camarotes de dois lugares e se situam nas rampas laterais da sala. Os fãs de Samuel Beckett certamente vão gostar.

Com Deus e o diabo a bordo

30 de novembro de 2001

A principio parece extremamente oportuna uma peça que discuta o cristianismo, numa época em que se registra um conflito entre o mundo islâmico – especialmente no que se refere à discriminação contra as mulheres – e seu desprezo pela civilização ocidental. Ainda mais por ser o cristianismo uma religião que coloca ambos os sexos com direitos semelhantes, o que não ocorre na maioria das outras religiões.

Essa equivalência, infelizmente, não é o que se vê na peça *O Evangelho Segundo Jesus Cristo*, adaptada no livro de José Saramago pela premiada Maria Adelaide Amaral. Maria é mostrada como descrente e desconfiada das palavras do filho. Além disso, a apresentação de Maria Madalena, a prostituta arrependida, totalmente dedicada a Cristo porque convertida, transformou-a em simples namoradinha que o segue porque gosta dele, sem defender nenhuma convicção. Há outras tantas alterações do texto bíblico, de maneira que pareceria mais correto se o título fosse *O Evangelho Segundo Saramago*.

Nas alterações não há nada de muito novo, exceto a noção de que São José tinha culpa por não tentar salvar seus conterrâneos, o que seria cabível numa religião como a da Grécia Antiga, mas não naquela cuja que a salvação é individual, e na qual a salvação coletiva não é atribuição de nenhum mortal comum. Os outros questionamentos não são tão novos: o autor participa do ponto de vista existencialista, pelo qual Deus e o diabo são as duas faces da mesma moeda, um não existe sem o outro. Da idéia de Nietzsche de que religião e culpa andam de mãos dadas e da perplexidade de que Deus está vendo tantos absurdos no mundo e não faz nada. Só não dá para passar batido sobre a questão do feminino, num país em que a maior *causa mortis* entre as mulheres é o homicídio, com mais de 50% dele cometidos por namorados e maridos.

É uma pena porque o espetáculo dirigido por José Possi Netto é de cair o queixo. O elenco de 15 atores apresenta um trabalho impecável, notadamente Eruiberto Leão, no papel de Jesus, Walderez de Barros interpreta Maria e Maria Fernanda Cândido faz Maria Madalena.

Cabe destacar ainda Celso Frateschi e seu brilhante trabalho como Lúcifer. As marcações do diretor e da preparadora corporal Vivian Buckup são extremamente gráficas, aparentando naturalidade. Os figurinos de Fábio Namatame, com grande acerto, nos remetem à época de Jesus, segundo a imaginação dos pintores renascentistas. Tudo completado pela iluminação surpreendente de Wagner Freire, que empresta um ar santificado (a luz parece vir do céu) aos elementos cênicos. A bela trilha sonora de Túnica, com muita sabedoria, foge inteiramente dos cânticos religiosos convencionais. E completa com perfeição todo o visual extraordinário (cenografia de José Carlos Serroni). Fixa no palco há uma estrutura que dá a ilusão de deserto. O deserto então se enche de fumaça simulando as ondas do mar, onde navega um barco em que conversam Jesus e Deus. A platéia assiste a tudo com prazer.

Aventuras de um sovina

22 de fevereiro de 2002

Todo mundo diz que Deus escreve certo por linhas tortas e Jean Baptiste Poquelin, mais conhecido pelo nome artístico de Moliére, é prova disso. Nascido no século 17, pensou em se dedicar ao teatro escrevendo e atuando em tragédias, gênero em geral, e principalmente naquele período classicista, considerado maior. Montou uma companhia em Paris que não deu certo e se encheu de dívidas pagas por seu pai, o tapeceiro do rei. Então partiu para o interior e foi viver e trabalhar de modo itinerante, fase em que conviveu com os Comediantes Dell'Arte, sofrendo sua influência. Depois de obter algum sucesso e experiência voltou a Paris para se apresentar diante de Luiz XIV. Começou por mostrar o que julgava ter de melhor, uma tragédia. Ao perceber que não estava agradando, emendou com uma comédia, com auxílio de sua trupe, treinada para participar dessas mudanças. E foi assim que nasceu o *Improviso de Versalhes*, que lhe garantiu a amizade do rei.

Foi por esses meandros que o comediógrafo mais encenado de todos os tempos erigiu sua carreira. Como era comum na época e próprio da comédia italiana, Moliére se especializou num papel. No seu caso, em personagens herdeiras de Pantaleão, ou seja, principalmente velhos autoritários e rabugentos, os quais concebia para ele mesmo representar.

Dessa maneira é natural que João Bethencourt o tenha adaptado sem ficar muito preso ao original de *O Avarento*, bem como Jorge Dória se encarregue do protagonista, Harpagão. Isso porque Dória, como Moliére, é um ator que seleciona personagens de acordo com seu tipo físico, de maneira que possa mostrá-los muito mais baseado em seu próprio carisma.

Contracenam com ele Jacqueline Laurence, Henrique César, Marcio Ricciardi e Gustavo Otoni, todos muito eficientes. O mesmo pode ser dito dos dois pares de enamorados, Gláucia Rodrigues, Janaína de Prado, Nilvan Santos e Edmundo Lippi; assim como dos coadjuvantes, Pietro Mário e Fernando Cardoso. A montagem, divertida, esteve em cartaz no Rio de Janeiro em 1999 e fez temporada em muitas capitais antes de chegar a São Paulo. Mantém o cenário de bom gosto de José Dias e os ótimos figurinos de Ney Madeira, valorizados pela iluminação correta de Rogério Wiltgen.

Delicadeza colorida

28 de junho de 2002

Na maioria das vezes é o teatro que vira cinema e não o contrário. Sendo artesanal essa arte em muitos casos costuma servir como laboratório de experimentação para as outras, como essas outras (cinema e TV) envolvem somas muito maiores de dinheiro e público. Foi assim com *Hair*, *O Violinista no Telhado* e *O Rei e Eu*, entre tantas outras.

No caso *Peter Pan*, exibido na Broadway há muitos anos, houve o oposto. Baseado no filme, o espetáculo apresentava a fada Sininho voando sozinha sobre a platéia e, posteriormente, juntamente com os irmãos que ela conduz. Com esse tipo de recurso o espectador, fascinado, se sentia dentro da Terra do Nunca. Igualmente originada do filme, que se baseou no conto de Jeanne Marie de Beaumont do século 18, a peça *A Bela e a Fera*, uma produção da Disney, acaba de estrear. Diferentemente de *Peter Pan*, passa-se no palco italiano de maneira que o espectador não se sente no meio da Terra do Nunca, mas diante dela. Principalmente pela riqueza de recursos visuais e truques cenográficos (Stanley A. Meyer), que criam uma sensação de magia, especialmente porque não estamos acostumados às produções milionárias da Broadway.

Tudo muito leve e delicado, a ponto de a troca de locações ser quase imperceptível: sem barulhos, sem blecautes. Nem sempre é possível concordar com o gosto americano de misturas de cores que se sucedem nos conjuntos, mas é inevitável ficar como que hipnotizado pela sucessão de formas. Os figurinos (Ann Hould-Ward) ajudam a completar os quadros elegantemente, mas o que mais impressiona é a complexa iluminação (Natasha Katz) para um palco enorme e com toda essa movimentação.

Não é à toa que Milton e Ney Bonfanti conduziram sua operação em dupla. Além desses, cabe falar na música (Michael Kosarin e Glen Kelly) executada ao vivo por uma orquestra com mais de 20 integrantes, sob a impecável regência de Miguel Briamonte. A maioria das canções é interpretada pelo brilho do elenco com mais de 30 atores, que
também dançam com precisão. Todos brasileiros, muitos dos quais com trabalho premiado, inclusive fora do País.

Nos papéis principais estão Saulo Vasconcelos (Fera), Kiara Sasso (Bela) e Daniel Boaventura (Gaston). Este último um pretendente apaixonado por Bela, que o quer bem distante, detalhe do enredo que não está na lembrança de quase nenhum adulto. Deste modo, não se sabe se o episódio consta do texto da escritora francesa, ou se foi concebido para o filme e a peça. Ao que tudo indica, ficou desbotado da memória, que, no entanto se lembra com facilidade do casal de protagonistas e da feiticeira (Paula Fernandez), que por vingança transformou o belo príncipe (Rodrigo Vincente) numa fera terrível.

A despeito de a montagem ser longa (2h45), as crianças adoram. Aconselhada para maiores de 4 anos, a constatação desse encantamento surpreende, principalmente por aqui, pois tradicionalmente o teatro infantil é apresentado quase sempre com uma hora de duração. Crianças com dez ou 11 anos não devem perder a peça. Ainda mais porque se entende perfeitamente a tradução (Telmo Perle Munch), interpretada com muita clareza por todos, notadamente pelo diretor. Talvez a encenação agrade aos pais e avós, ou mesmo aos tios. É uma montagem de méritos.

Texto certo no tom errado

17 de maio de 2002

Falar do dramaturgo e encenador alemão Bertolt Brecht – um dos maiores do século 20 –, ligando seu nome à tragédia ou ao trágico, não faz sentido. Destino, ou mesmo inexorável, são palavras que não existiam no seu dicionário, já que considerava que todos eram responsáveis pelos seus próprios atos e pelo que deles resultasse. Assim, não dá pra dizer que escrevia tragicomédias, ainda que as comédias se aproximem de seu teatro.

Como nas comédias, queria que o público assistisse ao espetáculo sem se envolver emocionalmente, mas com senso critico e raciocínio aguçados ao máximo. Por outro lado escrevia sobre temas sérios, o que aproximava mais do drama e menos da comédia. Em resumo, o teatro de Brecht não cabe nas categorias estéticas que o precederam, pois criou um gênero novo: a comédia séria (não como a renascentista, que era um drama com final feliz), ou o drama distanciado, utilizando o termo que ele próprio cunhou. Talvez por essa razão seja tão difícil colocá-lo em cena. Encontrar o tom exato para os momentos mais dramáticos e escolher os instantes em que se deve distanciar a platéia nem sempre é fácil. Esse é também o calcanhar-de-aquiles da excelente montagem *Mãe Coragem e Seus Filhos*, uma das melhores peças do autor de *Galileu, Galilei*, que acabou de estrear por aqui, após as apresentações do festival de teatro em Curitiba.

A leitura que se apresenta na montagem tende para a comédia convencional, pois deixa a graça para os protagonistas. Maria Alice Vergueiro e José Rubens Chachá envergam os personagens centrais (Mãe coragem, Capelão e Sargento) quase todo o tempo como se fossem tipos farsescos, enquanto os outros atores estão numa linha naturalista. É como se faz habitualmente em um Molière, para citar um exemplo.

Um recurso que parece ter reduzido a seriedade da crítica à guerra e à sociedade do dinheiro. Há alguns momentos apresentados em tom exato. É o caso da maravilhosa cena de morte do primeiro filho, Queijinho (Jiddu Pinheiro). Em outros instan-

tes o espectador se diverte com a indiscutível veia histriônica de ambos. Mas parece duvidoso que, com tanta comicidade, as denúncias tão a calhar na atualidade fiquem claras. Retira-se o peso da constatação de que quando há guerra existem aqueles que a exploram vendendo mercadorias, e que por isso estão interessados na perpetuação dos bombardeios. Esquecendo desse problema de leitura trata-se de uma encenação que só tem qualidades. O elenco de apoio (dez atores) está impecável, com destaque para Márcia Martins. Seu papel é o da filha caçula muda, e em suas entradas toma conta do palco, com sua impressionante expressividade. Também não é possível deixar de mencionar o trabalho como sempre bem feito de Luciano Chirolli como o cozinheiro, ou mesmo o de Mariana Muniz (Ivete, a prostituta). Alem disso os cenários de J. C. Serroni são de grande beleza e praticidade: elementos leves entram e saem do palco, ora para ambientar a cena, ora para ressaltar as frases projetadas, tão caras ao mestre de teatro didático. Não lhes ficam atrás os figurinos de Leopoldo Pacheco e Marco Lima, muito adequado e de bom gosto. Tudo iluminado pela competência de Davi de Brito. É necessário ainda elogiar a tradução (Alberto Guzik, Maria Alice, e Sérgio Ferrara) e as letras das músicas (José Rubens Chachá), muito bem cantadas, especialmente, por Rubens Caribe (filho mais velho). Ambas são valorizadas pelas trilhas (Miguel Briamont) e pelo piano ao vivo (Sérvulo Augusto).

A bem-vinda invasão carioca

10 de maio de 2002

A cidade de São Paulo recebeu neste semestre a bem-vinda, mas nunca vista, invasão de espetáculos teatrais cariocas. Chegaram a principio de mansinho, com *O Homem Que Viu o Disco Voador*, de Flávio Márcio, seguido de *Casa de Boneca*, de Ibsen, ambos dirigidos por Aderbal Freire Filho. Ao mesmo tempo o engraçadíssimo *Um Pijama Para Seis*, de Marc Macolett, direção de Rogério Fabiano, começava seu sucesso de público. O que não dava para perceber é que esse era só o prenúncio dessa avalanche: *Jantar Entre Amigos*, de Donald Margulies, direção de Felipe Hirsch, quase na mesma semana em que *Godspell* e o premiado *South American Way*, dirigidos por Falabella, entraram em cartaz.

Seguem-se *O Carrasco*, com o grupo Amok Teatro, *Sylvia*, de A. R. Gurney, outra direção do Aderbal, *Elis-Estrela do Brasil*, de Douglas Dwight, direção de Diogo Vilela, assim como *O Falcão e o Imperador*, adaptação e atuação de Letícia Spiller. A estes somam-se *Conduzindo Miss Daisy*, de Alfred Uhry, direção de Bibi Ferreira, e ainda *Norma*, de Dora Castelar de Tonio Carvalho, que deve estrear hoje.

Simplesmente são 13 montagens – sem contar a reestréia de *Monólogos da Vagina* – e se juntar às criações originárias daqui mesmo, que não são poucas. Quase todas as peças estão em cartaz nos fins de semana, o que torna impossível aos críticos acompanharem tudo. Mesmo assim, o que parece ser a tônica da grande maioria das estréias cariocas é o fato de trazerem produções ricas, bons atores e peças bastante comerciais. Dessa maneira, esqueceremos aquelas sobre as quais já publicamos impressões e nos dedicaremos à *Miss Daisy* e *South American Way*.

Conduzendo Miss Daisy deve ter sido mais dinâmica no cinema, porque perde muito como teatro, pois o carro, com o qual passeiam constantemente, foi confeccionado com fios de ferro, e embora muito bem bolado (Alexandre Muricci) fica parado todo o tempo, no que se convencionou ser a casa da protagonista. É um recurso que torna a encenação um tanto monótona, pelas limitações da própria arte teatral, principalmente quando de cunho realista, como é o caso. Além disso, o texto é excessivamente sentimental. Apesar disso, a maior parte do público se emociona e aplaude com muito entusiasmo. É que o elenco é de primeiríssima linha: Milton Gonçalves, que traz na bagagem, entre outros, um merecido prêmio Governador do Estado, por este papel; sem ficar nada atrás de Nathalia Timberg, como sempre irretocável interpretando a protagonista ranzinza; quem os acompanha é Reinaldo Gonzaga, que se apresenta de modo impecável ajudados pelos excelentes figurinos de Kalma

Murtinho. Tudo iluminado com competência por Aurélio de Simoni e dirigido pela experiente Bibi Ferreira.

Não menos competente é a direção de Falabella em *South American Way*. Atesta mais uma vez depois de *Company*, dirigido por Cláudio Botelho, que o Rio sabe fazer musicai, sem vacilar na palavra, no canto ou na dança. Não é à toa que recebeu seis prêmios Shell, entre outros. O espetáculo homenageia Carmem Miranda (Stella Miranda e Soraya Ravende), contando a história de seu sucesso, principalmente nos EUA. As atrizes Stella e Germana Guilherme (Aurora Miranda) são cantoras de alto nível. Além delas, há 18 atores, incluindo o excelente conjunto musical que interpreta o Bando da Lua. Em matéria de arranjos e direção musical (Josimar Carneiro) a montagem dá um *show*. Apenas o repertorio é de qualidade duvidosa (exceção de *Taí*, *Tico-Tico no Fubá* e um Ary Barroso que agradam a qualquer público). Como na maioria dos musicais, a historia é superficial, abrindo destaque para o samba. Mas os fãs de Carmem, certamente, vão adorar recordar seus sucessos, ainda mais com cenografia (Renato Vieira) e figurinos (Cláudio Tovar) deslumbrantes.

Uma delícia de besteirol à francesa

27 de setembro de 2002

A princípio alguém poderia perguntar por que importar um besteirol francês quando há tantos nacionais? Mas quem olha os deslumbrantes aristocráticos figurinos da época que Kalma Murtinho concebeu para a peça *Com a Pulga Atrás da Orelha*, de George Feydeau, entende logo a intenção: fazer uma superprodução com capricho incrível (assinada por Sandro Chaim). Desse modo, não há economia no elenco de 14 atores, (a maioria dos quais globais), nem nos minuciosos cenários de Renato Scripilitti, nem nos já citados vestuários.

Alem disso, Feydeau é um mestre em comédias inconseqüentes, e este tipo de teatro costuma ter público. Tanto é assim, que é um autor que faz sucesso há pelo menos um século. Como na maioria de seus textos, a intriga é bastante intrincada: Raymonde (Maitê Proença) desconfia que o marido (Herson Capri) esteja pulando a cerca. Resolve comentar a suspeita com uma amiga (Françoise Forton) e, diante disso, ambas decidem armar uma cilada para pegá-lo em flagrante. A estratégia é escrever uma carta anônima, convidando-o para um encontro num hotel.

Elas preparam a armadilha, mas não contam com algo inesperado, o fato de que a carta acaba sendo lida por muita gente. Resultado: todos os personagens centrais se encontram no hotel suspeito. Rogério Fróes (um médico), Tony Correia (um ator português se fazendo de português), Edgard Amorim, Chico Tenreiro, um casal de criados divertidíssimos (Pia Manfroni e Celso Magno) e outros, por circunstâncias variadas, aparecem por lá. Um elenco muito eficiente, todos interpretando de modo convincente seus papéis.

Herson Capri aceita trabalhar com uma máscara que esconde seu rosto de galã, para o desapontamento do fã-clube, que em todo o caso pode rir com suas trapalhadas, já que se encarrega de dois personagens. Mesmo assim, rodeado de parceiros competentes, quem rouba a cena é Edwin Luisi. Desta vez – no ano passado interpretou um travesti de salto alto, em *Tango, Bolero e Chachachá* com uma desenvoltura emocionante que lhe valeu um merecido prêmio Governador do Estado no Rio de Janeiro – ele é um fanho aflitíssimo. É de rolar de rir. Ainda mais quando ganha um palato de presente do médico e é um tal de põe e tira engraçadíssimo.

É claro que tantos acertos não seriam possíveis se não houvesse uma direção firme competente como a de Gracindo Júnior. Além de dar conta de uma trupe de 14 atores, com marcações sempre adequadas ao gênero de montagem, comandar um visual belíssimo, Gracindo assina a excelente trilha sonora, juntamente com Daniel Dias da Silva. Para todo esse sucesso teve também a iluminação eficiente de Aurélio de Simoni.

Enfim, quem gosta de uma ótima comédia inconseqüente não pode perder. Quem gosta de ver bons atores com trajes lindíssimos desfilando em dois cenários elegantes, o interior do castelo de propriedade de Chandebise (Capri) e os quartos e demais dependências de um hotel suspeito mas chique, sem procurar grandes mensagens também não pode perder.

As criaturas vão à luta

23 de agosto de 2002

A onda clonagem tornou atual o livro de Mary Shelley sobre Frankenstein. É uma discussão pertinente, visto que no romance um homem modificado em laboratório se transforma em monstro. Mas se engana quem pensar que *Frankensteins*, do escritor cubano naturalizado francês Eduardo Manet é uma polêmica científica ou mesmo técnica. Essa questão é abordada de modo muito mais sutil e teatral, por meio da relação de autor e personagem. Isso porque é possível imaginar, e o dramaturgo sugere numa das falas da peça, que qualquer personagem é quase sempre uma espécie de clone de seu criador, pois certamente terá aspectos em comum com ele. No caso, elas, porque são Mary Shelley e Charlote Brontë, duas entre as mais consagradas escritoras da literatura do século 19, ambas inglesas.

Não é a primeira vez que alguém enfoca esse tipo de relação. Mas não se trata aqui de personagens à procura de um autor que as rejeitou, como em Luigi Pirandello, e sim de criações que foram aceitas e passaram a habitar enredos de livros e que, mesmo assim, não deixam de perturbar as autoras e de se queixar do modo como foram concebidos.

Frankenstein e Jane Eyre agora querem ser mostradas com outras características em nova obra. Uma situação tragicômica e muito divertida. Trágica enquanto os vemos como fantasmas das escritoras, divertidas porque são rebeliões impossíveis fora do terreno do imaginário. Manet – traduzido e dirigido por Jô Soares – prende a atenção e provoca boas risadas. Certamente foi uma escolha feliz de Jô Soares para voltar ao teatro depois de 20 anos. As atrizes são ótimas. Clara Carvalho, que nos acostumamos a ver no Grupo Tapa, dá um *show* como Mary. Mika Lins que se apresentou de modo irretocável como Frida Kahlo, compõe Charlote com competência, quanto que a excelente Beth Coelho, ponto alto de muitas das montagens de Gerald Thomas, para desaponto, veste uma Jane Eyre carregada com muitas tintas caindo num melodrama. Nada que não possa ser corrigido com uma leitura mais sóbria, ou mais farsesca. Impecável está Paulo Gorgulho, o caboclo quieto de *Meu Tio, o Iauaretê*, como o Monstro. Sua interpretação vai transformando de pessoa escravizada para alguém que expressa reivindicações de modo convincente. Isso a despeito de uma máscara que lhe cobre grande parte do rosto, um ótimo recurso para caracterizá-lo como a criatura estranha que finge ser.

Todos se movem no interior da casa de Mary. Um salão lindíssimo (Daniela Thomas e André Cortez), coberto de folhas de papel como se fossem cerâmica. Além disso há poucos móveis e alguns degraus que permitem uma marcação mais variada. Um espaço valorizado pela competente iluminação de Telma Fernandes, muitas vezes utilizando clarões nas laterais, produzindo um efeito mágico, que acentua a idéia de ficção. Se o cenário produz um toque aristocrático, os figurinos (Cássio Brasil) o acompanham, e ainda se encarregam de situar historicamente o espetáculo: roupas finas e discretas com saias armadas, mangas longas, sem decotes. A única falha fica por conta da trilha do maestro Antonio Carlos Neves Campos, quando o som procura criar um suspense óbvio, que não condiz com o clima do espetáculo.

O tempo em versão bailarina

12 de abril de 2002

Na modernidade houve muita influência dos alemães, notadamente de Bertolt Brecht, no teatro brasileiro. Basta lembrar diretores como Augusto Boal, Celso Nunes, Fernando Peixoto, Márcio Aurélio e Sérgio Carvalho para atestar isso. Além da produção teatral propriamente dita, nas áreas teórica e crítica houve um contato muito próximo com aquele país por intermédio de intelectuais de cultura e profundidade invejáveis que para cá migraram, do porte de um Anatol Rosenfeld ou de Gerd Bornheim. Eles lecionaram em diversas escolas que a maioria desses artistas cursou na época, o que certamente interferiu nessa preferência.

Depois de Brecht, a grande revolução nos palcos foi indiscutivelmente a promovida pela dança-teatro de Pina Bausch, artista que por aqui esteve três vezes em apresentações memoráveis. A partir do contato com sua obra, que mistura dança, algumas palavras e muitas imagens com nexo, para sugerir situações e temas por meio da de expressão corporal, surgiram vários grupos extremamente interessantes. É o caso do Circo Mínimo, do Pia Frauss e de Renata Melo, conhecida por *Bonita e Lampião* e *Doméstica*.

Seu novo espetáculo, *Passatempo*, não lhes fica atrás e talvez os supere. Tem como tema, como o título sugere, o tempo, apresentado num grande painel que focaliza o ser humano. A princípio como o que veio antes, os personagens lembram até dos dinossauros. Depois, enfocam o presente – amor, trabalho, vida – e o futuro, que inclui a velhice e a morte. Durante a maior parte da montagem, há uma predominância de momentos líricos. Isto não impede que existam cenas engraçadíssimas, especialmente aquelas protagonizadas pelos velhos. Tudo vem apresentado com leveza graças à bela coreografia de Renata Melo, que está no elenco e assina a direção geral. Somam-se a ela cinco atores-bailarinos (Cláudia Missura, Melissa Vettore, Roberto de Alencar, Marcos Suchara e Eros Leme) impecáveis, sós ou em conjunto.

Todos se movem num plano abstrato como o tempo, retratado inclusive por dois móbiles presos no teto. O palco exibe um tipo de piso que, conforme incide a luz, aparenta ora um chão quadriculado ora um chão vazio. Ao fundo, uma cortina escura, feita de material que se torna transparente conforme a iluminação de Ricardo Bueno, por vezes veda o espaço e noutras ocasiões revela trechos que transcorrem ao fundo. Um visual criado com a competência de Daniela Thomas, neste caso com a participação de Patrícia Rabbat.

Essa harmonia perfeita é acompanhada pela música (composta por Marcelo Pellegrini) igualmente abstrata e inteiramente aos demais elementos, o que é imprescindível num espetáculo de dança. Os figurinos de Ronaldo Fraga, todos em bege claro, são bonitos, discretos e se encarregam de deixar o momento histórico indefinido. O roteiro sumário e eficiente é de responsabilidade de Renata, com supervisão de José Rubens Siqueira. As incontáveis qualidades de *Passatempo* o tornam imperdível.

O outro como nada

14 de novembro de 2002

Nos primórdios do teatro na Grécia, a tragédia tratava do infortúnio humano. Um homem bom passava da felicidade à infelicidade, não por sua culpa, mas por ignorar seus próprios limites. Por mais inteligente que fosse, por não ser divino, mas um mortal, não lhe era possível controlar todas as variáveis que cercavam suas ações. E essa era a situação trágica, levada ao palco de modos variados. Pelo menos segundo vários críticos.

É interessante notar que o famoso dramaturgo austríaco Peter Handke retoma esse mesmo sentido em suas peças e especialmente na recém-estreada *A Hora Em Que Não Sabíamos Nada Uns Dos Outros*. O trágico é o mesmo, resulta das limitações humanas. Só que agora visto com o olhar do século 20, com a consciência de que somos prisioneiros de nossa própria subjetividade e que conhecemos muito pouco sobre nós mesmos, que dirá sobre os outros.

Para apresentar essas questões o espectador é colocado diante de uma praça extremamente movimentada (o pátio interno do Goethe Institut), por onde transitam 300 personagens interpretados por 15 atores, durante os 90 minutos de duração da montagem, e que funcionam como um grande painel das relações humanas. Não faltam tipos variados: comissário de bordo e aeromoças, jovens namorados, uma pessoa concentradíssima, tentando levar uma estátua sem derrubar. Membros de uma sociedade secreta, varredora de rua da prefeitura, entre inúmeros outros. Não há palavras, de maneira que nem sempre é possível descobrir o enredo que envolve os passantes. Todos com o interesse voltado para si próprios ou para seus companheiros de ação (carregar um corpo numa maca, regar flores, conquistar alguém), totalmente despreocupados com a existência dos demais, ou *"nadificando-os"*, como diria Sartre.

A platéia, como as figuras que passam à sua frente, só consegue fixar-se em alguma delas, deixando as outras de lado. Uma visão panorâmica ou completa é difícil, talvez pela necessidade individual de focar determinada circunstância, talvez por razões biológicas. Outro aspecto interessante é o fato de tudo se passar numa mesma praça que todos atravessam como nas cidades do interior. Muitas vezes é a cidade pequena que serve de cenário para a peça moderna. Talvez simplesmente porque o teatro em geral não comporta multidões, como o cinema. Como é tudo sem palavras, e só não é silencioso devido à eficiente trilha sonora de Fernando Mastrocolla, é possível projetar várias leituras: talvez por considerar que o espetáculo ganharia com alguns cortes, pois sua extensão (bem ao gosto dos alemães) e que às vezes causa desinteresse, nos pareceu estar diante de um lamento, uma nostalgia da crença na comunicação absoluta, da fé na capacidade perfeita de conhecer tudo cientificamente como acreditava o positivismo. Poderia ser visto como uma comédia, a comédia humana, mas o tom não aparenta ser um jogo alegre, a despeito do ritmo rápido que a direção de Marcelo Lazzaratto – que também se encarrega da ótima iluminação – imprimiu, com acerto. Sobre a montagem vale destacar ainda os excelentes figurinos e acessórios de Maitê Chasseraus e Patrícia Prates, que assumem importância vital especialmente numa apresentação feita exclusivamente de ações e gestos. Como se passa ao ar livre, a peça pode ser suspensa em dias de chuva.

"Inutilezas" protesta contra o pragmatismo da sociedade urbana

09 de agosto de 2002

Poderia ser uma ruína, quem sabe o início de uma construção, ou talvez ainda as bordas de um terreiro de café. Isso porque no chão do palco se vêem alguns tijolos, às vezes justapostos, e são esses tijolos, além de pouquíssimos objetos cênicos, que compõem o original cenário (Fernando Mello da Costa) de *Inutilezas*, peça que acaba de estrear por aqui, vinda do Rio de Janeiro.

Mas essa opção cenográfica, ao contrário do que pode parecer, não restringe o espaço de atuação mas possibilita marcações muito ricas que se assemelham a jogos infantis. Razão pela qual se constitui numa inteligente metáfora visual da obra poética de Manoel de Barros, que serviu de base para a peça. Isso porque esse escritor mato-grossense, nascido em Cuiabá, considera a poesia como sinônimo de *"desutilidade"*. Ou seja, é um autor que gosta de brincar com as palavras e de criar neologismos inusitados. Pelo menos é o que se deduz da adaptação de sua obra, resultado de longa pesquisa levada a bom termo pela atriz e jornalista Bianca Ramoneda.

Esse brinquedo se estende também para a interpretação dos atores, a própria Ramoneda e Gabriel Braga Nunes. Está presente nas marcações que às vezes lembram um jogo de amarelinha, sem como no modo com que ambos dizem tantas poesias, com extrema naturalidade, e com um prazer que contagia a platéia.

As personagens são dois irmãos muito sensíveis. A direção de Moacir Chaves é brilhante, porque não só acertou na condução do elenco, como também concebeu um espetáculo impecável por sua coerência: tudo conduz a uma mesma leitura, e esta é condizente com as intenções do texto. Assim é possível perceber o tempo todo um protesto delicado e tocante contra o pragmatismo da sociedade urbana. Desse modo, nada que é considerado rentável ou mesmo facilitador de qualquer atividade

interessa a esse poeta de 86 anos. Apenas o que é considerado desprezível.

Não que se trate de uma estética *"trash"*, que não valoriza o lixo de modo agressivo, mas encontra aí seu lirismo. É um convite ao leitor, e nesse caso ao espectador, para lançar um olhar para as coisas normalmente ignoradas, a fim de que o faça com a ingenuidade e o frescor das crianças, quando estas observam o mundo e seus objetos pela primeira vez. É essa capacidade de se surpreender que a montagem como um todo ques resgatar. E consegue. Pelo menos enquanto dura a peça.

Afinal até a música parte da mesma proposta. A trilha original composta por Pedro Luiz e executada ao vivo por Pepe Barcellos inclui latas, chaleiras e outros objetos, tirando poesia de utensílios banais e colocando-os noutro contexto mais nobre. De certo modo é como o *"ready made"* de Marcel Duchamp, ou, para ficarmos aqui no País, conforme o hábito de Hermeto Pascoal. Relação apontada pelos próprios artistas, que o colocam ao final, tocando piano em *playback*, e ao mesmo tempo fazendo seus comentários.

Em síntese, é uma encenação afinada como uma excelente orquestra, tendo ainda, a contribuição da competente iluminação de Aurélio de Simoni. Indicada para todos aqueles que gostam de momentos poéticos, singelos e agradáveis. Esse tipo de público não deve perder.

Frases presas na garganta

26 de abril de 2002

Quem só gosta de ir ao teatro para assistir a grandes crises, ou comédias, ou melodramas, provavelmente ficará decepcionado com *Só Mais Um Instante*, uma peça extremamente delicada, de cunho lírico, de Marta Góes. Seus textos teatrais normalmente são assim e costumam enfocar as mulheres. É o caso de *Prepare os seus pés para o verão*, ou mesmo do mais recente, que fez grande sucesso no ano passado, *Um Porto para Elisabeth Bishop*. Não é o que ocorre na nova peça. Desta vez o protagonista é do sexo masculino, chama-se Cao e na verdade é um jovem que tem 17 anos (João Paulo Lorenzon). Ele é mostrado principalmente em suas relações familiares, que incluem Isa (Heloisa Cintra), sua irmã, e Lena (Tânia Bondezan), sua mãe viúva. Cao, como muitos jovens, é protetor, ou mesmo um superprotetor da mãe, aparentemente sempre solitária. Talvez tenha sido superprotegido, mas não se sabe, já que não se trata de um psicodrama.

Ele é o dono do ponto de vista obra e é por meio dos seus olhos que vemos os demais, estejam presentes ou ausentes. Costuma-se considerar difícil a arte de criar e aprofundar personagens de sexos diferentes do escritor. É claro que há excessões, como as mulheres de Federico Garcia Lorca (1898-1936), para citar o exemplo mais clássico. Mas não é o mais comum. E Marta o fez com grande habilidade. Cao é tímido, diferentemente da irmã, de modo que muitas palavras que tenciona dizer ficam paradas na garganta, como nas criações de Tchekcov (1860-1904). O assunto é a dificuldade de comunicação, tratada em termos dramáticos, porque talvez pudesse ser resolvido se a mãe, que trabalha dentro e fora de casa, fosse menos apressada, e esperasse *"só mais um instante"*, como sugere o título da montagem.

Tudo transcorre num cenário simples (Carlos Moreno), composto de biombos de tecido, que dividem a cena em três ambientes. Do lado esquerdo o quarto do filho, do direito o da moça e , ao centro , a sala onde todos de encontram. Chamam a atenção os bem cortados figurinos de Sylvia Moreira, especialmente os de Tânia. Além disso, a encenação é iluminada, com a precisão que sempre caracteriza, Giulherme Bonfanti. Menos conhecido como diretor, embora seja um ator de respeitada competência, como a que exibiu em *Van Gogh* e *Oscar Wilde*, entre tantas outras, Elias Andreatoa atesta que sabe conduzir não apenas o espetáculo, mas principalmente o elenco. Os dois jovens conseguem dar conta de personagens de sua idade de modo bastante convincente. Isso sem falar na experiente Tânia Bondezan, que interpreta a mãe com muita sensibilidade.

O grande senão do espetáculo é a trilha sonora. Não se entende por que Andreato tomou a tarefa a si, em vez de chamar alguém mais tarimbado. È uma miscelânea que vai de Doris Day a Bob Dylan. Sem nenhum critério razoável. Em primeiro lugar a família do palco é bem classe média brasileira, de modo que fica estranho um fundo em inglês. Em segundo, melodias cantadas dificilmente servem como música incidental, como pediria a peça. Não há dúvida de que alguns dos discos que se ouvem seriam agradáveis em casa, mas no teatro não é bem assim, pois acabam por competir com os atores, porque que distraem o público. Impossível deixar de prestar atenção a uma Billie Holliday, ainda mais em volume alto. Uma pena, porque acaba prejudicando a fruição. Apesar desse problema a montagem vale uma ida ao teatro.

Fim do sonho na vida adulta

26 de outubro de 2002

O teatro experimenta uma onda de realismo psicológico. Uma de suas formas está nos depoimentos pessoais, como ponto e partida para textos teatrais. Não é a única tendência, já que a dramaturgia do absurdo continua em voga. Chamam a atenção, sob esse ângulo, as seguintes peças; *Aquela Noite do Cachorro*, que esteve em cartaz e foi escrita pelos atores: *A Dança da Maré*, a partir de declarações dos intérpretes, em cartaz até domingo; e *Interior*, também um teatro-verdade em exibição no Tusp. Outra forma de realismo, num sentido mais tradicional, acontece nas peças que tratam de questões como preconceito e feminismo, mas especificamente em forma de retrato da vida. É o caso de *No Retrovisor*, que ficará em cena até dezembro e que apresenta um cunho autobiográfico tão forte que chega a se aproximar do teatro confessional como os já citados.

A peça foi concebida por um único autor que se faz notar. Em *No Retrovisor* há evidências de que se está diante de retrato fiel de um episódio vivido. Ney (Marcelo Serrado) está cego e é um cantor de sucesso. Tornou-se deficiente em virtude de um acidente sofrido ao lado de Marcos (Otávio Müller), que estava guiando. Marcelo Rubens Paiva, o autor, é um dramaturgo bem-sucedido, que anda de cadeira de rodas depois de um acidente presenciado.

A nova comédia parece tratar do reencontro entre dois amigos. Ambos têm memórias comuns. Marcos não gosta muito do repertório de Ney, a seu ver muito pop, mas está a par de sua vida e de seus caminhos. Ney descobre que o amigo, com quem sonhou fazer uma revolução, talvez anarquista, trnsformou-se em pacato funcionário público, pai de família. Tudo isso vai sendo revelado com o emprego de diálogos simples e claros, deixando antever os anos 80, sob a óptica dos então jovens que se recordam dos sonhos. O tom geral é de muito verismo, por vezes tocante, ainda mais em razão das excelentes interpretações dos dois atores.

Tanto Marcelo Serrado como Otávio Müller dão um *show* em cena. Há momentos em que o público se sente invadindo a privacidade dos protagonistas. Os dois intérpretes, a despeito de morarem no Rio, fizeram estréia nacional em São Paulo. O reencontro transcorre num cenário muito simples (Cristina Novaes) que mostra a sala da casa de Marcos, cuja bagunça traduz o mundo interior da personagem, dividido entre a velha rebeldia e o cotidiano dos mais comuns.

A direção de Mauro Mendonça Filho é, portanto, competente, não apenas no que se refere á condução dos atores e marcações mas também á organização do espetáculo. Isso se nota também observando os figurinos (Cao Albuquerque), de bom gosto e adequaosdos, tanto o extravagante terno do ídolo cego como a roupa casual do amigo. Vale destacar a iluminação de Wagner Pinto, que marca de modo sutil as horas em que predomina a recordação do passado, em contraponto com o tempo que se passa no presente ficcional.

O público identificado com a faixa etária do elenco certamente vai adorar a trilha sonora (do diretor e do autor), que inclui alguns sucessos da época. Além da música, mencionam-se grupos de teatro como Asdrúbal Trouxe o Trombone e o Circo Voador, para situar o enredo no momento histórico. O que resta é a perplexidade das personagens e do público ante a diferença entre os sonhos de juventude e a realidade da vida adulta.

A inveja desvestida

12 de julho de 2002

Não foi só no Brasil que o movimento romântico marcou o nascimento de uma arte nacional propriamente dita. Ao contrário, pelos seus ideais de liberdade, pela valorização das culturas locais e primitivas, graças especialmente á influência de Rousseau, o Romantismo está na origem das primeiras manifestações artísticas verdadeiramente nacionais de muitos países. É o caso dos Estados Unidos, da Alemanha, da Irlanda, e inclusive da Rússia, onde o maior nome no período é indiscutivelmente o de Aleksandr Puchkin, ainda que haja críticos que não o consideram cunhado por tendências desse estilo.

A despeito de sua importância, Puchkin é um autor pouco lembrado por aqui. A não ser em cursos de teatro nos quais e se costuma citar *Boris Godunov*, sua obra mais famosa. Essa omissão já seria razão suficiente para saudar a montagem de *Mozart e Salieri - A inveja*, com direção do mineiro Affonso Drumond. É a sua segunda incursão nesse texto, pois em 1991 apeça foi posta em cartaz com apresentações restritas a Belo Horizonte. Escrita em 1830, ela trata da inveja e de seus maleficios, além de discutir a questão do gênio.

Mozart, a quem muitas vezes as pessoas se reportam quando querem comprovar a reencarnação e o carma (aos seis anos tocava piano como um adulto de grande talento), ou mesmo dons inatos precoces, era invejado por Salieri, que mesmo com enorme dedicação nunca chegou aos seus pés. Na vida real foram inimigos, mas não nesta ficção, em que são amigos íntimos. É interessante notar o viés romântico da discussão, que considera o gênio como fruto da intuição e do talento naturais e não como conseqüência de muito trabalho e prática, como acontece na maioria dos casos, entre os quais Mozart é exceção. Além disso, outra característica romântica gritante é julgar que um grande expoente é sempre um homem bom: *"A criminalidade e o gênio não andam juntos."* Por outro lado – como ao que tudo indica não houve adaptação e sim uma tradução (Borisas Cimbleris), mesmo que se mencione um responsável pela dramaturgia, Eloi Calage – é dificílimo encontrar só três personagens em peças da primeira metade do século 19. São mais comuns no realismo e naturalismo. Em todo o caso, o que mais agrada no espetáculo não é seu gênero, mas a encenação. Principalmente en termos de visual e música. Os delicados cenários e figurinos de Serroni e Telumi Helen, líricos como tudo o mais, se compõem quase sempre de diáfanos tecidos brancos que formam um belo conjunto.

Valorizam ainda mais a fantástica iluminação de Wagner Pinto. Com muita variação de cores, a luz parece ter um clima mágico todo o tempo, como que mistificando cada momento, à moda do simbolismo. O mesmo pode ser dito sempre da música de Mozart, interpretada por marimba de vidro e em alguns momentos por violino, executados brilhantemente por Josefina Cerqueira, Cláudia Cimbleris e Caúdio Faria. Cabe mencionar ainda vários bonecos (Flávio Augusto Neiva e Carlos Vieira) que contracenam com as atrizes no início e são de muito bom gosto.

Bel Kutner (Mozart) e Ana Prado (Salieri), exatamente por serem duas mulheres, tornam o texto distanciado e mais narram do que vestem seus papéis. O resultado desse recurso é interessante, mas intencionalmente frio . De maneira que a paixão da inveja é mostrada e não transmitida para a platéia. De um modo ou de outro, é uma encenação que merece ser vista.

Comédia contra a indiferença

05 de julho de 2002

A princípio pode parecer estranho um texto holandês de autores desconhecidos (Karts Woudstra e Della Couling) ter lugar em Nova York, embora *Hamlet* e outras obras de William Shakespeare se passem fora da Inglaterra. Some-se a isto o fato de a adaptação incluir experiências pessoais de atores brasileiros que moram naquela metrópole, transcritas por um outro autor, Leonardo Alkmin. Embora pareça uma salada mista demais, deu muito certo. *Aquela Noite do Cachorro* é de morrer de rir.

Para ser tão divertida, naturalmente a peça não trata da queda das torres gêmeas. Não é sobre uma noite de cachorro que ela discorre, mas sobre a noite de um cachorro presente em muitas cenas. É uma supercomédia absurda com personagens muito bem delineados. E traduz com grande humor as conversas sobre as famílias que se tem longe de casa, o comportamento meio atrapalhado de quem está de certo modo sem referências, exceto a de poucos amigos, especialmente numa cidade onde o respeito à privacidade de cada um, (leia-se indiferença) é um dos baluartes.

O espetáculo se mantém distante dos "reality shows" *com os quais foi comparado*

Tudo tem início com Carlos (Carlos Evelyn), em seu apartamento, também privado, romanticamente preparando uma refeição para saborear com Graziela (Graziela Moretto). Está distraido quando de repente o telefone toca e quem surge do outro lado é Daniel (Daniel Faleiros Migliano), chegando do aeroporto para visitar o irmão que, naquele momento, não estava absolutamente interessado em recebê-lo.

Como dá para adivinhar, o encontro entre os três é inevitável e as situações decorrentes, divertidíssimas. A sala onde tudo acontece tem detalhes cômicos formando um ótimo cenário (Adriana Yazbek e Joana Lira), mais ou menos realista. Já os figurinos (Giovanna Moretto) são discretos, exceto os de Graziella, inacreditáveis.

Não só nos elementos do espetáculo, mas na condução dos atores e em sua movimentação, a direção (Dani Chao Hu) acerta em cheio. O único senão fica por conta de televisão. Integrada ao enredo e interessante quando focaliza a portaria do prédio, revela-se recurso gratuito ao exibir rápidos trechos de programas sem sentido algum a não ser o de simular um blecaute, o que poderia ter sido feito de maneira melhor por meio da excelente iluminação de Bene Porto. O que mais se destaca na montagem, além do texto, é a trilha de Guilherme Ayrosa. Reúne músicas variadíssimas, a sugerir as diversas ocorrências do texto. É um teatro até certo ponto convencional, recheado de situações inéditas e absurdas, portanto modernas, elaborado para jovens com alguma experiência profissional, como os atores. Os três são egressos da Escola de Arte Dramática e dão conta do recado, especialmente Graziella Moretto, que tem uma veia histriônica excelente e, se persistir na carreira, ao que tudo indica, vai se dar bem.

Os homens são concebidos de modo menos cômico, mas bem adequado. A harmonia do conjunto, o tom da encenação, tudo é perfeito. Há momentos em que se fala até de fantasias sexuais com muita classe e elegância.*Aquela Noite do Cachorro* mantém-se distante da televisão e seus *"reality shows"*, com os quais a montagem já foi comparada. Em síntese, quem é fã das comédias não pode perder.

Nelson no passado

19 de outubro de 2001

Escrita há exatos 40 anos, sob encomenda de Fernanda Montenegro, *O Beijo no Asfalto*, de Nelson Rodrigues, traz as marcas da idade. Um espectador de hoje sente certa nostalgia de um tempo em que, para ganhar a primeira página com um crime, um repórter da *"imprensa marrom"* tinha de se juntar à polícia para armar uma farsa, quando atualmente o difícil é selecionar entre tantos delitos e violências verdadeiras, uma que mereça destaque. E é o caso de se questionar se é porque a época era tão pacífica, ou se simplesmente esse mundo sempre existiu só na cabeça do autor de *A falecida*, Por

outro lado, atualmente, acompanha essa sensação de nostalgia um sentimento de alívio por verificar a diminuação indiscutível do ranço moralista e impensável grau de preconceito contra a homossexualidade, apresentados no texto. E o espectador se pergunta se, no início dos anos 60, o simples fato de dois homens se beijarem era um ato capaz de destruir a vida de um deles... Tudo parece indicar que não, pois o próprio dramaturgo, sentindo que o argumento era insuficiente, resolveu incluir uma suspeita de homicídio, o que mais uma vez indica que tudo isso nunca passou de fantasias da cabeça do autor de *Vestido de Noiva*.

No programa dessa montagem afirma-se que, segundo o próprio Nelson Rodrigues, a mensagem é a de que a *"unanimidade é burra"*. Frase bastante decantada dentre as de Nelson, mas que neste contexto nos leva a Ibsen. Isto porque *O Inimigo do Povo*, do escritor norueguês, tem como tese central a de que a *"maioria compacta"* nunca está com a verdade porque é retrógrada. E as semelhanças não param aí, porque ambos tratam da manipulação dos fatos pelos órgãos de imprensa e enfocam problemas familiares. Na obra do século 19, destaca-se a competição entre irmãos, na brasileira, o ciúme de um pai apaixonado pela filha. E é este o aspecto que fascina. O impacto das idéias de Freud num país subdesenvolvido, na visão de um jornalista extremamente talentoso.

Quem o assiste e lê, fica pensando se se trata de uma visão poética como o filho (*O Eterno Retorno* e *Paraíso Zona Norte*), se é uma farsa (*Viúva Porém Honesta*, do Grupo Tapa) em torno de tais idéias que passou a vida em família – escrevia com o intuito de ridicularizar as conclusões que o cientista estava fazendo o mundo engolir goela abaixo, ou se é uma aceitação deste universo como realista, conforme postulam seus críticos, que o consideram filiado ao expressionismo. A encenação de Marcus Alvisi, que vem de sucesso no Rio, ao que tudo indica adota essa última leitura, sem cortes de fala, fiel ao original. Todo o elenco em cena, a maior parte do tempo, como se simultaneamente fossem os agentes da ação e os jurados de um crime. Um naipe de 12 atores da melhor qualidade e de primeira linha, e que todos, tanto os mais tarimbados (Rogério Fróes, Tonico Pereira, Thelmo Fernandes, Alessandra Negrini e Marcelo Serrado) como os menos experientes (Fernanda Rodrigues, Luciana Cardoso) além dos cinco demais, apresentam interpretações simplesmente irretocáveis. Além de dirigi-los com a eficiência que o caracteriza, comanda o espetáculo com perfeição. As marcações já mencionadas e o acerto de todo o visual, incluindo a troca de mesa como único recurso para indicar passagem da polícia para a sala de jantar, são provas disso. Somam-se o ótimo cenário (Andrea Kossatz), que cobre todo o fundo e lados do palco de jornais com manchas de sangue, os excelentes figurinos (Fábio Namatame), tanto masculinos como femininos, a iluminação como sempre impecável de Maneco Quinderé.

Quem ainda não se cansou do teatro de Nelson Rodrigues não pode perder de jeito nenhum. Quem adora um espetáculo bem feito, mesmo com um texto um tanto ultrapassado, deve conferir. Quem não aprecia muito o universo rodrigueano, provavelmente não vai gostar, porque esse *O Beijo no Asfalto* transpira Nelson de fio a pavio. (M.L.C)

Um cético na corte

01 de fevereiro de 2002

Dissidências nas famílias da elite são comuns. Francisco Julião chefiou as ligas camponesas e era filho de usineiros, enquanto o historiador Caio Prado Júnior pertencia a uma das mais poderosas famílias paulistas. O dramaturgo Abílio Pereira de Almeida seguia este tom e colocava no palco os podres da mesma elite, aos quais tinha acesso por ostentar um sobrenome quatrocentão. Era acima de tudo um cético. Tratava de temas como adultério e degradação da vida familiar. Acusou de cínica a classe industrial paulista em *Santa Marta Fabril S/A*, que, a seu ver, apesar de ter combatido Getúlio Vargas durante a Revolução de 32, estava compondo com o ditador.

Foi Abílio o autor do texto que inaugurou o Teatro Brasileiro de Comédia (TBC). O título era *A Mulher do Próximo* e tratava o casamento de modo irônico. A independência de valores e idealismos, aliada a um humor cáustico, valeram-lhe o menosprezo de parte da crítica. A esquerda o considerava superficial e os conservadores o viam como inconseqüente. Enquanto isso, Jorge de Andrade era valorizado de um modo que hoje parece excessivo.

Abílio esteve 40 anos ausente dos palcos e dos cursos de história do teatro brasileiro, a despeito do sucesso que obteve em vida. Foi também um dos roteiristas mais relevantes do estúdio cinematográfico Vera Cruz, que ajudou a fundar e a administrar. Em tempo, Maria da Conceição Parahyba Campos escolheu Abílio como assunto de mestrado e Silnei Siqueira retomou a pesquisa, pensando numa montagem, com o apoio de bolsa da Fundação Vitae.

Em favor dos críticos cabe ressalvar que *...Em Moeda Corrente do País* sempre recebeu avaliações favoráveis. E as merece, por permanecer atual. Tudo se passa no interior da residência de um casal. A mulher, Floripes – interpretada com brilho por Eliana Rocha –, é decidida e logo nas primeiras falas declara: *"Eu não sei como arrebenta uma revolução nesta terra. É tudo uma carneirada."* A frase é dita da boca para fora, conforme se

descobre no decorrer da peça. Guimarães, que trabalha para o fisco, ao contrário da companheira, é incorruptível (impossível imaginar que alguém o represente melhor do que Francarlos Reis). Teca Pereira não fica atrás. Como Edwiges, a empregada, tira gargalhadas do público. Além deles, dão conta com eficiência de seus personagens Lavínia Pannunzio (Dalva), a solidária irmã de Guimarães, e Flávio Galvão, como Gervásio, amigo corrupto e corruptor.

O Brasil é retratado como local onde imperam corrupção e impunidade, onde um chantagista fica mais protegido do que homens honestos. A foto não é bonita, mas é real. O texto mostra ainda as relações conjugais de modo cético. Floripes quer impor seu ponto de vista, Guimarães mantém o seu. Mandona e interesseira, ela surge em contraposição a Dalva, irmã exemplar. As duas são capazes de um raciocínio, ao contrário de personagens mostradas no semestre que passou por autores como Guarnieri e Isaias Almada, em peças machistas. Floripes, apenas, não é um exemplo de virtudes.

O único aspecto datado neste texto se refere às lutas conjugais que permanecem sem solução. A situação do divorciado não é mais vista com tanto preconceito. O enredo, que se passa no final dos anos 50, teve tratamento visual adequado. O cenário e os figurinos de Laura Carone e Telumi Helen foram concebidos com grande acerto para uma peça de época. Diferença que não se nota tanto no cenário – uma sala de visitas de qualquer apartamento – mas nos excelentes trajes, principalmente os de Floripes e de Dalva, divertidíssimos.

Tudo vem iluminado pela competência habitual de Jorge Takla. A trilha sonora de Tunica é, como sempre, inteligente. Desta vez, insere ao final a música de campanha de Jânio Quadros; quem a escuta imagina constar da rubrica, tão imbricada está no contexto da história, transcorrida em tempos de JK. Tais méritos correm sob responsabilidade do excelente diretor, Silnei Siqueira, sujo primeiro grande sucesso foi *Morte e Vida Severina*.

Abílio escreveu outras obras sem tanto sucesso. O período áureo do TBC se encerrava e a nova geração, politicamente engajada, abria espaço no Teatro de Arena, para onde se encaminhou o público. Neste ano se completam 24 anos da morte de Abílio. Quem sabe comecem a reavaliá-lo.

PARTE 5 - Politica cultural

Grupo mostra em *Buster* a qualidade que marca suas produções, especialmente pela cenografia.

12 de setembro de 1997

Na gestão PSDB, o governo paulista tem apoiado as iniciativas de teatro amador e estudantil bem como festivais nacionais. Pode-se dizer que com quantias muito módicas, mas de forma eqüitativa: sem discriminação partidária, pouca verba para o número maior possível de interessados. É um tipo de política que deve auxiliar a formação de platéias futuras e de alguns profissionais, principalmente no interior do Estado. Bancos e empresas estatais por vezes não ficam fora da dança. A iniciativa privada também não se mantém totalmente agastada dessa área, mas adota critérios mais seletivos. Empresas como a Shell e Sharp, além de aprovarem eventos, conferem prêmios aos considerados melhores do ano. Outras, como a Volkswagem e o Banco Real, têm patrocinado espetáculos, variados artistas com curriculo significativo, enquanto que o Pão de Açúcar contribui substancialmente para as produções do Grupo Tapa.

No entanto, o grande destaque no setor são as duas associações de classe, o Sesc e o Sesi. A atividade do

Sesc, além do excelente CPT – Centro de Pesquisa Teatral – encabeçado por Antunes Filho, inclui cursos de teatro, dança e outros, uma Mostra de Teatro pela qual os novos talentos têm oportunidade de aparecer e, este ano, apresentações de companhias internacionais e enorme relevo para intercâmbios culturais. E é por esses motivos que a entidade foi indicada para o Prêmio Shell, categoria especial. Nem por isso o Sesi fica muito atrás. Na área de teatro, além, de manter cursos fixos pelas cidades do interior, tem se responsabilizado pela produção de espetáculos, em sua maioria, oferecendo ingressos gratuitos não apenas para os industriários mas também para toda a comunidade. Há sempre uma parcela do público presente que nunca foi ao teatro na vida. E que, devido à qualidade das montagens, sai deslumbrado.

Buster, a nova encenação do grupo XPTO, certamente não é uma exceção. Tem tudo para repetir o brilho que, no ano passado, valeu 33 prêmios para *O Pequeno Mago*, do mesmo grupo. Como seu antecessor, dirige-se ao público infanto-juvenil e se baseia em várias técnicas que copiam o cinema mudo – é uma homenagem ao ator Buster Keaton – oriundas do circo e do cabaré. Aliás, não faltam o mágico com seus truques e nem a cantora tipo *"mulher fatal"*. Mas o que impressiona as crianças de cinco a 100 anos é a riqueza e praticidade dos cenários e figurinos de Osvaldo Gabrieli, que comanda a trupe desde 1984, iluminados pela experiência já reconhecida de Guilherme Bonfantini.

Buster Keaton sempre esteve nos espetáculos do XPTO, por meio do gestual e do humor, mas de modo mais evidente só neste trabalho e no segundo, ainda na década de 80, *A Infecção Sentimental Contra-ataca*.

O que mais fascina na direção de Gabrieli são as soluções incrivelmente criativas, tanto para exprimir o texto como para não deixar cair o ritmo. Por exemplo, são três atores (Waldirey Piras, Ednaldo Eiras e Ângelo Madeira) que interpretam Buster, de maneira que a personagem pode aparecer simultaneamente dirigindo o trem e salvando a namorada que havia sido amarrada aos dormentes. A manipulação de bonecos e objetos que caracterizou as primeiras apresentações do grupo ainda está lá, porém, em muito poucos momentos, como na primeira cena. É uma pescaria e os peixes que contracenam com o protagonista são manipulados. A capacidade de renovação do XPTO não é comum porque estão sempre em busca de se apropriar de novas técnicas para eles, como as da *Commedia Dell'Árte*. Esse aprimoramento é visível, ainda mais com a ajuda competente da coreografia de Anie Welter e da expressão corporal de Renata Melo, que imprimiram marcações precisas o tempo todo.

O melhor artífice

19 de setembro de 1997

"É necessário que todos os teatros se incendeiem de tempos em tempos... Só queimando dá para apagar todas as impressões dramáticas e trágicas que se acumulam, e reverberam, e se registram em seu corpo magnético." Esta frase de Flávio Império traduz uma visão de teatro que apresenta convergências com muitos que consideram que o teatro não é tão efêmero quanto se crê, apesar de o espetáculo nunca se repetir inteiramente e durar em média duas horas.

Outros também vêem nesta arte algo mais perene. É o caso do escritor italiano Luigi Pirandello. Por exemplo, em *"Seis Personagens em Busca de um Autor"* a rubrica prevê que os atores se coloquem atrás das cortinas claras, a fim de que dêem a ilusão de que se foram, mas que as criaturas da ficção lá permanecem, pois é seu habitat. Também acontece em *"Às Margens do Ipiranga"*, de Fauzi Arap, na qual uma personagem paranormal, num tipo de transe, visualiza muitos dos antigos espetáculos que tiveram lugar naquele mesmo palco, o Teatro de Arena, onde a peça foi encenada.

É esse jogo entre permanência e o inefável – saudades, objetos de recordação, a presença do ausente – que foi montada em São Paulo a maravilhosa exposição *Flávio Império em Cena*. Não se trata de um réquiem, mas de uma homenagem alegre e cheia de cores que de certo modo surge como uma celebração da plenitude das coisas fugazes, como era esse artífice máximo da cenografia de seu tempo.

O espectador que adentra pela primeira porta do Sesc Pompéia verá ao lado direito a *"área de convivência"* onde ocorrem eventos, bem como oficinas para crianças e adultos exercitarem algumas das artes do mestre. Mais à esquerda notará três cortinas justapostas (por André Sandoval Rodrigues) compostas de panos transparentes que formam a *"Linha da Vida"*. A primeira delas estampa em letreiros a vida pessoal de Flávio, a segunda, do mesmo modo, expõe sua obra em cada momento inscrito na primeira, e a terceira situa as duas antecedentes historicamente. À direita, ao fundo, há o encontro marcado com o artista plástico e o arquiteto. Pinturas com inúmeros materiais, serigrafias, desenhos e, ainda, alguns projetos de casas.

Quem se deixar levar pelo encanto das cores e formas e das técnicas talvez não se dê conta da brilhante iluminação de Iakov Hilel. Brilhante exatamente porque não se vêem reflexos indesejáveis nem em quadros cobertos por vidros, que são muitos. Deste trecho, só é possível andar para a esquerda de quem entra. Lá estão as *"casas de Flávio"* repletas de objetos que ele colecionava e dos mandacarus que gostava de fazer, um tipo de mandala. Está também *"o bananal"*, uma criação que estiliza as bananeiras que cobriam o quintal da casa do Bixiga. A última surpresa é a sala dedicada ao teatro. São alguns trajes e croquis de vestuário e cenografia que parecem nos levar a uma viagem no tempo.

O mérito geral – que pressupõe muita sensibilidade para não exagerar na quantidade de material exposto – é de um número enorme de colaboradores, mas tem como principais responsáveis Amélia Império Hamburguer, Renina Katz e Glaucia Amaral.

O que mais nos impressionou no dia da abertura da exposição foi contatar a dedicação que os inúmeros amigos têm e mantêm pela memória de Flávio

Império, presente na criatividade que caracteriza este evento.

O drama do patrocínio levado ao palco

11 de dezembro de 1998

Há um consenso a respeito da existência de uma crise econômica que afeta a produção e o consumo no Brasil. Se indústria, comércio e serviços têm se queixado, que dirá o teatro, que sempre viveu em crise, mas apesar disso sempre se manteve em cartaz? Zé Celso fala do assunto com todas as letras no programa da peça *"Cacilda"*, montagem em que há inclusive figurinos deslumbrantes, muitos dos quais emprestados, segundo se diz.

Outro diretor que coleciona vitórias – que vão do prêmio Estímulo ao Shell ou, ainda, à Associação Internacional de Críticos de Teatro – é Márcio Aurélio, que neste segundo semestre apresentou *Maligno Baal, o Associal*, na qual reuniu fragmentos de Brecht recém-descobertos, traduzidos por Ingrid Dormien Koudela, misturado a partes de *Baal*, do mesmo autor. O espetáculo se passava sobre um único cenário: uma faixa de pedestres. Todos os atores faziam Baal, cada qual por seu turno, e protestavam contra a situação do país, como se tratasse de uma passeata com palavras de ordem e pouco mais. Uma obra que exibia sua própria pobreza com a quase ausência de disfarces, sem patrocínio, sem possibilidade de dar bons vôos que sempre caracterizaram a Cia. Razões Inversas. Trazia o descontentamento para dentro da cena.

Também é o caso de Antônio Abujamra. Tem-se a impressão de que a montagem de *O Veneno do Teatro*, em cartaz no Centro Cultural São Paulo, escrita e dirigida por ele, e que ainda interpreta o quase monólogo, exibe muito discretamente a mesma questão. Trata-se de uma espécie de conferência, intercalada pelo som de seu filho André Abujamra, músico bastante conhecido e conceituado. O texto propriamente dito constitui-se de poesias como *"Tabacaria"* de Fernando Pessoa, que o homem de teatro apresenta com brilho, mescladas a aspectos de sua autobiografia.

Estão lá memórias da juventude, quando largou a faculdade em Paris para viajar de carona, com os detalhes que não esqueceu. Fala das 90 peças que dirigiu, dos quarenta e poucos anos de carreira, das vezes em que representou o Brasil no estrangeiro. E o público assiste a uma pessoa premiada como ator e diretor, no teatro e na televisão, ora sentada numa cadeira simples e mesa de escritório, ora de pé. Nenhum recurso a mais, exceto um mapa (Cuca Petit) para ajudá-lo a contar sua própria história.

Os dois Abujamra vestem-se de modo convencional (Carlos Miele), o pai de terno, o filho de tênis.

A iluminação (Sérgio Soler) dá um toque artístico à montagem simples, desnudando por isso, como já dissemos, a dificuldade pela qual passa também o teatro, no atual contexto, com raros patrocinadores da iniciativa privada, a despeito das leis de incentivo fiscal. Há exceções como o Sesi, o Sesc, Volkswagen, Shell e grupo Pão de Açúcar. Mas são exceções.

Aposta no certo

12 de novembro de 2000

A primeira coisa que salta aos olhos na programação de teatro neste semestre, em São Paulo, é a quantidade de *"revivals"*. Em sua maioria reconstituindo cenários, figurinos e pelo menos parte do elenco. É o que se verifica em, no mínimo, quatro espetáculos: *Aí Vem o Dilúvio*, *Camas Redondas, Casais Quadrados*, *Feliz Ano Velho* e *O Vison Voador*. O fato de repetirem a produção criada há mais de dez anos pode dar a impressão de que o problema é econômico. E talvez seja.

Além disso, a preferência por montar velhos sucessos já testados parece indicar um receio de correr riscos financeiros. Não que não haja peças inéditas. As imperdíveis *Visitando o Senhor Green* e *Jornada de um Poema*, bem como a corajosa *Lembrar É Resistir* aí estão, entre outras. Mas, por outro lado, somam-se às já citadas outras remontagens, com novas encenações. É o caso da maravilhosa *Ópera do Malandro*, de Chico Buarque, com direção de Gabriel Villela, que sucedeu a *O Rei da Vela*, de Oswald de Andrade, comandada por Enrique Diaz; há ainda *Os Sete Gatinhos*, que substitui *Toda Nudez Será Castigada*, ambas de Nelson Rodrigues, assim como *O Pagador de Promessas*, de Dias Gomes, sem contar *O Beijo da Mulher Aranha*, de Manuel Puig, a estrear.

Não que se tenha restrições aos velhos sucessos. Apenas o volume é incomum. Nada que deponha contra essas iniciativas, mesmo porque à grande maioria dos títulos mencionados correspondem montagens muito boas. Até entre aquelas que repetem criações do passado. É o que acontece, por exemplo com *Camas Redondas*. O texto dos ingleses Ray Cooney e John Chapmann é uma comédia de costumes. E, como tal, continua muito engraçada, graças principalmente à brilhante atuação do elenco tarimbado (Cleo Ventura, Francarlos Reis, Noemi Gerbelli e outros) que interpreta sem caricaturas nem clichês, sob a batuta de José Renato. Ou ainda o que se verifica em *Aí Vem o Dilúvio* que, por causa da música e das coreografias, encanta um público que não se importa com os temas ultrapassados.

Diante dessas constatações, a gente se pergunta por que não se procuram novos textos nacionais? A questão parece ter como raiz a má comunicação entre produtores e autores, segundo eles próprios. Com o propósito de solucionar esse problema, criou-se a Sociedade Lítero-Dramática Gastão Tojeiro, que, com oito anos de atividade, apresentou leituras de 300 obras inéditas. Dessas, apenas cerca de dez foram para o palco. Poderia se pensar que são escritores jovens e inexperientes. Há alguns, mas entre eles estão nomes como Alcides Nogueira, Antônio Bivar e Chico de Assis. Outra tentativa foi a da própria Associação dos Autores Teatrais, que realizava leituras, onde parte dos presentes, escritores conhecidos, fazia críticas e sugestões aos mais novos. Essas duas iniciativas ficaram desestimuladas. Infelizmente, só a Gastão Tojeiro continua com atividade semelhante, porém, no momento se dedicando à dramaturgia latino-americana. Além disso, o Prêmio Estímulo, que financiava a produção do melhor texto, está cancelado por falta de verba. O resultado está aí. Quem sabe se as leis de incentivo à cultura destinassem verbas com essa finalidade a situação mudaria. Por enquanto, restam três prêmios de R$ 10 mil (insuficientes para uma encenação, mas um começo), conferidos pela Secretaria da Cultura (SP) em concurso nacional para as categorias infantil, juvenil e adulto. Se houver bastante publicidade, talvez funcione. Esperamos que sim. Mas mesmo assim é muito pouco.

O tambor dos resistentes

14 de junho de 2002

A classe teatral está constantemente reivindicando maior apoio financeiro por parte do governo. De fato, as leis de incentivo à cultura, ao que tudo indica, têm facilitado o acesso ao patrocínio apenas aos trabalhos executados por gente famosa, que provavelmente conseguiriam apoio de todo o jeito. A experimentação a novos artistas, segundo esses movimentos de protesto, permanece desamparada. Há muito a fazer. No entanto, é necessário reconhecer as iniciativas eficientes por parte dos órgãos oficiais e da iniciativa privada.

É preciso destacar um bem-sucedido projeto da
prefeitura da capital, intitulado *"Formação de Público"*, com entrada gratuita. São algumas montagens que têm ocupado os teatros de bairros, com produções bem cuidadas, tendo como curador Gianni Rato. Por sua vez, o governo estadual tem auxiliado na realização de festivais de teatro e, desde a gestão Covas, mantém o *"Mapa Cultural"*. A iniciativa, sob o comando de Analy Alvarez, busca atender às necessidades de várias cidades, do interior ou do litoral, oferecendo oficinas ministradas por profissionais de diversas áreas de artes cênicas, além de providenciar espaço para que as produções delas originadas se apresentem.

Contudo, felizmente a iniciativa privada tem dado uma sustentação mais a longo prazo. Seja oferecendo cursos, seja patrocinando montagens de gente que está começando a se colocar no mercado de trabalho. É o caso do Sesc, sob a batuta de Antunes Filho, com o CPT e os *Prêt-à-Porter* (que é *hors-concours* até mesmo por décadas de existência) e do GrupoTapa (há cerca de dez anos), que, com coordenação de Brian Penido e Guilherme Santana, oferece aulas de preparação para o ator, assim como oportunidade de subir ao palco com produção de Eduardo Tolentino. Todos esses projetos contribuem decisivamente para a formação de novos elencos.

Além deles, cabe destacar o incentivo aos dramaturgos em três projetos: o da Sociedade Lítero-Dramática Gastão Tojeiro (leituras dramáticas de peças inéditas ou consagradas, mas esquecidas), o do Ágora (premiado com o Shell 2001), e o Sesi, que têm encenado textos curtos inéditos, para que as montagens, a cargo de diretores experientes, talvez percorram outras cidades. Essa é uma situação alentadora, ainda que insuficiente para suprir os sonhos culturais da classe teatral.

No momento, é possível acompanhar os espetáculos produzidos no Sesi. Também há os do Ágora e uma encenação do Tapa que estreou e faz temporada em teatros da prefeitura. É o caso de *O Tambor e o Anjo*, de Anamaria Nunes, que se lançou como autora no ano passado com o texto *Geração Trianon*, no projeto *Formação de Público*.

A obra, montada no Rio de Janeiro há alguns anos, enfoca uma moça na cama de um sanatório, sendo atendida pelo médico. Ambos conversam sobre sua doença enquanto passam em *flashback* as relações familiares dela, que apontam para os motivos de sua loucura. O problema, de modo racional, tem características um tanto inverossímeis, como discursos de alguém, perturbado a ponto de internação. Por outro lado, esse recurso tem como vantagem a fácil assimilação pela platéia.

Entre as qualidades está a boa direção de André Garolli e Paulo Marcos, que auxilia o jovem elenco a se sair bem. Cabe destacar Nicole Cordely, Fernando Lacerda e Maristela Chelala nos papéis principais. Além desse aspecto, é necessário mencionar os ótimos figurinos de Lola Tolentino, a cenografia de Gegê Leme e a iluminação de Nelson Ferreira, que dão à montagem um cunho mais profissional. Como resultado de um processo de iniciação teatral, *O Tambor e o Anjo* pode ser considerado de muito bom nível.

Nova aula de Bertazzo

18 de outubro de 2002

No princípio eram só alunos. Velhos, jovens e crianças, mulheres e homens, todos juntos, sem qualquer separação. Formavam um enorme cordão, que por vezes se assemelhava a uma quadrilha, como nas festas de São João, dançando sem cessar. A coordenação dos movimentos não era perfeita como nos filmes de Bob Fosse, por exemplo. A importância nunca foi a precisão, mas a alegria do encontro e do movimento, a certeza de que poderiam gastar ao máximo a energia positiva, que ela brotaria de novo. Todos os espectadores saiam de alma leve, encantados com a comemoração quase ritual da qual haviam participado.

A sensação de quem assiste ao espetáculo *A Dança da Maré* não mudou muito. Isto porque provocar esse tipo de prazer estético sempre foi uma característica dos espetáculos de Ivaldo Bertazzo, o mestre do corpo. Depois das apresentações com gente de classe média, Bertazzo dedicou-se a treinar os jovens habitantes do complexo da Maré no Rio de Janeiro. Dessa união surgiu uma nova montagem, *Mãe Gentil*, que incluía alguns indígenas. Ali, o grupo funcionava mais como elenco de apoio de Marília Pêra, que cantava e dançava com ele. O sucesso desta iniciativa estimulou a criação de *Folias Guanabara*. O grupo de dança tomava conta de toda a quadra do Sesc Ipiranga, interrompido às vezes pelo canto de Seu Jorge e de Elza Soares, mas fazendo evoluções maravilhosas com figurinos de gala.

Na terceira etapa, a de *Dança da Maré*, o corpo de dança se apresenta só e se aproxima muito mais da platéia. Não estão apenas atestando o magnifico trabalho de Bertazzo, mas interpretando a si próprios. Há muitas falas e cantos, que reúnem beleza e frase ditas em entrevista a Drauzio Varella, que selecionou as que lhes pareceram mais significativas.

O resultado é fantástico. É fácil simpatizar com jovens tão cheios de alegria e sonhos e com suas tentativas de definir a vida e a morte. Afinal, dife-
rem muito pouco de qualquer jovem. E a gente vai compreendendo que as pessoas da favela, além de simples são muito parecidas com nós mesmos, ainda que por vezes tenham de passar por algumas situações menos comuns em outros centros urbanos. São pessoas diferentes do favelado infrator que a televisão destaca todos os dias, pessoas de retrato extremamente humano, que despertam carinho. Sessenta jovens apresentam danças cuja tônica é o gesto cotidiano. Seu trabalho é bem intencionado e competente, mas infelizmente tem temporada curta demais, até o dia 27.

Contribuem para todo esse brilho os figurinos de Chico Spinosa, o cenário de Camila Fabrini, os quatro ensaiadores que sempre auxiliam o mestre, bem como a excelente iluminação de Wagner Freire. Cabe destacar o excepcional projeto de sonorização de Armando Baldassara, que amplia com total limpeza os sons necessários sem, contudo, deixar interferir qualquer ruído indesejável. Vale lembrar o sexteto musical, o Grupo Uakti, que acompanha com ritmos toda a movimentação, incluindo músicas indianas. Integrantes do grupo ligados às artes plásticas pintaram tecidos deslumbrantes, que fazem as vezes de cenografia em alguns momentos.

PARTE 6

Uma conversa...

Simões: Vamos falar dos bastidores, das relações entre o pessoal do teatro, os críticos e a empresa jornalística. Enfim, da sua experiência na crítica.

Maria Lúcia: Ah, eu tenho coisas para falar. É muito engraçado, porque a classe teatral não imagina que exista o problema jornalístico. É normal isso, todo mundo acha que só o seu problema existe. Acontece que às vezes você não faz uma crítica ou até junta várias críticas numa só. Não dá para você dar conta de tudo porque o espaço do jornal para o teatro não é ilimitado. Isso para coisa nenhuma, são pouquíssimas folhas do caderno de cultura, não chegam a dez. Lembro que uma companhia de teatro (que eu acho excelente e não vou citar o nome) me procurou reclamando que eu nunca tinha publicado uma crítica deles; até publiquei mas numa dessas críticas em conjunto. Juntei com três outras e publiquei no espaço possível, juntei vários espetáculos *"experimentais chiques"* e botei o dessa companhia ali. Realmente eu gostaria de ter feito uma matéria maior.

Mas tem uma coisa que é a importância que você dá a um determinado evento e outra é a que se dá a um Paulo Autran, Fernanda Montenegro e outros famosos que o leitor dá e eu também dou.

Mas, às vezes você poderia priorizar os trabalhos menos conhecidos, porque sua crítica é muito mais útil para um grupo do que para o Paulo Autran e a Fernanda Montenegro, que já receberam todos os elogios que a população já pôde fazer. Mas mesmo assim, eles têm direito adquirido de algumas coisas. O problema do espaço, absolutamente não passa na cabeça da classe teatral. Não que eles fiquem fazendo pressão, pois todos são ótimos comigo.

Simões: Como você encara uma crítica à sua crítica?

Maria Lúcia: Normal. No tempo que eu era da Isto É, um certo cenógrafo, certa vez, me mandou uma carta. Ele trabalhava no Sesi há muito tempo atrás, creio que numa peça do Osmar. E ele explicava nessa carta que tinha feito uma encenação simbolista e eu não tinha entendido, por que eu não era boa crítica... Enfim, não lembro exatamente os termos. Mas foi um negócio no sentido de duvidar minha competência. Sem dúvida as vezes a gente erra, como todo mundo. Eu fiquei uma fera, e os meus chefes morreram de rir. Porque era um cara enlouquecido, porque o cenário dele não foi considerado bom. Ainda bem. A pessoa só faltou pedir a minha cabeça literalmente.

Simões: E os elogios?

Maria Lúcia: A pessoa mais interessante, como classe teatral, é o Antunes Filho. Ele jamais deixa de dar um retorno de uma crítica. Quando eu escrevi sobre uma montagem cômica do Macunaíma, que era muito interessante, ele ligou na redação da Isto É, para falar que eu tinha sido a única pessoa que tinha entendido o espetáculo dele. O crítico que dá um retorno desses, a gente não esquece nunca mais. Também houve outro caso que eu escrevi pichando. O Antunes é difícil criticar, mas apontando algumas objeções, restrições, na montagem dele do *Gilgamesh* (1995) e *Drácula e Outros Vampiros* (1996). Quando de repente falando da maravilha que é o teatro do Antunes, na crítica sobre *Fragmentos Troianos* (2000), que eu achei o máximo, e sei que muita gente não gostou. Botei o espetáculo nas nuvens, porque eu achei que merecia. Aí o Antunes me ligou, eu fiquei supercontente. Ele disse assim: *"Estou ligando para fazer as pazes com você"*. E eu: *"eu nunca briguei você"*. E o Antunes: *"Mas eu briguei, porque artista é assim mesmo. A gente não gosta que discordem de alguma coisa do trabalho da gente"*. Eu: *"Antunes, minha mãe me ensinou, desde que nasceu, que quem fala o que quer ouve o que não quer"*. Aí ele riu e fez as pazes comigo. E foi muito bom, porque eu adoro o Antunes.

Simões: Fale um pouco da sua relação com outros críticos?

Maria Lúcia: Em geral, a gente se encontra numa estréia ou noutra, falando *"oi!"*. E acaba tendo uma relação mais próxima com os críticos que participam dos mesmos prêmios que você. Eu participo do Prêmio Shell. E a gente troca figurinha pelo computador quase toda semana. Quem viu o quê, o que achou, quem não viu. Porque como não dá para gente dar conta de tudo, o espetáculo que tem duas pessoas achando ótimo todo mundo vai correndo. E aquele que duas acharam ruim, você vai deixando para o final, porque não dá para ver tudo. Dá para ver quase tudo. Às vezes, eu vou quatro vezes por semana ao teatro. Em média três. Porque fim-de-ano, fevereiro não estréia muita coisa. Às vezes eu deixo uma crítica da semana passada para a semana seguinte e depois eu vou tentando recuperar o tempo perdido. Mas a quantidade de casas de espetáculos que abriu em São Paulo de uns anos pra cá é uma coisa inacreditável. Além disso a

população de São Paulo é uma coisa inacreditável. Então, não dá para você acompanhar tudo.

Simões: E a sua relaçao com os atores?

Maria Lúcia: Em geral, eu tenho uma proximidade maior com os atores dos quais eu fui professora. Aí tive uma convivência maior. Ou com os colegas de departamento; com alguns eu convivo mais.

Simões: Como é o assédio para ir assistir a um espetáculo.

Maria Lúcia: Sempre pelas assessorias de imprensa. É o papel deles.

Simões: São insistentes?

Maria Lúcia: É o papel deles. Eu procuro assistir ao máximo, mas não dá para ver tudo. Nessa situação do assédio, o que é desagradável, e mesmo insuportável, é a pressão de pessoas que querem que você vote neles para o Prêmio Shell ou no APCA. Isso é de um desrespeito com a gente. Porque acham que a gente vota por pressão ou por simpatia e não por um critério estético. Agora, a pessoa pressionar para que eu vá ao espetáculo acho natural. Tenho que ver. É minha obrigação.

Simões: E a sua relação com o jornal, com a empresa jornalística?

Maria Lucia: Muitas histórias... E eu escrevi um texto que eu gosto muito. Um texto sobre *Dias Felizes*, com a Fernanda Montenegro. Na abertura eu digo algo assim: perambulando pelas ruas de Paris, Samuel Beckett levou uma facada. O atacante foi preso. Como um cidadão curioso Beckett foi procurá-lo para conversar. E essa pessoa não sabia porque tinha feito isso. Então eu questionava: será que foi essa experiência que o levou a ter personagens que não sabem de onde vêm, para aonde vão, nem porquê?. Então eu fiz essa abertura meio como suspense. E não é que naquela semana, antes de a matéria sair, a Ruth Escobar foi assaltada quando entrava em um hotel em Paris. E também levou uma facada. Então aí eu liguei para o jornal e disseram: *"É uma ótima matéria, não vamos mexer."* E assim ficou. Ou então... Mas às vezes uma manchete te compromete. Por exemplo, um grande amigo que me convidou para dar aula na escola de teatro dele, o Wolney de Assis, que afinal iniciou minha carreira de professora de teatro, justamente numa estréia. A situação se complicou: ele estava começando a falar das atividades como guerrilheiro e que tinha escrito um livro. Porque ele tinha passado muito tempo mudo, até achar que tinha condições de falar sobre esse assunto. Fez o protagonista do filme *Os Matadores* (de Beto Brant, 1997) e estava dirigindo uma peça em São Paulo. Então eu juntei esses trabalhos dele e fiz uma crítica. Só que nunca me passou pela cabeça o que fizeram. Puseram de título: *Um Viúvo da Guerrilha*. E ainda incluíram a mesma frase no meu texto. Eu fiquei enlouquecida mas não disse nada. Não sei quem fez isso. Afinal o título sempre é o editor ou alguém o substituindo que põe. Além do título puseram a frase no meu texto para fazer sentido, pois a principio não tinha nexo nenhum aquela frase infeliz.

Simões: Para encerrar... uma pergunta que todo crítico deve ouvir: você nunca quis ser atriz?

Maria Lúcia: Não. Nunca quis. Mas eu fui atriz de algumas coisas para experimentar o barato. Então, entrei na escola do Wolney como aluna, aí fiquei fingindo que eu era da classe, dava a aula que eu tinha que dar, meio dando palpite, com uma cara de boba. Aí, acabei entrando nas montagens da escola. E uma delas virou um vídeo do Ozualdo Candeias *A Lady Vazelina* que é uma peça de um ato do Tennessee Williams. Há uma curiosidade aqui, eu contracenava com o Beto Brant e com a Vilma, mas o Beto Brant ficou famoso como diretor de cinema e não como ator. Depois disso, o Beto me chamou para fazer um papel no filme de formatura dele. Fui fazer, porque nunca tinha feito cinema. E achei chatíssimo. Demora o dia inteiro para achar a luz certa. Mas era em Jundiaí e eu estava perto e fui. Tinha que fazer a mãe da Giullia Gam, que depois ficou famosa também. Ela já tinha feito Romeu e Julieta (de Antunes Filho). Eu achava que nunca ninguém ia ver, porque era filme de estréia dele. Mas depois meus colegas de pós-graduação ficavam falando: *"Vi você ontem no cinema!"* eu queria morrer de vergonha, não tenho cara de ser atriz. Também não tenho paixão para fazer só isso da vida, ficar no palco. Segundo, eu morro de vergonha. Eu sou crítica mesmo.

Agradecimentos

Este livro foi editado graças à gentileza da minha grande amiga Neyde Veneziano, que sugeriu aos editores para fazermos parte da *Coleção Aplauso* da Imprensa Oficial do Estado de São Paulo.

Gostaria de agradecer ao meu irmão Luiz Fernando Ferreira Levy, que confiou em mim e me forneceu espaço para escrever sobre teatro, minha área de formação.

A José Simões de Almeida Jr., que me estimulou a editar minhas críticas, e como havíamos concordado em dividí-las segundo temas, organizou-os com suas apresentações, que de início foram gravadas em fitas por ele mesmo.

Agradeço à classe teatral sem a qual não existiria esse texto.

Minha gratidão a todos os meus mestres, entre os quais destaco Jacó Guinsburg, Sábato Magaldi e Alberto Guzik. Jacó me ensinou estética teatral, Sábato e Guzik me ensinaram a crítica propriamente dita. Espero ter sido uma boa aluna.

À Shell por ter me escolhido para fazer parte da comissão julgadora do Prêmio com que contempla ao teatro paulista, o que representa um grande estímulo para acompanhar as temporadas. À APCA (Associação Paulista de Críticos de Arte) porque também faço parte da comissão que julga os prêmios anuais de teatro.

Índice

Coleção Aplauso

Perfil

Anselmo Duarte - O Homem da Palma de Ouro
Luiz Carlos Merten

Aracy Balabanian - Nunca Fui Anjo
Tania Carvalho

Bete Mendes - O Cão e a Rosa
Rogério Menezes

Carla Camurati - Luz Natural
Carlos Alberto Mattos

Carlos Coimbra - Um Homem Raro
Luiz Carlos Merten

Carlos Reichenbach - O Cinema Como Razão de Viver

Marcelo Lyra

Cleyde Yaconis - Dama Discreta
Vilmar Ledesma

David Cardoso - Persistência e Paixão
Alfredo Sternheim

Djalma Limongi Batista - Livre Pensador
Marcel Nadale

Etty Fraser - Virada Pra Lua
Vilmar Ledesma

Gianfrancesco Guarnieri - Um Grito Solto no Ar
Sérgio Roveri

Helvécio Ratton - O Cinema Além das Montanhas
Pablo Villaça

Ilka Soares - A Bela da Tela
Wagner de Assis

Irene Ravache - Caçadora de Emoções
Tania Carvalho

João Batista de Andrade - Alguma Solidão e Muitas Histórias
Maria do Rosário Caetano

John Herbert - Um Gentleman no Palco e na Vida
Neusa Barbosa

José Dumont - Do Cordel às Telas
Klecius Henrique

Niza de Castro Tank - Niza Apesar das Outras
Sara Lopes

Paulo Betti - Na Carreira de um Sonhador
Teté Ribeiro

Paulo Goulart e Nicette Bruno - Tudo Em Família
Elaine Guerrini

Paulo José - Memórias Substantivas
Tania Carvalho

Reginaldo Faria - O Solo de Um Inquieto
Wagner de Assis

Renata Fronzi - Chorar de Rir
Wagner de Assis

Renato Consorte - Contestador por Índole
Eliana Pace

Rodolfo Nanni - Um Realizador Persistente
Neusa Barbosa

Rolando Boldrin - Palco Brasil
Ieda de Abreu

Rosamaria Murtinho - Simples Magia
Tania Carvalho

Rubens de Falco - Um Internacional Ator Brasileiro
Nydia Licia

Ruth de Souza - Estrela Negra
Maria Ângela de Jesus

Sérgio Hingst - Um Ator de Cinema
Maximo Barro

Sérgio Viotti - O Cavalheiro das Artes
Nilu Lebert

Sonia Oiticica - Uma Atriz Rodrigueana?
Maria Thereza Vargas

Ugo Giorgetti - O Sonho Intacto
Rosane Pavam

Walderez de Barros - Voz e Silêncios
Rogério Menezes

Especial

Dina Sfat - Retratos de uma Guerreira
Antonio Gilberto

Gloria in Excelsior - Ascensão, Apogeu e Queda do Maior Sucesso da Televisão Brasileira
Álvaro Moya

Maria Della Costa - Seu Teatro, Sua Vida
Warde Marx

Ney Latorraca - Uma Celebração

Tania Carvalho

Sérgio Cardoso - Imagens de Sua Arte
Nydia Licia

Cinema Brasil

Bens Confiscados
Roteiro comentado pelos seus autores
Carlos Reichenbach e Daniel Chaia

Cabra-Cega
Roteiro de DiMoretti, comentado por Toni Venturi
e Ricardo Kauffman

O Caçador de Diamantes
Vittorio Capellaro comentado por Maximo Barro

A Cartomante
Roteiro comentado por seu autor Wagner de Assis

Casa de Meninas
Inácio Araújo

O Caso dos Irmãos Naves
Luís Sérgio Person e Jean-Claude Bernardet

Como Fazer um Filme de Amor
José Roberto Torero

De Passagem
Roteiro de Cláudio Yosida e Direção de Ricardo Elias

Dois Córregos
Carlos Reichenbach

A Dona da História
Roteiro de João Falcão, João Emanuel Carneiro e Daniel Filho

O Homem que Virou Suco
Roteiro de João Batista de Andrade por Ariane Abdallah e Newton Cannito

Narradores de Javé
Eliane Caffé e Luís Alberto de Abreu

Teatro Brasil

Alcides Nogueira - Alma de Cetim
Tuna Dwek

Antenor Pimenta e o Circo Teatro
Danielle Pimenta

Luís Alberto de Abreu - Até a Última Sílaba
Adélia Nicolete

Trilogia Alcides Nogueira - ÓperaJoyce - Gertrude Stein, Alice Toklas & Pablo Picasso - Pólvora e Poesia
Alcides Nogueira

Ciência e Tecnologia

Cinema Digital
Luiz Gonzaga Assis de Luca

ctp, impressão e acabamento
imprensaoficial
Rua da Mooca, 1921 São Paulo SP
Fones: 6099-9800 - 0800 123401
www.imprensaoficial.com.br